수
축
사
회

성장 신화를 버려야

미래가 보인다

수축사회

홍성국 지음

메디치

서문
낯선 세계의 문턱에서

전문가들은 "다른 모든 조건이 동일하다면…"이라는 문구를 즐겨 사용한다. 전문가뿐 아니라 보통 사람들도 이미 주어진 기초 환경을 기반으로 미래를 살핀다. 그러나 이런 식의 예측은 과거에도 잘 맞지 않았지만, 21세기 들어서면서 적중률이 더 낮아지고 있다. 아예 엉뚱한 결과가 나오기도 한다. 왜 그럴까? 그 이유는 분석의 기초가 되는 모든 조건이 과거와 완전히 달라졌기 때문이다.

이게 나라냐?

희망으로 맞이한 21세기가 벌써 20년 가까이 지나고 있지만, 사람들 사이에선 희망은커녕 온통 적에게 둘러싸인 사면초가와 고립무원의 분위기가 지배적이다. 운동과 다이어트 붐이 일고 있지만 한국 사회에서 자신의 건강 상태가 '양호'하다고 생각하는 사람의 비율은 32퍼센트로, OECD 국가 중 꼴찌 수준이다. 적에게 둘러싸여 있으면서 자신감도 없으니 당연히 화만 늘어난다. 확실히 우리는 예전보다 서로 더 많이 싸우고 있다. 가정이나 회사, 사회 어디를 둘러봐도 갈등과 투쟁이 무성하다. 전투에서 패배한 일부는 전장을 떠나기도 한다. 한국은 세계 최고 수준 자살률로 연간 6조 5천억 원의 사회경제적 비용을 부담하고 있다. 미래가 보이지 않는 절망감 속에서 오직 살아야 한다는 생존의식만 강해진 결과다.

2016년 촛불혁명 당시 유행한 구호가 "이게 나라냐?"였다. 정상적인 국가라면 도저히 있을 수 없는 일이 벌어진 것을 빗댄 말이다. 진보와 보수라는 이념을 떠나 한국이 정상적이지 않다고 생각하는 사람이 늘고 있다. 그러나 다른 나라들도 별반 차이는 없다. 2017년 유엔난민기구의 보고서에 따르면, 전쟁이나 경제적 이유로 해외 혹은 국내 다른 지역으로 피난한 난민이 모두 6,850만 명으로, 전 세계 인구 100명 중 거의 1명이 난민인 시대가 도래하고 있다. 또한 2017년 새로 창출된 전 세계 부富의 82퍼센트를 상위 1퍼센트가 차지한 반면, 인구의 절반인 37억 명은 재산이 조금도 늘어나지 않았다는 연구 결과도 있다. 나라 같지 않은 나라가 급속히 증가하고 있다. 정말로 역사의 종말인가?

수축하기 시작한 세계

지난 시절 미래는 늘 희망적이었다. 현실이 다소 어렵더라도 시간이 지나면 삶이 크게 향상될 거라고 기대할 수 있었다. 그러나 언젠가부터 미래는 암울하고 불확실한 것이 되었다. 그 이유는 사회의 기초 여건이 변화하고 있기 때문이다. 르네상스와 산업혁명 이후 거의 500년간 세계는 파이가 커지는 팽창사회였다. 지금의 사회는 이런 팽창사회를 기초로 만들어졌다. 그러나 점점 파이가 커지는 속도가 더뎌지다 이제는 파이가 고정되는 모습이다. 일부 영역에서는 오히려 파이가 줄어들기까지 하고 있다. 그러다보니 사람들은 개체 수를 줄이거나 다른 사람의 파이를 탈취할 수밖에 없는 절박한 상황에 놓였다. 팽창하던 사회가 수축하기 시작하자 전방위 갈등이 제로섬전투 형태로 나타나고 있는 것이다.

이 책에서는 2008년 이후 진행되고 있는 수축사회의 모습과 생존방식을 종합적으로 살펴보았다. 왜 우리 사회가 이렇게 살기 어려워졌는지를 '수축사회'란 용어로 설명했다. 또한 최신 데이터와 사례를 적용해서 바로 지금 벌어지고 있는 수축사회 진입 광경을 보여주려 노력했다. 세상이 수축하기 시작한 이유는 인구 감소와 생산성의 획기적 증대로 공급과잉이 상시화되었고, 역사상 최고 수준의 부채와 양극화로 더 이상 성장이 어려워졌기 때문이다. 과거 팽창사회와 정반대 환경이 고착된 것이다.

이 책은 총 4부로 구성되어 있다. 1부에서는 현재 벌어지고 있는 팽창사회의 붕괴 모습과 향후 나타날 수축사회의 보편적 특징을 다뤘다. 수축사회에서는 자신의 이익만 추구하는 이기주의, 모든 분야에서의 입체적 투쟁, 미래보다는 현재에 집중하는 태도, 팽창하는 사회를 지향하는 집중화 현상과 이런 변화에 적응하지 못하는 심리적 문제가 나타난다.

2부에서는 한국뿐 아니라 세계가 수축하는 모습을 주로 다룬다. 다양한 어려움에 처한 세계 각국의 상황을 정리하면서 향후 세계경제의 장기 전망을 살펴본다. 또한 4차산업혁명이 어떻게 우리를 수축사회로 이끄는지를 규명한다. 한편 세계경제의 핵심으로 떠오르는 중국의 미래와 미-중 G2 패권대결을 수축사회 관점에서 자세히 다룬다. 이 부분은 현재의 세계와 경제를 새로운 시각으로 정리한 것이기 때문에 따로 분리해서 읽어도 좋을 듯하다.

수축사회를 돌파하는 유일한 방법은 인류 모두가 이타적으로 바뀌는 것이다. 3부에서는 이를 사회적자본이라는 키워드로 풀어가면서 수축사회를 돌파하는 5가지 기본 원칙을 제시한다. 그리고 마지막 4부에서는 가장 빠르게 수축사회로 진입하고 있는 한국의 상황을 사회, 정치, 통일, 경제 등 각 영역에서 살펴보고 나름의 대안도 제시한다. 또한 일자리 문제와 소득주도성장, 4차산업혁명, 대기업 문제, 부채와 부동산 문제 등 현재 한국에서 벌어지고 있는 가장 뜨거운 이슈를 수축사회의 측면에서 조명한다.

가랑비에 옷 젖듯이

1990년대부터 수축사회 분위기가 무르익던 일본에서는 장기불황 진입과 탈출 과정에서 나타난 과거의 유산(인식, 버블, 관행, 제도)에 당혹감을 표하며 과거(늑대)를 정리하기도 버거운데 미래의 새로운 변화(호랑이)에 대비해야 하는 난감한 상황을 가리켜 '뒷문에 늑대, 앞문에 호랑이'라고 했다. 일본은 이런 위기를 극복하기 위해 많은 대책을 마련해 시도했지만 거의 실패했다. 지난 30년 가까이 일본이 걸어온 그 길로 지금 세계가 끌려들어가고 있다.

내가 제시하는 수축사회 개념은 과거와 완전히 구별되는 매우 위험한 생각일 수 있다. 그러나 갑자기 아이를 더 낳을 수도 없고 사람들이 이기심을 버릴 수도 없으므로, 궁극적으로 수축사회 진입은 피할 수 없다. 그렇다고 특정 시점에 갑자기 수축사회로 진입하지는 않을 것이다. 그 순간은 가랑비에 옷 젖듯이 우리가 모르는 사이 슬며시 다가올 것이다. 가끔은 옷이 너무 젖어서 감기에 걸릴 수도 있다. 나는 본격적인 수축사회 진입까지 대략 5년 정도 골든타임이 남았다고 본다. 이 기간이 지나면 만성질환이던 감기가 암으로 진전되어 치료 자체가 불가능해질 수도 있다.

나는 이 책을 통해 팽창사회를 기반으로 한 사회 시스템이 재구성되고 사람들의 생각이 근본적으로 변하기를 희망한다. 세상의 결이 바뀌고 있기 때문에 그동안 익숙했던 삶과 사고방식을 완전히 바꿔야 한다. 물론 한 번도 경험하지 않은 미래이기에 섣부르게 해법을 제시할 수는 없다. 다만 한발 물러서서 냉철하게 현실을 살펴보는 계기가 되기를 간절히 소망할 뿐이다.

이 책에서 해법으로 사회적자본을 제시한 것은 사람들의 마음을 바꾸지 않고는 수축사회를 돌파할 방법을 찾을 수 없기 때문이다. 모든 위기는 사람이 만들고 또한 사람이 해결한다. 치열한 갈등과 전투에서 벗어나 살 만한 세상을 만드는 유일한 방법은 사람들이 이타적으로 바뀌고 미래 지향적인 사회 시스템을 조속히 만들어가는 것이다. 이를 위해 수축사회 관점에서 특별히 많은 사례를 살펴봤다. 지금 벌어지고 있는 현상을 냉정하게 미래의 관점에서 바라봤으면 하는 소망 때문이다. 그것이 내 소망으로만 끝나지 않기를 바란다.

차례

3부　전환의 시대에 필요한 생존 전략

4부 한국, 어디에 서 있는가?

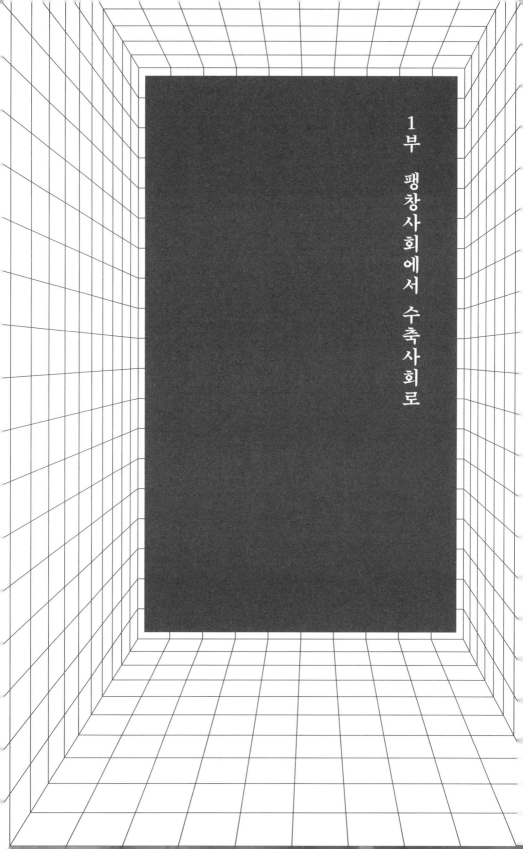

1부

팽창사회에서 수축사회로

세상은 발전하고 있는 것 같지만 영 불편하다. 앞날을 생각하면 더 불안해진다. 다른 사람들도 마찬가지인 것 같다. 여기저기서 뺏고 뺏기는 전투만 보인다. 지난날에는 전투와 갈등이 남의 일이거나 '우리'의 일이었지만 지금은 나 홀로 전장에 선 느낌이다. 어디서 적군이 나타날지도 모르고 지원군이 언제 도착할지도 알 수 없다. 바짝 긴장하고, 접근하는 모든 것으로부터 경계를 늦춰서는 안 될 것만 같다.

이런 변화에는 젊은 세대가 더 정직하고 민감하다. 기성세대에게 미래는 늘 밝고 희망적이었다. 그들은 성장을 기대할 수 있었다. 그러나 밀레니얼 세대는 미래 전망에서 유보적이다. 한 조사에 따르면 이들은 하고 싶은 일도 하면서 직장의 안정성도 바란다. 불안을 체화까지는 아니더라도 체감은 하고 있는 세대다.

어쨌든 선진국 문턱에서 사라질 것으로 기대했던, 한국전쟁이나 개발연대의 유산과도 같은 '너 죽고 나 살기'식의 투쟁이 일반적 현상으로 굳어지고 있다. 사회가 존재하는 한 갈등과 투쟁은 불가피하다. 다만 시대 상황에 따라 정도의 차이가 있을 뿐이다. 그러나 21세기에 들어서면서 단순했던 갈등이 사회 모든 영역에서 입체전 양상을 띠기 시작했다. 칡넝쿨葛과 등나무 줄기藤가 꼬이듯이 갈등은 심해지고 매듭을 풀 방법이 없어 보인다. 과학기술이 충분히 발전하고, 총이나 대포를 사용하는 전쟁이 지구상에서 거의 사라졌는데, 왜 우리는 갈등의 숲에서 서로 공격하고 공격당하는 것일까? 이런 근본적인 의문에서부터 시작해보자.

1장
수축사회의 시작

요즘엔 지하철 타기가 영 불편하다. 노인층의 승차 비중이 높아지자 자리를 두고 젊은이와 노인 간에 묘한 심리전이 벌어진다. 때로는 고성이 오가기도 한다. 다른 한편으로는 여자든 남자든 불필요한 신체적 접촉이 있을까 봐 신경 쓰인다. 좁은 지하철 안에서 시선을 어디에 둬야 할지 몰라 휴대전화만 보기도 한다. 집에 와도 마음이 편치 않다. 촛불과 맞불(태극기 집회)을 놓고 손자세대와 할아버지세대의 갈등이 감지된다. 명절에 가족이 모여도 부담스럽다. 만약 부모님의 건강이 악화되면 자식세대들은 간병비용을 놓고 갈등할 것이다.

사회로 시선을 돌려보자. 회사 내에서도 중견직원과 부서장급 간에는 미묘한 갈등이 내재되어 있다. 국민연금은 2060년에 고갈될 예정이지만, 저출산·고령화, 저성장, 저금리로 고갈 시점이 점점 단축되고 있다. 심한 경우 2050년경으로 그 시점을 보는 시각도 있다. 만약 현재의 예측대로라면 2050년에 65세에 도달하는

1985년 이후 출생자는 국민연금을 수령할 수 없다. 이 중견직원이 국민연금을 수령하는 2050년에 현재 부서장이나 임원들은 사망했을 가능성이 높다. 매년 오르는 건강보험료도 마찬가지다. 2017년 기준 65세 이상 고령자는 1인당 426만 원을 사용해 전체 건강보험 사용액의 41퍼센트를 차지하고 있다. 이런 추세라면 2030년경에는 고령자 치료비가 전체의 65퍼센트를 넘길 것으로 추산된다. 그러나 건강보험료는 주로 젊은 층이 부담한다.

전체 건강보험 부과액의 42퍼센트를 부담하는 기업들도 상황은 만만치 않다. 벌써 몇 년째 매출이 줄고 있다. 세계 최강을 자랑하던 한국의 조선업이나 세계적 반열로 도약하던 자동차산업은 완전히 길을 잃고 있다. 많은 이가 은퇴 후에 치킨집을 차리지만, 총 2만 4천여 개에 달하는 치킨집은 하루에 11곳이 개업하고 8곳이 폐업한다. 2017년 기준 118개 프랜차이즈 가맹점 8만 7,540개 중 6퍼센트에 이르는 5,589개가 폐업했다. 커피음료 업종(8.5%)을 비롯해 치킨·자동차(각 7.5%), 외식(7.3%), 화장품(6.9%), 피자(6.4%) 업종의 폐업률이 높았다. 자영업의 5년 생존율은 그보다 참담하다.

불안과 불안정성은 국내에만 존재하는 것이 아니다. 미국 백악관 고위 관계자는 언론과의 익명 인터뷰에서 트럼프 독트린Trump Doctrine을 논리와 질서가 아닌 힘과 근육으로 몰아붙이고 "싫으면 어쩔 건데?"식의 정책이라고 표현했다. 2018년 11월에 열린 APEC 정상회의에서는 사상 처음으로 공동성명조차 발표하지 못했다. 중국 외교관들이 나머지 20개국이 찬성한 공동성명 초안에 불만을 품고 개최국인 파푸아뉴기니 외무장관실에 난입했기 때문이다. 패권경쟁 중인 미국과 중국은 철없는 고교생이 내뱉을 만한 말들을 서슴없이 쏟아내고 있다. 이렇게 세상은 서로 얽혀 싸우면서 점점 살기 어려워지고 있다.

요지경 세상처럼 보이는 이 투쟁의 본질은 힘과 가진 돈의 차이가 너무 많이 벌어진 양극화에 기인한다. 혹시 '인간사료'라는 말을 들어보았는가? 인간사료는 건빵과 같은 대용량 과자류로 무척 싸다. 통상 1킬로그램에 5천~8천 원 수준인데 가난한 1인가구 취업준비생들이 많이 사간다고 한다. 네이버 쇼핑에서 인간사료를 검색하면 무려 1만 3천여 개의 상품이 나온다. 반면 정관장이 판매하는 반려견용 피부미용 치료제는 6년근 홍삼이 함유되어 60그램에 2만 2천 원이나 한다. 월평균 반려동물 양육비가 13만 원이나 된다는 조사 결과도 있다. 과거에는 상상조차 할 수 없던 일이지만 양극화가 깊어지면서 지금은 바로 옆에서 벌어지고 있다.

서로가 적敵인 사회

사람의 탐욕은 무한하기 때문에 모두에게 평등하고 균등하게 분배되는 공산사회는 존재하기 어렵다. 따라서 혼자 살지 않는 한 사회생활에서 경쟁과 투쟁은 자연스러운 현상이다. 우리가 살아가는 이 세상은 모든 영역에서 조직과 조직 간, 개인과 조직 간, 혹은 개인과 개인 간 치열한 투쟁의 역사였고 앞으로도 그럴 것이다. 나는 지금 벌어지는 갈등과 투쟁을 게임 이론을 기반으로 풀어보고자 한다. 특히 공격과 수비가 가장 치열한 제로섬게임 방식으로 현재를 규정하고 상황을 살펴볼 것이다.

　모든 경쟁과 투쟁에서 나타나는 게임은 크게 3가지 차원으로 구분된다. 승자의 이득이 패배자의 손실보다 큰 경우를 플러스섬게임positive-sum game이라고 한다. 그러나 전쟁과 같이 승리한 국가일지라도 피해가 큰 경우에는 게임의 결과 파이가 줄어들기 때문에 마이너스섬게임negative-sum game으로 볼 수 있다. 인류 역사에서 플러스섬게임은 인구가 증가하고 기술이 크게 진보하는 혁명기에 주로 발생했다. 신석기혁명, 철기혁명, 산업혁명, IT혁명이 일어났을 때마다 수요(인구)와 생산물의 급증으로 사회 전체적으로 파이가 증가하는 현상이 발생하곤 했다. 반면 마이너스섬게임은 중세시대, 대규모 전쟁 전후, 산업의 극적인 전환으로 인한 기존 산업의 몰락과 같은 역사적 후퇴기에 주로 나타났다. 보통 플러스섬게임의 경우엔 패배자도 약간의 결과물을 얻지만 마이너스섬게임에선 승자와 패배자 모두 손실이 발생한다. 손실의 크기에서 차이가 날 뿐이다.

　플러스섬게임과 마이너스섬게임 중간에 제로섬게임zero-sum game이 존재한다. 제로섬게임에서는 '상대방의 손실은 곧 나의 이익'이 되기 때문에 철저하게 적대적이고 치열한 투쟁이 나타난다. 국제질서, 선거, 스포츠 등이 전형적인 예라 할 수 있다. 제로섬게임의 결과는 상대의 파이를 빼앗거나 빼앗기거나 오직 두 가지뿐이다. 게임이 치열해지면 '눈에는 눈, 이에는 이'와 같은 극단적인 보복전략tit-for-tat strategy이 나타나기도 한다. 그러나 이제 이 이론

[그림 1-1] 성장 경로에 따른 사회 구분

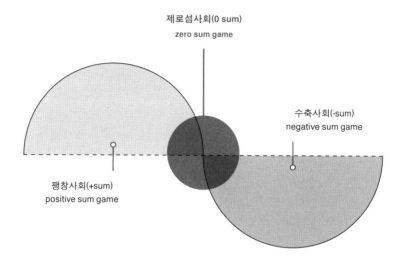

제로섬사회(0 sum)
zero sum game

수축사회(-sum)
negative sum game

팽창사회(+sum)
positive sum game

도 낡은 것이 되었다. 세상은 빠른 속도로 마이너스섬게임, 그리고 게임의 차원을 넘어 구조적 변화를 수반하는 수축사회로 들어가고 있다. 몇 달, 몇 년 단위로 오르고 내리는 순환적 개념이 아니라 변화의 고착화라는 점에서 나는 고심 끝에 '수축사회'라는 용어를 선택했다.

크게 볼 때 1만 년의 인류 역사는 진보와 발전의 역사였다. 과학기술과 인문학이 크게 발전하면서 사람들은 미개한 상태를 벗어나 풍요를 향해 전진했다. 간간이 후퇴나 불황 국면 또는 제로섬게임이 나타나긴 했지만 전반적인 상황은 플러스섬게임이 지배하는 장기 팽창사회였다. 사회 전체의 파이가 점점 커졌기 때문에 우리의 역사는 기본적으로 팽창사회였다. 팽창사회에서 미래는 희망이었다. 풍요, 발전, 인권, 민주주의는 팽창사회의 이상향이었다. 그러나 이제 그런 사회가 거의 끝나가고 있다.

왜 수축하기 시작하는가?

잠깐 지난 시대를 돌이켜보자. 18세기 증기기관과 방적기의 발명으로 산업혁명시대가 열리면서 20세기까지 역사상 가장 강력한 중기 팽창사회가 나타났다. 사회 전체의 파이가 엄청난 속도로 커졌다. 이 기간에도 극심한 제로섬전쟁이 간간이 있었지만 투쟁 강도를 낮춰도 생존 가능성이 높았고 회복 속도도 빨랐다. 20세기 초 1차 세계대전을 상기해보자. 1차 세계대전에는 30여 개국에서 15억 명이 직간접적으로 참여했다. 전 세계적으로 사망자는 900만 명, 부상자는 2,200만 명이 넘었다. 참전한 모든 나라의 전쟁비용을 합하면 3천억 달러나 되었다.

이 끔찍한 전쟁이 끝난 지 불과 12년밖에 안 된 1929년에는 공급과잉으로 세계 대공황이 발생했다. 그러나 20세기가 팽창사회였기 때문에 매우 빠르게 회복했다. 기본적으로 팽창사회에서의 투쟁은 상대방보다 더 큰 몫을 차지하려는 이기심에서 비롯된다. 적극적으로 투쟁에 나서지 않아도 살아갈 방도가 있기 때문에 이기심만 잘 조절하면 그런대로 살아갈 수 있었다. 그러나 팽창사회에서 수축사회로 전환하면서 파이가 줄어들기 시작했다. 이 사회에서는 아무런 행동도 취하지 않으면 자신의 파이가 줄어들거나 최악의 경우 아무것도 차지할 수 없다. 생존과 직결되는 것이다. 지금이 바로 그 시점이다.

전환의 시대

지금 우리에게는 고정된 것이 아무것도 없고 엄청난 변화와 불확실성만이 기초 환경으로 굳어지고 있다. 따라서 이 책에서는 변화change라는 용어 대신 전환transition이라는 용어를 주로 사용할 것이다. 변화는 기초 골격을 유지하면서 주변부만 바뀌는 것이다. 변화는 이전으로 상황을 되돌릴 수도 있지만 전환은 판이 완전히 바뀌는 것이다. 비슷한 용어로 토머스 쿤Thomas S. Kuhn의 '패러다임 시프트paradigm shift'나 사회과학적 차원에서 전환을 강조한 이매뉴얼 월러스틴Immanuel Wallerstein의 '이행의 시대age of transition'가 있다. 사회의 많은 영역이 제로섬화되어 변화라는 용어로는 현재를 설명하기에 부족하다.

기축시대(機軸時代, Axial Age)란 기원전 800~200년경 그리스, 페르시아, 인도, 중국 등지에서 인류의 미래를 밝히는 문명과 종교, 도덕이 창조된 시기를 일컫는다. 이때 이후 인류 역사는 팽창사회로 향하는 대전환을 시작한다. 고대 번영기 이후 중세 암흑시대를 중기 수축사회라고 할 수 있다. 중세시대에는 이전의 제국이 해체되면서 정치·군사·경제적인 면에서 모든 것을 스스로 해결해야만 하는 각자도생各自圖生이 기초 환경이 되었다. 또한 학문이 후퇴하고 종교의 힘이 강해졌으며 페스트로 인해 인구가 크게 감소했다. 역설적으로 이로 인한 인구 감소가 중기 수축사회를 끝냈다.

과잉인구가 줄어들면서 농업 종사자의 권리가 신장되었고 이로부터 농업생산력 증대와 국민국가, 자유와 민주주의 이념이 보편화되기 시작했다. 이렇듯 중세 수축의 끝은 멸망이 아니라 새로운 팽창사회였다. 그러나 지난 500여 년간 이어진 팽창사회의 끝은 더 큰 번영이 아니라 수축의 시작이라는 것이 역사의 아이러니다.

페스트가 지나간 뒤 인류는 15세기 르네상스시대부터 본격적인, 그리고 마지막이 될 팽창사회로 진입했다. 현대 문명을 창조해낸 18세기의 1차산업혁명, 그리고 이어진 2차, 3차산업혁명과 사회구조의 진보는 더 강한 팽창사회로의 전환이었다. 또한 전환이 발생할 때마다 사회의 기초 골격에서부터 행위규범, 지배계급과 사람의 생각까지 이전과 완전히 바꾸곤 했다.

팽창사회는 20세기 후반에 절정을 이루었다. 1990년대 IT산업이 태동하면서 철강, 화학, 전기, 기계 등 1, 2차산업혁명의 주요 산업은 큰 위기를 맞았다. 이때 20세기를 주름잡던 구경제 기업들은 일부 타격을 입기도 했지만, 오히려 IT 기술을 활용하면서 구경제 산업에서도 효율성이 높아졌다. IT 기술을 기반으로 한 3차산업혁명은 교통·통신을 획기적으로 발전시키면서 지구촌 전체를 정보화사회로 만들었다. 국경을 넘는 빠른 정보 유통으로 폐쇄국가였던 소련 등 공산권을 몰락시키고 세계적 차원에서 민주주의가 자리 잡는 데 크게 기여했다. 이렇게 지구촌이 한 가족이 되고 동시에 생활수준도 향상되면서 21세기로 넘어왔다. 그러나 여기까지였다.

이번에는 다르다

큰 전환이 일어날 때마다 예외 없이 비관론이 등장하곤 한다. 영국에서 1차산업혁명이 일어났을 당시 방적산업에 기계가 대거 투입되어 노동자의 삶이 어려워졌다. 이때 일어난 러다이트 운동luddite movement이나 농민들을 궁핍으로 내몬 인클로저 운동enclosure movement 등은 팽창사회에 대한 반발이었다. 1, 2차 세계대전의 본질도 팽창사회가 만든 과도한 생산력을 파괴하려는 시도로 볼 수 있다. 또한 20세기 말부터는 자본주의의 한계를 지적하는 석학들의 경고가 잇따랐지만 사회는 계속 팽창했다. 그러나 이번에는 다르다. 확실히 다르다. 21세기를 희망으로 맞이했으나 팽창사회의 말기적 현상이 뚜렷하게 나타나고 있다.

수축사회 진입을 앞두고 마지막 파이 쟁탈전이 제로섬전쟁 형태로 나타나고 있다. 길게 보면 역사시대 이후 거의 2,500년 만에 전 세계가, 동시에, 모든 영역에서 수축사회로 전환하고 있는 것이다. 지금 지구촌을 뜨겁게 달구고 있는 패권경쟁, 세대전쟁, 종교전쟁, 경제전쟁, 과학기술전쟁 등은 생존을 담보로 하는데 이런 전쟁과 갈등이 서로 얽혀 수축사회로 향하는 징검다리 역할을 하고 있다.

수축사회의 기초 동력

21세기 들어서면서 수축사회로 진입한 가장 큰 요인은 누구나 짐작하겠지만 인구구조의 변화다. 조만간 페스트와 같은 인구 감소가 현실화될 것이다. 모든 국가나 사회는 인구가 늘어나는 피라미드형 인구구조를 전제로 조직되었다. 그러나 장기간 지속된 저출산으로 선진국들은 항아리형 인구구조를 거쳐 역피라미드형으로 바뀌고 있다. 10년 후에는 중국의 인구도 줄어들고 이슬람지역이나 인도도 시간문제일 뿐, 인구 감소가 예정되어 있다.

인구가 줄면 수요가 감소하기 때문에 경제성장률이 낮아지면서 다양한 사회문제가 발생한다. 역피라미드형 인구구조의 가장 큰 변화는 적은 숫자의 자녀세대가 많은 숫자의 부모세대를 부양하는 것이다. 이는 세대 간 분업이라는 인류의 기초 사회기반이 무너지는 것을 의미한다. 이때 팽창시대의 산물인 연금, 보험, 복지 등 사회안전망과 교육체계 등이 붕괴되는 건 시간문제다. 학생 수 부족으로 폐교 위기에 놓인 대학교가 나오거나, 주택가의 태권도장이 폐업하는 것은 모두 인구 감소가 원인이다. 사회의 기초 골격이 어긋나면서 거의 모든 영역이 허물어지기 시작했다.

18세기 후반에 시작된 1차산업혁명 이후 과학기술의 발전으로 인류의 삶은 풍요로워졌다. 특히 IT산업을 중심으로 한 3차산업혁명을 계기로 과학기술의 발전에 가속도가 붙었다. 급기야 인공지능AI 기반의 4차산업혁명으로 인간의 노동이 기계로 대체되고 있다. 조만간 사람은 기계와 일자리 경쟁을 벌여야 할지도 모른다. 생산 현장에 더 많은 기계가 투입되면서 생산성이 크게 향상되어 공산품의 공급은 비약적으로 증가하는 데 반해 그 제품을 사용할 사람은 줄어들고 있다. 결과적으로 수요는 산술급수적으로 증가하는 데 비해 공급은 기하급수적으로 늘어나는 상황이 된 것이다.

출산율 감소와 과학기술의 발전은 자연스럽게 개인주의와

이기심을 강화시킨다. 자녀가 보통 한두 명인 가정에서 부모의 집중적인 보살핌을 받고 자란 아이는 자연스럽게 개인적 성향이 강해질 수밖에 없다. 여기에 현대 문명의 발달로 자가용, PC, 스마트폰 같은 기계들을 능수능란하게 다루면서 혼자서도 충분히 행복하게 지낼 수 있다. 공공이익, 자선, 질서 등과 같은 정신적 기반이 약화되면서 개별적으로는 타당한 이야기가 전체적으로는 그릇된 현상을 의미하는 이른바 '구성의 오류' 상황이 나타나기 시작한다. 모든 개인이 폐쇄된 상황에서 자신의 행복만 추구해 사회 전체의 질서와 도덕이 무너지는 것이다. 최악의 수축사회에서 협력보다 개인 이기주의가 득세하면 양극화가 심화되면서 중산층이 몰락한다. 최근 거의 모든 국가에서 중산층의 소득이 급속히 줄어들고 있는데 이는 다시 수요 감소를 초래하면서 경제발전을 저해한다. 물론 각국 정부는 다양한 분배정책으로 소득 양극화를 해소하려 노력하고 있지만 기본적으로 사람의 마음이 바뀌지 않는 한 이런 정책은 한계가 명확하다.

20세기까지는 인구가 늘면서 과학기술 발전, 민주주의 확산 같은 시민권의 성장으로 물질적 부와 정서적 안정이 동시에 가능한 팽창사회였다. 그러나 이제부터는 인구 감소, 과학기술 발전, 개인주의가 서로 얽히는 화학작용을 거쳐 수축사회로 향하고 있다.

수축사회의 2차 동인動因

수축사회로 향하는 3가지 중요한 전환에도 불구하고 우리 사회는 이에 대한 대응이 거의 없었거나 있어도 제한적 수준에 머물렀다. 그러자 사회 모든 영역에서 공급과잉이 심해졌다. 특히 과학기술의 빠른 발전으로 공산품의 공급과잉이 심해졌다. 중국 등 BRICs(브라질, 러시아, 인도, 중국을 통칭하는 말로 미래 세계의 성장을 이끌 주도 국가를 지칭함)의 등장 이후 세계적 차원에서 공급능력이 두세 배 늘어난 것으로 보인다. 우스갯소리로 공급과잉이 아닌 산업이 4차 산업이라는 얘기가 있을 정도다. 각종 자격증, 자영업은 물론 사회 모든 영역에서 점점 더 공급과잉이 심각해지고 있다.

기업들은 자신이 속한 산업의 공급과잉을 돌파하기 위해 투자를 더 많이 늘리는 경쟁을 하고 있다. 추가적으로 공급과잉을 유발해 경쟁 기업을 완전히 고사시키려는 제로섬적 기법을 사용하는 것이다. 전형적인 것이 한국의 화장품산업이다. 식품의약품안전처에 등록된 화장품제조판매 업체는 2013년 3,884개에 불과했으나 2015년에는 6,422개, 2017년에는 1만 80개로 급증했다. 4년 사이 3배 가까이 증가한 것이다. 전국의 프랜차이즈 주점(9,868개)이나 빵집(8,344개)보다 화장품 업체가 더 많은 실정이다. 상황이 이렇자 브랜드 가치가 떨어지는 중저가 화장품 업체는 도산하거나 매출이 줄어들고 있다.

각국 정부나 기업은 빚(부채)에 의지한 성장을 20년째 지속해오고 있다. 투자가 크게 늘어났지만, 투자에 소요된 자금 대부분이 부채였다. 스스로 발등을 찍은 셈이다. 장기적이고 구조적인 정책이 필요할 때마다 땜질식 처방만 해온 결과다. 결국 땜질식 처방은 수축사회로의 전환 속도를 빠르게 하고 있다.

이런 상황에서 1980년대 중반 이후, 경제적 자유와 조건 없는 경쟁을 기반으로 하는 신자유주의 이데올로기가 지배했다. 세계적 차원에서 완전경쟁이 치열해지면서 부는 정보와 자본을 독점한 상위 계층에게 집중되었다. 국가 간에도 신자유주의에 잘 적응한 국가와 그렇지 못한 국가 간 격차가 더 커졌다. 30여 년간 신자유주의 체제가 유지되면서 우리에게 안겨준 것은 결국 거대한 부채와 양극화였다. 국제구호단체인 옥스팜의 분석에 따르면 2017년 새로 창출된 전 세계 부의 82퍼센트를 상위 1퍼센트 부자들이 차지한 반면, 전 세계 인구의 절반인 37억 명은 재산이 조금도 늘어나지 않았다. 이와 같이 세계 모든 영역에서 양극화가 나타나고 있다. 양극화는 소수의 승리자와 다수의 불만세력이 있음을 암시한다. 양극화가 심화되면 사회 불만세력에게는 파이 쟁탈전 대상인 적이 본격적으로 보이기 시작한다. 적의 모습이 점점 드러나면 일촉즉발의 긴장감이 높아진다. 바로 제로섬사회의 문턱을 넘고 있는 오늘날의 상황이다.

수축사회를 강화하는 또 다른 요인은 세계화globalization다. 세계화는 경쟁과 투쟁을 전 지구적 차원으로 확대시켰다. 또한 세계화는 신자유주의와 결합해서 시리아, 아프가니스탄, 남수단, 미얀마, 소말리아 등과 같이 기초 체력이 약한 나라들을 파괴했다. 과거에는 국내적 문제에 그쳤던 작은 갈등들을 세계적 차원의 문제로 확산시켰다. 2017년 유엔난민기구UNHCR의 연례보고서에 따르면 전 세계 난민과 국내 실향민 수가 10년 전에 비해 50퍼센트 늘어나 모두 6,850만 명으로 집계됐다. 2018년 말 세계 인구를 77억 명으로 계산하면 전체 인류의 0.9퍼센트에 해당하는데, 조만간 100명 중 1명이 난민인 시대가 도래할 것으로 예상된다. 난민이 과도하게 발생한 이유는 국제분쟁이 확산된 데다 글로벌 빈부 격차가 심해지면서 경제난민까지 더해졌기 때문이다. 난민이 주로 몰리는 유럽에서는 난민 유입을 반대하는 극우파가 득세하는 등 정치적 갈등이 심각해지고 있다. 한국도 예멘 난민 문제로 골머리를 앓을 정도로 세계화는 국제적 문제를 국내 문제로 전환시키고 있다. 대규모 난민 유입을 차단하기 위해 각국은 필사적으로 국경의 벽을 높이고 있다. 세계화가 아니라 반세계화로 가고 있는 것이다.

4차산업혁명은 많은 긍정적 효과에도 불구하고 양극화를 촉진한다. 서울대학교 공대 교수들의 연구에 따르면, 70여 년 후 미래의 도시 시민들은 3개의 계급으로 분화된 삶을 살게 될 것이라고 한다. 인류를 지배하는 최상층부에는 '플랫폼 소유주'라는 계급이 자리 잡는데 현재의 구글, 시스코, 마이크로소프트처럼 세계적 차원에서 플랫폼을 장악한 기업가와 투자자들이 여기에 해당한다. 또한 이 연구에서는 이들이 전체 인구의 0.001퍼센트에 불과하지만 대부분의 인류가 연결되어 있는 '플랫폼'을 통해 부와 권력을 독점할 것이라고 예상한다. 그리고 그 바로 아래에 '플랫폼 스타(대중적 호소력을 지닌 정치 엘리트, 예체능 스타, 로봇 설계자 같은 창의적 전문가)'라는 새로운 계급이 생겨나서 0.002퍼센트를 차지할 것으로 보고 있다. 나머지 99.997퍼센트의 일반 시민들은 '불안정한precarious'과 '프롤레타리아트proletariat'를 합성한 신조어 '프레카리아트precariat'로 바뀌는데, 이들은 최하위 노동자 계급으로 사실상 로봇보다 못한 취급을 받을 것이라고 한다. 이 연구에서 주장하는 대로 기계가 인간을 대체하는 AI 사회가 된다면 '0.003대 99.997'이라는 초계급화 사회가 올 수도 있다. 물론 이들의 주장이 모두 맞지는 않을 것이다. 그러나 기술의 진보가 사회 양극화를 강화시켜 사회적 갈등 수준을 높인다는 점은 부인할 수 없다.

양극화 갈등의 시작

세계의 중심인 미국에서조차 수축사회의 원인이 되는 신자유주의, 세계화, 4차산업혁명이 결합되면서 부의 불균형이 극심해졌다. 이런 구조적 양극화에 대항해 '월가를 점령하라occupy wall street' 시위가 세계 자본의 중심지에서 벌어지기도 했고, 빈부 격차의 완화를 외친 토마 피케티의《21세기 자본》이 세계적 베스트셀러가 되었다. 무명이었던 민주당의 버니 샌더스 의원은 분배를 강조하면서 대중적 정치인 힐러리와 막판까지 민주당 대선후보 자리를 놓고 경합하기도 했다. 이런 현상이 나타나는 것은 미국이 소득 상위 10퍼센트가 전체 소득의 45퍼센트를 차지하는 세계 최고 수준의 불평등 사회가 되었기 때문이다. 미국뿐 아니라 전 세계 모든 국가에서 양극화에 대한 저항이 다양하게 나타나고 있다. 표면적인 이슈는 국가마다 서로 다르지만 본질은 양극화가 초래한 수축사회 진입에 대한 두려움 때문이다. 물론 한국도 여타 국가와 마찬가지로 매우 심각한 상황이다.

인구구조 전환, 과학기술 발전, 개인주의라는 기초 환경이 신자유주의와 세계화, 4차산업혁명과 만나면서 역사상 최고 수준의 공급과잉과 부채, 그리고 양극화를 만들어내고 있다. 즉, 대전환과 이에 대한 잘못된 대응이 결합하면서 이제 세계는 탈출이 어려운 수축사회로 진입하고 있는 것이다. [그림 1-2]에서 보여주는 수축사회의 진행 경로는 피드백 과정을 거치면서, 세계를 수축사회로 이끄는 악순환의 고리에 빠뜨리고 있다. 또한 사회의 리더 그룹들이 이런 거대한 수축 사이클을 전혀 이해하지 못하면서 피드백은 더 빨라지고 있다. 거의 모든 국가에서 정치가 실종되고 권력투쟁만 활발하듯이 팽창사회적 사고를 가진 리더들은 수축사회 진입을 막는 해법이나 비전을 제시하기보다 현재의 파이 쟁탈전에만 몰입하는 모습이다.

물론 일부 영역은 여전히 팽창사회가 유지될 것이다. 4차산업혁명이나 헬스케어, 바이오 등의 영역은 앞으로도 파이가 계속 커지면서 팽창사회의 논리가 적용될 것이다. 그러나 이 산업들도 시간문제일 뿐 공급과잉에 빠질 것은 너무나 자명하다. 드론, 태양광, 암호화폐, 건강보조제 같은 미래형 산업조차 이미 공급과잉이다.

그렇다면 수축사회는 언제 시작해 언제 종료될까? 나는 늦어도 5년 이내에 수축사회가 본격화되고 50년 이상은 지속될 것으로 본다. 22세기가 어떤 모습으로 열릴지는 불투명하지만 적어도 지금의 20~30대 세대가 사회생활의 대부분을, 지금 40대 세대가 사회생활의 나머지 기간을 수축사회에서 살 것은 분명하다. 그렇다면 수축사회를 탈출하는 방법은 없을까? 물론 있다. 인구가 늘고 사람들이 이타적으로 변해 양극화가 감내할 만한 수준까지 개선되면 가능하다. 혹은 공상과학 영화에 나오는 수준까지 과학기술

[그림 1-2] 수축사회의 진행 경로

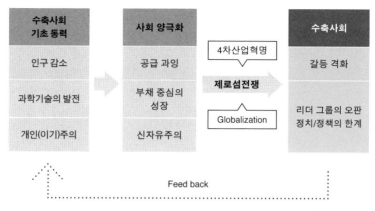

자료: 혜안리서치

이 발달하면 가능할지도 모른다. 그런데 이게 과연 가능할까?

　우리는 늘 실패의 역사를 통해 배워왔다. 마찬가지로 이번에도 선제적인 대응을 하지 못한 채 수축사회의 덫에서 빠져나오기 힘들 것이다. 그리고 오랜 시간 끔찍한 수축사회를 경험한 후에나 새롭게 세상을 디자인하고 다시 만들어갈 것으로 예상된다. 그런데 그사이 발생하는 엄청난 희생은 누가 책임을 지고 부담할 것인가?

2장
수축사회의 5가지 특징

수축사회를 앞두고 벌어지는 제로섬전쟁의 기본 골격을 단순화하면 무인도에 두 명이 표류한 상황으로 볼 수 있다. 생존에 필요한 식량이나 물이 한 명분밖에 없어 자신이 살아남기 위한 유일한 방법은 상대방을 제거하는 것이다. 물론 상대방 입장도 똑같다. 이런 측면에서 보면 21세기 초반의 생존게임은 더 많은 이익을 차지하기 위한 탐욕적 성격도 있겠지만, 생존을 위한 불가피한 선택이라는 측면이 보다 강하다. 이 게임은 이기고 지는 승부만 있을 뿐이지 휴전과 같은 전투의 중간적 결과가 없다. 반복되지 않고 단 한 번의 승부로 결정되기 때문에 총력전 양상을 띤다. 패자부활전도 거의 불가능하다. 상대방을 완전히 궤멸해야만 게임이 종료된다.

구체적으로 수축사회에서 발생하는 생존형 전투 양상을 5가지로 정리할 수 있다. 이 양상들을 접하고 가슴 뜨끔할 독자들도 있을 것이다. 다음에 살펴볼 특징들은 수축사회라는 큰 틀에서 한 번쯤 생각해봐야 할 것들이다.

원칙이 없다: 이기주의

모든 게임에는 규칙이 있다. 규칙이 없으면 게임이 공정하지 않고 끝까지 진행될 수 없다. 그러나 수축사회가 되면서 사회의 기본 원칙이 아예 사라지거나, 있어도 수시로 변한다. 이전의 많은 전쟁은(물론 잘 지켜지지 않았지만)적십자사 활동 보장, 포로의 인권 존중, 반인륜적 무기 사용 금지와 같이 나름대로 전쟁의 룰이 있었다. 세계경제에서도 관세 및 무역에 관한 일반협정GATT, 세계무역기구WTO 같은 다자 간 협상이나 아세안ASEAN, 북미자유무역협정NAFTA 등 지역 경제공동체가 있어 원칙에 따라 갈등을 조절했다. 그러나 다자 간 협정이나 지역 경제공동체가 점점 약화되면서 당사자 쌍방이 직접 협상하고 규칙을 만드는 자유무역협정(FTA, Free Trade Agreement) 중심으로 세계경제 구도가 바뀌고 있다. 한국이 미국, 중국과 FTA를 맺는 과정에서 겪었던 상대방의 무리한 요구를 생각해보자. 말만 자유무역협정이지 철저히 국력으로 한국을 압박했다. 세계 전체를 망라하는 통일된 원칙이 사라지면서 보편성이라는 인류의 중요한 가치가 상실되고 있는 것이다. 오직 자국이 보유한 협상력(국력)을 이용해 자국의 이익만 극대화하려는 자연 상태의 힘 대결이 일반화되고 있다.

　기업 경영에서도 마찬가지다. 어느 국가나 독과점을 용인하지 않으며 일감 몰아주기, 불공정 거래, 탈세 등을 강력하게 처벌한다. 현재 구글은 전 세계 포털의 73퍼센트를 차지한다. 네이버는 한국에서 71.5퍼센트를 차지하고, 아마존은 미국 전자상거래의 약 50퍼센트를 차지한다. 이런 글로벌 기업들은 세금을 줄이기 위해 조세피난처를 수시로 이용한다. 전 세계가 이 문제를 다 알고 있지만 시정되지 않고 있다. 인수합병M&A이 일반화되면서 기업 매매가 증가하고 있지만, 종업원들은 이 과정에서 철저히 소외된다. 오직 자본의 힘에 의해서만 움직인다. 최근 한국의 동네 마트가 심각한 경영위기를 겪는 이유는 장사가 잘될수록 주변에 더 많은 마트가 들어서기 때문이다. 사회 모든 영역에서 원칙과 규제 없이 힘power에 의존한 전투만 벌어지고 있다.

원칙이 없거나 약화되었기 때문에 심판자 역할을 맡아야 하는 UN, NATO, IMF, IBRD, ICJ 등도 제 역할을 못하고 있다. 한국에서는 검찰과 경찰이 수사권을 놓고 제로섬경쟁을 하기도 하고, 심지어 심판인 법관마저 그 경쟁에 참여하는 등 사법파동이 확산되고 있다. 원칙이 없기 때문에 전투원은 불안해진다. 결국 제로섬경쟁은 점점 치열하고 비열해지면서 과격해질 수밖에 없다.

이데올로기를 다르게 해석하면 사회의 갈등 과정에서 발생한 피해자를 구제하는 방법으로 볼 수도 있다. 자기 스스로 치유할 것인지, 아니면 국가를 비롯한 사회가 책임질 것인지 결정하는 것이 바로 이데올로기다. 40여 년 전 미국 사회를 제로섬사회로 분석한 레스터 서로Lester Thurow는 《제로섬사회》라는 책에서 비슷한 견해를 표명했다. 그는 패배자의 손실을 누가, 어떻게 부담할지를 이슈로 제기했다. '아무도 손실을 자발적으로 받아들이지 않을 때', '배분해줄 경제적 보상이 없을 때' 더 큰 문제가 발생하면서 제로섬사회가 강화된다고 주장했다.

수축사회의 유일한 이데올로기는 오직 생존이다. '국가 vs 국가', '보수 vs 진보', '대기업 vs 중소기업'이 벌이는 전투에서 이제는 원칙이 없다. 자기 조직의 생존에만 집착하느라 패배자를 돌볼 의지나 여유가 없다. 원칙이 약화되면 사회의 중심 이데올로기가 없어진다. 이때 사람들은 불안해지고 정부도 정책 방향을 잡기가 어렵다. 사회의 안정성이 낮아지면서 갈등만 양산하고 때로는 민주주의가 후퇴하기도 한다.

1930년대 세계대공황 당시 독일뿐 아니라 이탈리아나 일본에서 폭력적 정권이 탄생한 배경은 경제위기가 만들어낸 갈등을 국가가 폭력으로 억압하기 위해서였다. 통상 독재정권은 다양한 갈등을 국가권력으로 강제 제압하기 때문에 표면적으로는 갈등이 줄어든다. 또한 정권 유지 목적에서 양극화를 완화하려는 분배정책을 사용하기도 한다. 이때 국민들은 더 많은 부를 얻는 것보다 생존 자체에 몰두하기 때문에 폭력정권은 나름 존재가치를 확보할 수 있다. 최근의 터키, 필리핀, 남미, 중앙아시아 국가들은 독재국가에 가깝다. 뒤에서 살펴보겠지만 중국도 이런 국가들의 뒤를 따라가고 있다. 미국의 트럼프, 일본의 아베 정부도 민주주의를 후퇴시키면서 정권을 유지하고 있다. 서유럽 복지국가에서조차 나치즘 같은 극우 정당이 세력을 키워나가는 이유이기도 하다. 수축사회가 지속되면서 '자유보다는 빵이나 안정'을 원하는 경향이 강화되고 있는 것이다. 저성장의 고착화, 만연한 사회갈등 같은 현재의 어려움을 강력한 정권이 지켜주고 약간의 파이만 제공해준다면 독재정권이라도 용인하겠다는 분위기가 확산되고 있다.

국가 간 관계에서도 자국의 이해에만 몰입한다. 중상주의, 징고이즘jingoism, 파시즘fascism, 쇼비니즘chauvinism은 독재체제 기반의 배타적 애국주의를 일컫는 용어다. 그런데 이런 용어가 이제는 언론에서 쉽게 발견될 정도로 일반화되고 있다. 개인뿐 아니라 국가까지 생존위기에 처해 있는 입체적 전선의 한 장면이다. 미국 우선주의로 포장된 트럼프의 정책은 패권국만이 사용하는 제국주의imperialism에 가까워 보인다. 또한 모든 종교에서 근본주의 성향이 강해지는 것은 종교의 세속화로 교리가 파괴되는 것에 대한 반작용과 사회에서 원칙이 잘 지켜지지 않는 상황에 대한 반발로 볼 수도 있다. 이런 현상은 국가 간 협력과 공조보다는 자국의 생존이 유일한 가치가 된 수축사회의 불안감에 기반하고 있는 듯하다.

모두가 전투 중: 입체적 전선

2011년 7월 노르웨이의 한 섬에서는 '노르웨이 민족주의의 전사'라고 주장하는 광신적 극우주의자의 총기난사로 77명이 목숨을 잃었다. 범인은 이슬람계 이민자를 극단적으로 혐오하는 32세의 신나치주의 동조자였다. 더 놀라운 것은 흉측한 살인범인 그를 추종하는 팬카페까지 운영되었다는 사실이다. 지구상에서 가장 살기 좋은 국가를 꼽으라면 아마 많은 사람이 스위스나 노르웨이 등 북유럽 국가를 선택할 것이다.

지상낙원과 같은 노르웨이에서 왜 이런 일이 발생했을까? 노르웨이도 수축사회에 진입하고 있기 때문이다. 2010년부터 2017년까지 노르웨이의 1인당 국민소득은 9만 달러에서 7만 달러로 줄어들었다. 스웨덴, 핀란드, 덴마크도 비슷하다. 지상낙원에도 수축사회의 공포가 밀려오면서 공포의 배출구로 외국인 혐오증이 확산되고 있는 것이다. 이는 일자리를 두고 이민자나 난민과 경쟁해야 하는 유럽의 젊은 층이 언제든지 이들을 공격할 수 있음을 보여주는 사건이었다. 미얀마 독립영웅이며 민주투사인 아웅 산 수 치가 로힝야족의 대량학살에 눈감고 있는 것도 로힝야족을 포용할 만큼 미얀마의 경제 상황이 녹록지 않다는 증거로 볼 수 있다.

전 세계에서 가장 많은 신자를 가진 종교는 기독교(가톨릭 포함)로 73억 인구 중 23억 명(31.2%)이고, 그다음은 이슬람교로 18억 명(24.1%)에 이른다. 영국 〈가디언〉지에 따르면 2015년부터 2060년 사이 세계 인구는 32퍼센트 증가하지만 이슬람 인구는 70퍼센트나 늘어나 이슬람교가 세계 최대 종교가 될 것이다. 인류 역사상 수많은 전쟁이 종교갈등에서 비롯되었다. 종교전쟁은 가장 치열했고 엄청난 희생이 따랐다. 서구에서 가장 오랜 기간 지속된 전쟁은 기독교와 이슬람교의 전쟁이다. 물론 20세기 들어 이슬람의 맹주이던 오스만투르크의 몰락 이후 종교전쟁은 잠잠해지는 듯했다.

그러나 1991년 걸프전, 2001년 아프가니스탄과 이라크 전쟁을 고비로 기독교와 이슬람의 전쟁이 재연되고 있다. 1969년 팔레스타인해방기구PLO에서 시작된 이슬람의 저항은 탈레반을 거쳐 이슬람국가IS까지 명맥을 이어오고 있다. 표면적으로는 미국과 이슬람교 근본주의자들 간의 전쟁 같지만 더 크게 보면 기독교와 이슬람교 간 종교전쟁의 성격이 짙다. 수축사회가 진행될수록 미래의 구원을 위해 종교를 믿는 사람이 증가할 것이다. 그러나 종교가 다른 종교를 포용하지 못하는 제로섬적 상황에 놓이면서 새로운 전선이 생기고 있다. 거의 모든 영역에서 전투가 개시되었다.

모든 영역이 전장화되면서 토머스 홉스Thomas Hobbes가 얘기한 '만인 대 만인의 투쟁', 혹은 '사람은 사람에게 있어서 늑대다Homo homni lupus'라는 말이 현실화되고 있다. 그러나 홉스가 본 자연 상태의 세상보다 21세기 수축사회의 상황은 더 나쁘다. 홉스는 동종 간 투쟁으로 세상을 파악했지만 이제는 이종 간에도 서로 늑대가 되고 있다.

한국 극장의 최대 적은 모바일이다. 젊은 층이 모바일로 영화를 보기 때문이다. 텔레비전 홈쇼핑의 경쟁자도 모바일이다. 의사끼리 경쟁하던 시대에서 의약분업으로 의사와 약사가 갈등한 시절이 있었다. 그러나 이제 의사의 경쟁 상대는 원격진료다. 동네 호프집의 적군은 동네 편의점이다. 편의점은 안주와 술, 파라솔까지 겸비한 데다가 가격도 호프집보다 훨씬 싸다. 과학기술이 발달하고 사람의 욕구가 변화하는 현상이 서로 결합하면서 우리는 누군가로부터 공격을 받고 있는데 적의 존재는 잘 보이지 않는 당혹스러운 상황을 맞이하게 되었다. 적이 누군지 모르는 상황이라면 더 불안해진다. 그렇다면 조금이라도 의심이 갈 경우 바로 처단하는 방법밖에 없다.

인因과 연緣, 연합군이 필요하다

생존과 패배라는 오직 두 가지 선택만 있는 수축사회의 특징 때문에 게임은 복합적이고 사용 가능한 모든 무기를 사용한다. 30여 년 전 내가 사회에 나왔을 때 선배들은 학연, 지연, 혈연 때문에 한국이 망할 거라는 얘기를 종종 했다. 30년이 흘렀지만 이 3가지 인연은 사라지기는커녕 점점 더 강화되는 모습이다. 그 이유는 수축사회에서 혼자 싸우기가 버겁기 때문인 듯하다. 수축사회의 본질은 각자도생이 원칙이지만, 지원군을 최대한 활용하면 훨씬 유리하다. 궁지에 몰린 상황에서는 조금이라도 도와줄 세력이 있다면 제휴할 필요가 있다. 물론 도와줄 우군도 지금 전투에서 열세이기 때문에 서로 동맹을 맺어 연합하는 것이다.

카카오톡, 밴드, 페이스북 등 SNS 활용이 일상화되면서 학연, 지연, 혈연은 상시 접속 상태가 되었다. 자주 접촉하자 조직의 결속력이 과거보다 더 강화되었다. 결속력이 높아지면서 동창회 같은 연고 중심의 조직들은 상호 지원군이 되어 자신들만의 이해를 추구하는 배타적 조직으로 변모하고 있다. 성숙한 사회일수록 개인의 다양한 사회활동과 참여가 늘어난다. 그러나 현재와 같이 인연을 중시하는 풍조는 특정 집단의 배타적 이해만 추구하기 때문에 사회를 퇴보시킨다. 특히 사회의 리더 그룹이 인연을 강조하면 사회 양극화를 고착시키는 부정적 역할을 하게 된다.

혈연血緣은 경제개발세대 후손들이 부모세대의 권력과 부를 물려받으면서 여전히 이어지고 있다. 기업인들은 창업 1세대의 퇴진으로 2, 3세대가 전면에 나서고 있는데 이들 사이에서 중세시대에나 있을 법한 결혼동맹이 흔하게 발견된다. 사회적으로 성공한 공직자, 전문경영인, 종교인, 교육자, 법조인 자제들이 사회의 중심을 이루면서 소위 '가문'을 형성하고 있다. 최근의 채용비리나 입시비리는 사회적 인연으로 얽힌 부모세대들이 다시 혈연으로 뭉쳐 자신들만의 팽창사회를 추구하는 과정에서 나타난 것이라고 볼 수 있다. 오죽하면 '세습자본주의'라는 말이 나올까?

지연地緣은 상대적으로 줄어들고 있다. 1958년생부터 고등학교의 추첨제 입학이 시작되었다. 소위 '뺑뺑이'세대가 60세에 육박하면서 지방 명문 고등학교의 위세는 점차 약화되고 있다. 다만 정치권에서는 여전히 지역감정을 정치에 활용하기 때문에 정치적 영역에서만 지연이 위력을 발휘하고 있다. 그러나 이마저 점차 사그라지고 있어 다행이다. 그런데 소위 '강남현상'이라는 강남권 거주자의 사회적 특권이 새로운 지연으로 결집하지 않을까 우려된다.

최근 10여 년에 걸쳐 학연學緣은 큰 변화가 있었다. 그동안 학연과 지연은 서로 맞물린 측면이 강했다. 특정 지역의 명문 고교 출신들은 지연과 학연을 공유했다. 그러나 수도권 인구가 전체 인구의 절반에 육박하고 경제력 집중현상이 강화되자 지방 명문고교의 존재감이 약해졌다. 이후 고등학교 중심의 학연은 대학교로 빠르게 대체되고 있다. 이는 1981년에 도입된 대학 졸업정원제의 영향이 크다. 대학 입학생 숫자가 크게 늘면서 어느 조직에서나 같은 대학 출신들이 많아지자 세력화가 용이해졌다. 과거에는 특정 고교 출신이 아무리 많아도 절대 숫자가 적어 조직을 좌우할 수는 없었다. 향후에는 외고, 특목고 출신자들의 결속도 중요한 변화가 될 것이다. 이들은 명문 고교와 명문 대학을 나와 기본적으로 우수하다. 또한 좋은 직장에 다니고 국가고시 합격 명단에서도 상위권을 차지한다. 이미 로스쿨 졸업 후 신규 임용된 검사들의 출신 고교 가운데 대원외고, 명덕외고가 가장 많다. 이들이 사회의 리더 그룹으로 성장한다면 과거 경기고, 서울고, 경복고 수준의 세력집단으로 성장할 가능성이 높다. 해외 동일 대학 출신자들도 뭉치고 있다. 박근혜 정부 시절 미국의 특정 대학 출신자들이 한국 경제를 주물렀던 사실을 상기해보기 바란다.

SNS의 발달로 다양한 사회적 관계가 이익집단화하고 있다. 인터넷 포털 다음카페의 숫자가 약 1,100만 개, 참여 인원이 5천만 명에 이른다. 어린아이를 키우는 엄마들이 정보를 공유하기 위해 만든 맘카페는 이제 동네 상권이나 유치원 등 교육에까지 영향력을 발휘하고 있다. 자녀가 군대에 가면 부모들끼리 SNS를 통해 결속하면서 군대 운영에 지장을 줄 정도다. 잘 모르는 사람과도 이해관계가 같으면 뭉치는 경향이 강해지고 있는 것이다. 같은 종교단체에 소속된 사람들끼리도 모임을 만들거나, 같은 회사에 다닌 사람들끼리 사연社椽을 만들어 이익집단화하기도 한다. 코스닥시장에 상장된 기업의 CEO 중 삼성전자 출신이 한때 100명을 넘긴 적도 있다. LG전자 출신이라든지, 대우그룹 출신들도 서로 뭉쳐 이익을 공유한다. 비영리기구나 시민단체들도 자신들이 추구하는 가치에 따라 결속력을 강화하면서 이익을 공유하는 투쟁에 나서고 있다. 수축사회 진입이 확실해질수록 이런 식으로 새로운 형태의 이익단체가 늘어날 것은 분명하다. 그러나 특정 집단의 이익에 근거한 배타적 조직만 양산된다면, 결국 갈등 수위가 높아지는 것을 피할 수 없을 듯하다. 수축사회에서는 전투에 동맹군이 필수적이다.

상호의존적 세상

전선이 입체적으로 확장되는 데는 세계화와 정보통신의 발달이 큰 몫을 한다. 모든 정보를 전 세계가 실시간으로 공유함에 따라 상호 영향을 주고받는 나비효과가 지구촌 전체에서 발생하기 시작한 것이다. 결국 거의 전 영역이 중첩되어 연결되자 모든 현상이 '상호의존적interdependence'으로 바뀌기 시작한다. 하나의 현상(A)이 인접한 다른 요인(B)에 영향을 주고, 이어서 다른 영역(C)에 다시 영향을 주는 현상이 모든 영역에서 입체적으로 발생하고 있다. 예를 들어 중동에서의 종교갈등과 민족갈등은 전형적인 제로섬게임 양상을 띠면서 전 세계 모든 사람에게 영향을 준다. 과거 이스라엘과 이슬람 국가 간 전투가 벌어질 때마다 유가가 크게 오르곤 했다. 2017년 12월 미국 트럼프 대통령은 예루살렘을 이스라엘만의 유일한 수도라 선포하고 미국 대사관을 예루살렘으로 옮겼다. 이렇게 되면 이란 등 이슬람 국가가 반발하는 것은 당연하다. 반발이 거세지자 미국은 추가로 이란과의 모든 핵협상을 중단하고 이란의 석유 수출을 금지시키는 제재에 들어갔다. 미국과 이란의 갈등 과정에서 혹시 있을지 모르는 러시아의 중동 진출을 견제하기 위해 러시아에도 제재 조치를 가했다. 그러자 유가는 오를 수밖에 없었다. 유가가 오르면 유럽, 중국, 일본, 한국 등 원유 수입국들의 경제는 어려워진다. 중동의 종교갈등이 전 세계 경제에 영향을 미치는 것이다. 20세기를 통해 세계는 상호의존적 관계를 강화시켰고, 상호의존적이기 때문에 대규모 전쟁과 같은 최악의 상황은 발생하지 않았다. 그러나 수축사회에서는 상호의존적이라서 전선이 입체적으로 확산된다.

눈앞만 바라본다: 미래 실종

준공된 지 7년이 지난 여의도국제금융센터IFC THREE의 공실률은 47퍼센트, 2017년 4월 완공된 잠실 롯데월드타워 공실률은 56퍼센트에 달한다고 한다. 부동산 서비스 회사인 메이트플러스에 따르면 서울 오피스빌딩의 공실률은 10.7퍼센트에 이른다(2018년 7월 기준). 이런 상황에서 2020년까지 새로운 오피스빌딩이 사상 최고 수준으로 완공될 예정이다. 이제는 공실을 줄이기 위해 임대료를 깎거나 다양한 혜택을 제공하는 것이 관행으로 굳어지고 있다. 그동안 높은 임대 수입을 보장해주었기 때문에 오피스빌딩을 마구 지었다. 한국의 경제성장률이 3퍼센트에도 미치지 못하고, 4차산업혁명으로 일자리가 줄어드는 추세를 감안하지 못한 채 지금도 많은 빌딩이 하늘 높이 올라가고 있다.

서울외곽순환고속도로에서 차가 가장 막히는 곳은 구리 톨게이트 주변, 서쪽은 중동~송내 구간일 듯하다. 외곽순환고속도로가 개통될 때부터 이미 이 두 지역은 상습 정체지역이었다. 이후 주변에 새로운 고속도로가 생겨나면서 더 이상 교통량을 감당할 수 없게 되었다. 이제는 인근지역에 고층 아파트가 들어서 확장공사도 여의치 않다. 문제는 향후에도 주변에 고속도로가 추가로 건설될 계획이라는 점이다. 비슷한 사례로 중부고속도로와 경부고속도로가 만나는 남이분기점에서 호남고속도로와 갈라지는 회덕 분기점 구간의 확장공사를 기억해보자. 편도 2차선인 두 고속도로가 합쳐졌으니 당연히 4차선 이상 되어야 하지만 이 구간은 3차선으로만 확장공사를 했다. 이후 경부고속도로가 3차선으로 확장되면서 교통량이 늘자 이번에는 동 구간을 4차선으로 추가 확장했다. 그러고도 더 막히니 5차선으로 3차 확장공사를 실시했다. 이 고속도로를 계획한 관계자들은 교통량 증가를 전혀 내다보지 못했던 것이다. 더 중요한 사실은 '2+3=5'인지 모르는 듯하다.

수축사회에서 패배는 곧 자신의 존재를 상실하는 것이기 때문에 눈앞에서 벌어지는 제로섬전투에 집중할 수밖에 없다. 따라서 미래를 체계적으로 준비하기 어렵다. 또한 평온한 시기와 달리 도덕, 예의, 공생 같은 정신적 가치가 약화되면서 오직 승리에만 집착한다. 사회 전체를 아우르는 규범이 부재한 일종의 무정부 상태가 되는 것이다.

이런 상황에서 미래를 준비할 수 있을까? 수렵채취사회를 상상해보자. 당시에는 하루하루가 식량 확보를 위한 전투였다. 보관할 기술이 없었기 때문에 미래를 위해 과일이나 곡물을 저장할 수 없었다. 마찬가지로 팽창사회를 가정해서 만든 사회안전망은 엉성하고 지속 가능하지 않아서 연금, 의료보험 등을 대대적으로 손

질해야 한다. 공기오염으로 인한 대재앙을 막기 위해서는 환경 관련 투자가 필요하지만 미국은 이산화탄소 배출을 줄이려는 파리협약에서 탈퇴했다. 어떤 국가든 장기 과제는 다음 정부로 떠넘기면서 당장의 정권 안보나 경제성장에만 치중한다. 개인의 경우에도 수축사회를 가정해서 삶 자체를 재설계해야 한다. 어디에 살 것인지, 어떤 생활 패턴을 유지할 것인지, 자녀들이 어떤 분야를 전공해야 유망한지 등 미래를 내다보고 의사결정을 해도 성공하기 어려운 시대다. 한의학과, 사범대학, 어학과 같이 공급과잉인 분야는 피해야 한다.

눈앞의 승리에 급급해 고군분투할 경우 부분적인 전투에서는 이길 수 있겠지만, 전체 흐름과 미래 변화를 감안한 전략이 없다면 궁극적으로 패배할 것이다. 체계적인 예측에 근거해 미래의 모습을 가정하고 그 예상에 부합하는 전투를 벌일 때만, 국지전을 포함한 전체 전쟁에서 승리할 수 있다. 미래를 향하지 못하는 사회는 늘 건강하지 못했다.

팽창사회를 찾아서: 집중화

인구 약 4천만 명이 거주하는 미국 캘리포니아주 경제 규모는 2조 7천억 달러로 영국을 제치고 미국, 중국, 일본, 독일에 이어 세계에서 다섯 번째다. 2017년 인구증가율이 10퍼센트에 이르면서 사람과 돈이 몰려들고 있다. 미국 내에서 유독 캘리포니아주만 약진을 보이는 것은 팽창사회의 조건을 모두 갖추고 있기 때문이다. 온화한 지중해성기후로 생활이 편리하다. 농사도 아주 잘되고, 인근에 관광 인프라도 뛰어나다. 지리적으로도 남쪽의 멕시코에 인접해 있고 아시아로부터 싸고 생산성 높은 인력을 공급받을 수 있다. 인근 실리콘밸리는 4차산업혁명의 태동 지역이다. 세계적 기업의 본사가 몰려 있기도 하다. 주목할 것은 캘리포니아의 인구 증가를 단지 이민자 증가로 설명하기에는 부족하다는 점이다. 미국 내 다른 지역에 살던 노동자가 일자리와 편리한 생활을 위해 캘리포니아로 모여들고 있는 것이다. 캘리포니아가 너무 비대해지자 3개 주로 분할하려는 시도까지 나타나고 있다.

일본 노무라연구소는 인구 감소와 고령화, 상속 등에 따른 자산 이전으로, 2030년까지 일본의 지방에서는 금융자산이 감소하고 도쿄 등 대도시에서는 금융자산이 크게 늘어날 것으로 예상했다. 그 이유는 지방에 있는 고령의 부모가 대도시에 사는 자녀들에게 자산을 증여하기 때문이다. 현재 일본 65세 이상 고령자의 자산은 무려 900조 엔(한화로 약 1경 원) 정도로 추산되고 있다. 인구가 줄어드는 일본에서 의도한 건 아니지만 대도시 집중현상이 강화되고 있는 것이다.

한국에서도 비슷한 현상이 벌어지고 있다. 2016년 부동산 증여가 무려 26만 건이나 이루어졌는데 그중 상당수는 노부모가 소유한 지방 부동산이 수도권에 거주하는 자녀들에게 증여되었을 가능성이 높다. 사회의 모든 인프라와 기업의 본사가 집중된 수도권은 여전히 팽창사회지만 인구가 줄고 변변한 산업시설이 없는 지방은 '소멸'을 고민해야 하는 수축사회다. 팽창사회인 수도권에 인구와 경제가 집중되는 것은 생존을 위한 자연스러운 현상으로 봐야 한다.

현재의 제로섬전쟁에서 살아남는 가장 좋은 방법은 팽창사회로 이주하는 것이다. 파이가 줄어드는 수축사회에서 힘들게 싸워 승리해봤자 획득한 결과물은 팽창사회에서 얻는 것보다 상대적으로 적다. 강남 아파트 구매자 중 서울 이외 거주자 비율이 꾸준히 상승하는 것도 팽창사회로의 이주를 보여주는 확실한 지표다.

많은 국가에서 경제력 집중현상을 완화시키기 위해 다양한 정책을 사용하지만, 성공한 국가는 아직 없다. 이 정책이 성공하려면 사회 전체를 팽창사회로 만들어야 한다. 수축사회인 지방에 SOC 투자나 기업 몇 개가 이전한다고 사회의 기초 성격이 바뀌지는 않는다. 세계적 기업인 LG그룹이 연구시설을 서울 마곡지역에 세운 이유는 인재가 집중된 서울의 팽창사회적 환경 때문이다. 만일 생산시설이 있는 지방에 연구소를 세웠다면 LG그룹의 R&D 능력이 크게 떨어졌을지도 모른다.

심리게임 : 정신병동

전투에서는 공격보다 방어가 수월하기 때문에 통상적으로 공격과 방어의 병력 비율이 3대 1이라고 한다. 어떤 조직이든 문제를 제기하고 반대하는 인원이 100명이라면, 대안을 제시하는 인원은 10명,

그리고 직접 실행하는 사람은 1명에 불과하다는 속설이 있다. 사회가 자신의 이익에만 충실한 사람들로 채워지면서 수축사회와 관련된 대책을 세우고 실행하기가 매우 힘들어졌다. 입체적인 갈등 속에서 수축사회의 진입 속도를 늦추기 위해서는 빠른 의사결정이 필요하다. 물론 아직은 수축사회 진입을 늦출 기회가 남아 있다. 그러나 일단 수축사회에 완전히 진입하면 의사결정 자체가 불가능할지도 모른다. 시간은 촉박한데 제로섬적 사회 분위기로 의사결정이 지연되고 때로는 잘못된 의사결정을 하기도 한다. 집단적인 '의사결정 장애'가 나타나는 것이다.

야구선수 박찬호는 명상 전문가다. 박찬호는 1999년경 슬럼프에 빠졌을 때, LA다저스 동료 선수의 권유로 명상에 입문했다. 박찬호는 언론과의 인터뷰에서 명상을 하면서 "부정적인 스위치를 끄고, 용기 스위치를 켜면 용기의 빛이 생기는 것 같고 몸이 가벼워졌다"고 밝혔다. 골프 선수들도 심리치료에 많은 돈과 시간을 투자한다. 애플의 스티브 잡스와 방송인 오프라 윈프리, 영화배우 고소영뿐 아니라 래퍼 김하온도 명상에 빠져 있다. 동양적 정신수양 기법인 명상이 4차산업혁명의 본산인 미국 실리콘밸리에서도 유행하게 된 것이다. 최근에는 다양한 명상 앱까지 나올 만큼 명상이 중요한 치유 수단으로 인식되고 있다.

세계보건기구WHO는 2020년이 되면 우울증이 모든 질병 가운데 랭킹 1위가 될 것이라고 예측했다. 한국의 경우도 전체 국민의 25퍼센트가 평생에 한 번 이상 정신 관련 질병에 걸릴 정도다. 자살률도 OECD 선진국 중 부동의 1위다. 요즘 유행어가 된 자연인, 먹방, 소확행(작지만 확실한 행복)의 이면에는 치열한 전투를 회피하고자 하는 심리가 깔려 있다. 자기계발서 중 심리학자의 책이 크게 늘어난 것도 이제 마음을 치유해야 할 정도로 제로섬전쟁을 치르면서 정신적 상처가 깊어졌다는 의미다. 수축사회에 진입하면서 패배한 사람이나 전투 자체를 회피하려는 사람이 늘어나는 사회적 추세를 보여준다.

아예 처음부터 전장에 들어가지 않으려는 사람들도 있다. 일본에서 유행하는 캥거루족이 그렇다. 성년이 되어서도 어린 캥거루처럼 부모의 품 안에 머물면서 사회생활을 기피하는 사람을 의미한다. 헬리콥터형 부모 밑에서 마마보이로 자란 자식이 성년이 된 이후에도 캥거루족으로 함께 살고 있는 것이다. 일본에서는 2000년 기준 35~44세 인구의 6명 중 1명이 부모와 동거한다고 한다. 오죽하면 이런 사람들을 기생충이라는 뜻으로 패러사이트 싱글parasite single이라 부를까? 한국도 비슷하다. 보건사회연구원에 따르면 25세 이상 미혼 자녀가 부모와 함께 사는 비율이 조만간 30퍼센트에 달할 것이라고 한다. 고령자인 부모가 사망하면 이들이 과연 수축사회에서 살아갈 수 있을까? 전투가 치열해질수록 정신건강은 점점 더 위태로워지고 있다. 전염병처럼 의사결정 장애, 회피, 우울증 같은 정신질환이 확산되고 있다.

앞서 살펴본 5가지 특징은 팽창사회에서도 존재했다. 그러나 시간이 지날수록 이러한 특징이 더 뚜렷해지면서 사회의 보편적 현상으로 굳어지고 있다. 반대로 수축사회에서 승리하기 위해서는 이 5가지 특징과 상반된 행동을 하면 될 것이다. 이 반대 내용은 3부 '전환의 시대에 필요한 생존 전략'에서 살펴볼 예정이다.

　다음 2부에서는 수축사회의 보편적 특징을 세계적 차원에서 살펴보려 한다. 한국만의 현상이 아니라 지구 전체가 수축하는 모습을 살펴보자.

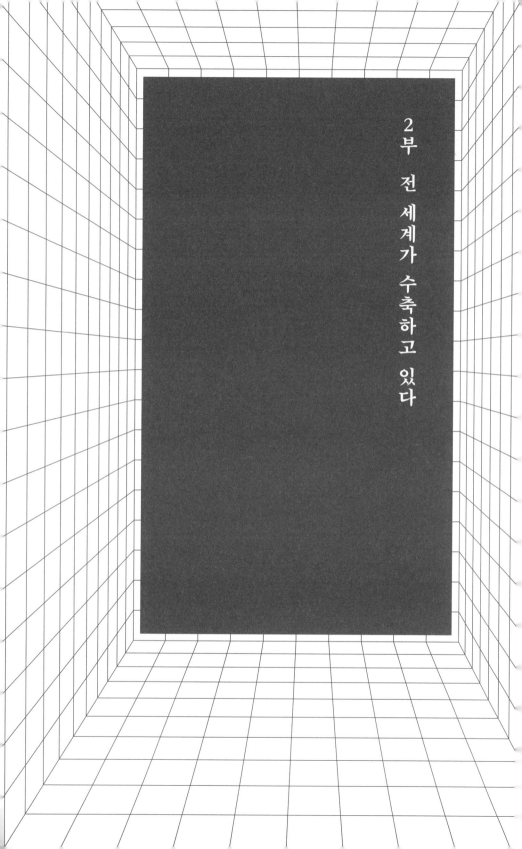

2부

전 세계가 수축하고 있다

우리는 현재의 저성장과 갈등을 한국만의 특수한 상황으로 보는 경향이 강하다. 그러나 이 갈등의 제로섬전쟁은 정도의 차이만 있을 뿐 전 세계 모든 국가에서 발견된다. 따라서 한국이 어려워지고 있는 것은 세계가 수축사회에 진입하고 있기 때문이지, 한국만의 특별한 상황이 아니다.

2부에서는 세계 주요국들이 수축사회에 진입하는 모습을 살펴본 뒤, 향후 세계를 규정할 4가지 주요 변수에 대해 살펴볼 예정이다. 가능하면 각 국가와 여러 변수의 미래까지도 논의하고자 한다.

2008년 9월, 흔히 글로벌 금융위기로 불리는 세계적 경제 쇼크가 발생했다. 나는 이 시점부터 세계가 수축사회에 진입하기 시작한 것으로 규정해, 이 위기를 '전환형 복합위기'라고 부른다. 세상이 전환되면서 모든 영역에서 나타나는 위기라는 의미다. 또한 이때를 고비로 예상 수준에 있던 고령화 현상이 본격화되면서 사회와 경제를 압박하기 시작했다. 4차산업혁명의 출발도 멀리 보면 이때부터다. 이후 전 세계 국가들이 모두 몸살을 앓고, 일부 국가는 심각한 폐렴에 걸려 생명이 위태로운 지경에 처해 있다.

정도의 차이는 있으나 수축사회로의 전환 속도가 점점 빨라지고 있다. 세계는 과거와 전혀 다른 미지의 세계로 가고 있는데 인구는 줄어들고 부채는 늘어만 간다. 4차산업혁명이라는 새로운 과학기술은 기존 질서를 송두리째 파괴하면서 방향성을 잃게 만든다. 이런 대전환 속에서 주요 국가의 현실을 앞서 살펴본 수축사회의 5가지 특징으로 살펴보고자 한다.

3장
온전한 나라는 없다

미국: 패권이 위험하다

2차 세계대전 이후 미국은 완전한 세계 패권국이 되었다. 국제질서를 자신들의 이해에 맞게 경영하면서 달러를 통해 세계경제를 쥐락펴락해왔다. 미국이 가진 패권, 즉 힘power의 본질은 무엇일까? 나는 2005년 출간한 《세계경제의 그림자, 미국》에서 미국의 파워를 7가지로 정리하고, 이를 미국만의 독점 시스템이라고 규정했다. 미국의 압도적 파워 7가지는 다음과 같다.

---

1. 민주주의의 세계적 확산   유럽을 제외한 전 세계에 민주주의의 씨앗을 뿌리고 세계의 민주주의를 수호해왔다. 현대의 민주주의는 미국에 의해 전파되고 유지되었다. 민주주의를 전면에 내세운 미국의 노력은 독점적 패권을 정당화시키는 역할을 했다.

2. 강력한 군사력	미국의 군사력은 막강하다. 미국을 제외한 다른 모든 국가의 군사력을 합해도 미국과 싸워 이길 수 없다. 강력한 군사력을 기반으로 미국은 세계의 경찰 역할을 하며 질서를 유지한다.
3. 소프트 파워	미국의 문화는 모든 국가에서 표준이다. 따라서 모든 국가에서 미국 문화를 받아들이려고 노력한다. 모든 인류의 정신적 기반은 미국 문화를 기반으로 하고 있다.
4. 뛰어난 과학기술	미국의 과학기술은 거의 모든 영역에서 세계 최고 수준이다. 혹시 모를 외계인으로부터 지구를 지키는 일도 미국이 책임질 것이다.
5. 금융자본의 독점	기축통화를 보유하면서 글로벌 금융시장을 실질적으로 지배한다. 미국의 자본과 경제정책은 세계경제의 흐름을 좌우한다.
6. 원자재의 독점	석유를 비롯한 거의 모든 원자재는 미국의 영향력 아래 있다.
7. 세계화의 확산	모든 국가의 개방을 강력하게 추진하면서 미국이 정한 규칙 안에서 세계가 가동되고 있다.

이 7가지 파워를 적절히 조합하고 조정하면서 미국은 세계를 이끌어왔다. 중국이나 유럽 등 일부 국가가 미국에 도전하고 있지만 여전히 세계를 실질적으로 지배하는 것은 미국이다. 역사상 어떤 국가도 이 7가지 파워를 모두, 그리고 압도적으로 가진 적이 없었다.

그러나 미국에서도 점차 수축사회의 기운이 강해지고 있다. 냉전이 종식된 1990년대 초반부터 지금까지 거의 30여 년간 미국은 패권을 강화한 것이 아니라, 패권을 즐기기만 했다. 미국은 패권을 유지하는 동안 계속 경제성장이 이어졌지만, 수축사회의 핵심 요인에 대한 구체적인 준비는 거의 하지 못했다. 고령화에 대한 준비도 없었고, 레이건 행정부 당시부터 유지된 신자유주의로 사회 양극화는 세계 최고 수준이다. 현재 미국에선 상위 10퍼센트가 전체 소득의 45퍼센트 이상을 가져간다. 세계적 기업으로 성장한 애플, 구글 등 글로벌 기업의 성장 이면에서는 빈곤층의 분노가 쌓여가고 있다. 달러라는 기축통화가 가져다주는 편안함 때문에 힘들고 어려운 일은 중국 등 다른 국가에 맡겨온 지 40여 년이 지났다. 이제 미국은 4차산업혁명 분야와 국방을 제외하면 제대로 경쟁력을 가진 산업이 거의 없을 정도로 산업구조의 불균형이 심각하다. 게다가 누적된 재정적자는 21조 5천억 달러로 GDP의 103퍼센트에 달하고, 연간 무역수지 적자는 5,520억 달러나 된다. 지금은 미국이 견딜 만하지만 미래에는 쉽지 않아 보인다. 게다가 수축사회가 한발 한발 다가오고 있다.

물론 현재 미국 경제는 매우 견실하다. 달러 강세로 세계의 돈이 미국으로 몰려들면서 부동산과 주식 등 자산가격이 사상 최고 수준이다. 그러나 지금 미국이 누리는 경기호전은 4차산업혁명의 초반부라는 시간적 특수성을 감안해야 한다. 실질적으로 미국에서 4차산업혁명이 태동했기 때문에 그곳에서 관련 투자가 가장 많이 발생하는 것은 자연스러운 일이다. 그러나 시간이 지나면서 중국, 일본, 유럽, 한국 등에서 미국과 유사한 투자가 벌어진다면 미국의 상대적 우위는 점차 약화될 것이다. 따라서 현재의 4차산업혁명과 관련된 투자와 자산시장의 열기는 한시적일 가능성도 있다.

미국의 대외 영향력도 점차 줄어들고 있다. 군사적 패권에 악영향을 줄 수 있음에도 불구하고, 미국은 동맹국들에 방위비 분담을 요구하고 있다. 중국의 부상이 강력해진 면도 있지만, 미국의 국가재정이 어려운 것이 현실적인 이유다. 미국은 2008년 전환형 복합위기 이후 악화된 재정을 개선하기 위해 예산을 줄이는 테이퍼링tapering을 2013년부터 시행해오고 있다. 냉전 기간 중 국방비로 GDP의 평균 6퍼센트를 쏟아부었지만, 테이퍼링으로 상당히 줄어들었다. 그러나 2019년 회계연도에는 중국의 위협에 맞서 사상 최고 수준의 국방비를 사용할 예정이다. 무려 6,860억 달러(한화 약 780조 원)나 되는 미국의 국방비는 전체 GDP의 3.36퍼센트를 차지할 전망이다. 국방비를 증액하면 사회복지 등 다른 예산을 줄여야한다.

트럼프 행정부가 세금 감면으로 경기부양에 나서고 있어 연방정부의 재정은 악화일로에 있다. 수축사회에 진입하면 성장률이 하락해 국가재정이 더 어려워진다. 다른 국가들도 어려운데 특히 미국은 패권을 지키기 위해 더 많은 국방비를 써야 한다. 미국은 장기간 현재의 패권 유지와 경제성장에 집중된 정책만 강조해와서 속에서부터 서서히 곪아가는 모습이다. 트럼프 행정부가 야심차게 추진하고 있는 무역전쟁은 미국이 그만큼 어렵다는 반증으로 볼 수도 있다. 궁극적으로 현재 트럼프 정부의 정책은 수축사회 진입을 가속화시키는 대응으로 보인다.

이런 어려움 때문에 미국의 7가지 패권이 조금씩 손상되고 있다. 민주주의보다는 포퓰리즘에 의존한 정치 성향이 강해지면서 우방으로부터 점차 거리가 멀어지고 있다. 가장 가까운 멕시코, 캐나다와의 관계에서 NAFTA를 개정하면서 미국만을 위한 일방적인 조치들로 바뀌고 있다. 미국 문화에 대한 거부감이 강해지면서 소프트 파워도 예전만 못하다. 환경 문제에서도 파리협약에서 탈퇴하자 중국과 뭐가 다르냐는 비난을 받고 있다. 미래보다는 현재에 집중하고 입체적으로 동맹국을 압박하는 미국의 이기주의는 수축사회의 특징을 고스란히 보여준다. 지금까지 미국은 7가지 패권을 이용해 여타 국가의 자발적인 추종을 유도해왔지만, 이제는 자신의 패권에 종속되기를 강제하기 시작했다. 미국 스스로 국제사회의 룰을 깨고 있는 것이다. 이런 과정을 통해 미국은 7가지 패권과 세계적 차원의 리더십을 조금씩 상실해가고 있다.

달리 해석하면, 미국 주류사회가 강압적인 미국 우선주의밖에는 패권을 유지할 방법이 없음을 자인하는 것으로도 볼 수 있다. 싸우지 않고도 모든 적을 제압할 수 있었던 미국이, 점차 체력이 약화되면서 자신의 약점을 가리기 위해 폭력을 쓰기 시작한 것이다.

저명한 지정학 전략가인 피터 자이한Peter Zeihan은 최근 펴낸《21세기 미국의 패권과 지정학》에서 약화되는 미국의 변화와 속내를 밝혔다. 그는 만일 미국이 국내적 어려움으로 패권을 내려놓으면 세계는 질서를 상실해 궤멸 수준의 재앙을 맞을 것이라는 전망을 내놨다. 일부 맞는 말이기도 하지만, 사실은 중국이나 여타 국가를 협박하려는 의도로밖에 읽히지 않는다. 그의 전망이 맞든 틀리든 간에 이런 시각이 눈길을 끄는 것은 미국이 예전만 못하다는 반증으로 보인다.

　　세계와 미국의 관계를 재조정하려는 미국의 시도는 앞으로도 이어질 전망이다. 미국은 수축사회로의 전환을 간과하고 너무 오래 패권에 취해 있었다. 군사적 패권 문제는 나도 피터 자이한의 견해에 일부 동의한다. 그러나 향후 미국은 고령화에 빠르게 진입하면서 의료보험 등 복지비용이 눈덩이처럼 커질 것이다. 누적된 재정적자 문제는 사실상 해결 방법이 없다. 미국이 우위를 보이는 4차산업혁명도 초기 태동기를 지나 본격적인 발전기에 진입하면, 미국의 경쟁력이 상대적으로 약해질 수 있다. 총기난사 사건이나 인종 차별 등은 심해지는 사회 양극화와 수축사회의 전조 증세로 볼 수도 있다. 미국은 여전히 강력하고 화려하지만 내부에서부터 미래의 희망이 사라지고 있다. 미국에 대한 상세한 내용은 2부의 여러 영역에서 다룰 것이며, 특히 미-중 G2 패권대결에서 집중적으로 살펴볼 예정이다.

유럽: EU 안의 제로섬

유럽에서 EU의 출범과 함께 공동화폐를 사용한 것은 유럽 대륙에서 전쟁을 피하고 공동 번영을 꾀한 획기적인 역사적 진보였다. 그러나 EU가 출범한 지 불과 10여 년 만에 이 역사적 시도가 실패할 가능성이 점점 높아지고 있다. 과거와 지금의 EU는 어떤 차이가 있을까?

EU와 유로화가 빠르게 정착한 것은 전대미문의 역사적 시도를 전 세계가 인정했고, 여기에 우호적인 외부 여건이 결합되었기 때문이다. 당시는 20세기 마지막 호황이 마무리되면서 경기침체가 시작되었고 이로 인해 각국이 금리를 낮춰 저금리현상이 세계적 차원에서 본격화되었다. 일단 금리가 낮았기 때문에 달러와 같은 안전 통화보다는 상대적으로 금리가 높은 화폐를 선호하는 분위기가 조성되었다. 반대로 미국은 1990년대 IT 버블이 꺼진 후 경기가 침체하면서 달러 가치가 불안정했다. 그리고 2002년부터 중국 등 BRICs의 투자 열기로 세계경제가 활황을 보였다. 금리, 달러 가치, 경기 상황 모두 유로화가 국제통화로 자리 잡는 데 유리한 환경이었다.

유럽 내부에서도 유로화 정착을 촉진하는 환경이 마련되었다. 지금은 골칫거리가 된 그리스, 이탈리아, 스페인 등 경제적으로 취약한 국가들은 유로화를 사용하면서 저금리 혜택을 톡톡히 보았다. 특히 이탈리아는 리라화와 같이 신용이 낮은 화폐를 사용할 때보다 통합화폐인 유로화를 사용하면서 취약한 국가의 상황이 가려졌다. 유럽 대륙 전체적으로 금리가 크게 내려가자, 남유럽 국가들은 독일이나 프랑스와 유사한 대접을 받았다. 여기서 문제가 발생했다. 특히 그리스, 이탈리아와 같이 경제 상황이 상대적으로 어려웠던 국가들은 유로화 사용과 전 세계적인 저금리로, 다른 유럽 국가에 비해 실제 금리 하락폭이 훨씬 컸다. 또한 취약 국가들은 낮은 금리로 자금을 조달하게 되자 국가재정을 방만하게 운용하는 포퓰리즘 정책을 남발했다. 민간 부문에서는 부채에 의존한 부동산투기 붐이 일어나면서 일종의 과속 스캔들이 나타났다. 바로 이때 2008년 9월 전환형 복합위기가 발생했다. PIGS(포르투갈, 이탈리아, 그리스, 스페인)라고 불리는 남유럽 국가들은 글로벌 위기에 바로 전염되어 경기가 침체되고 국가부도 위기로까지 몰렸다. 만일 독일 등 부자 국가들과 유럽중앙은행ECB의 지원이 없었다면 PIGS 국가들은 지금 존재할 수 없을 것이다.

통상 고령자나 사업에 실패한 적 없는 보통 사람이라면 10년 전에 비해 소비가 줄지 않는다. 한국의 경우, 1980년 2차 오일쇼크와 1997년 IMF 외환위기 당시 잠깐 소비가 줄었다. 그런데 지금 유럽에는 10년째 소비가 제자리 상태인 나라가 있다. 포르투갈과 스페인은 위기 이전인 2007년 말 대비 2013년까지 6년 동안 내수(소비+투자) 규모가 각각 19퍼센트와 17퍼센트 줄어들었다. 이후 뼈를 깎는 자구 노력을 기울였지만 2018년 기준 여전히 11년 전 대비 5~6퍼센트 줄어든 상황이다. 만일 2019년에 2007년 수준으로 회귀한다면 국가 전체의 내수가 12년 동안이나 정체된 것이다. 과연 이런 나라에서 살 수 있을까? 이탈리아도 상황은 비슷하다. 오직 독일만 내수가 10퍼센트 남짓 늘어났다.

독일과 PIGS의 제로섬

2008년 전환형 복합위기로 유로화는 약세를 보이기 시작했다. 통상 환율이 약세를 보이면 가격 경쟁력이 높아져서 수출이 증가한다. 그러나 변변한 수출 상품이 없는 남유럽 국가들은 유로화 약세로 수출이 증가하는 것이 아니라, 오히려 수입 물가만 오르면서 애를 먹고 있다. 반면 제조업 강국인 독일은 유로화 약세로 수출이 더 크게 늘어났다.

결과적으로 보면 남유럽 국가의 부가 독일로 이동하고 있는 것이다. 이 위기로 현재 유럽에서는 오직 독일만 건재하다. 프랑스는 마크롱 대통령이 집권하면서 엄청난 정치개혁과 경제구조개혁에 힘을 쏟고 있지만, 점점 경제성장률이 하강 중이다. 동유럽도 여건은 그리 좋지 않다. 마땅한 산업이 없는 상태에서 빠른 고령화 등으로 성장 잠재력이 낮아지고 있다. 수축사회가 더 진전된다면 서유럽 생산기지 역할을 했던 동유럽은 무역 장벽에 봉착할 가능성도 있다. 재정의 상당 부분을 EU에 의존하고 있는 폴란드, 헝가리 등도 서서히 경제위기의 기운이 감돌고 있다. 국제정치적으로는 인접한 러시아와 패권국인 미국으로부터 종속을 강요받는 난감한 상황도 예상해볼 수 있다.

북유럽 국가들도 구조적인 문제가 쌓이고 있다. 가장 이상적인 사회복지 시스템을 운영하고 있지만 복지재정의 기반이 되는 경제성장률이 점점 하강하고 있다. 사회주의형 복지체계는 점점 유지하기 어려워지고 있다. 휴대전화 제조업체인 노키아의 몰락 이후 핀란드는 잊혀가고 있다. 스웨덴의 주요 기업들도 경영난을 겪으면서 성장 기반이 흔들리고 있다. 세계적 명차였던 볼보의 소유권이 끝내 중국으로 넘어간 것이 상징적이다. 북유럽 선진국들이 형성되고 발전하던 시기는 기본적으로 팽창사회였다. 그러나 지금은 수축사회로 들어가고 있기 때문에 팽창을 전제로 한 사회 시스템은 지속 가능하지 않다. 조만간 근본적인 사회구조 전환을 위한 논의가 본격적으로 시작될 것이다. 북유럽의 미래는 복지 논쟁이 계속되고 있는 한국 입장에서도 지속적으로 주시할 필요가 있다.

영국은 2016년 EU 탈퇴 국민투표를 치르면서 엄청난 사회 분열을 경험했다. 논쟁이 과열되어 민주주의의 종주국인 영국에서 현역 국회의원이 피살되는 불상사마저 있었다. 영국의 EU 탈퇴를 의미하는 브렉시트Brexit는 수축사회의 전형적인 사회갈등을 보여준다. 생활이 안정적인 고령자들은 가망 없는 EU를 도와주는 것보다 지금 위자료(벌금)를 내고 관계를 청산하자고 주장한다. 반면 젊은 층은 EU에 남을 경우 유럽의 다양한 일자리에 취업이 가능해지고, 영국이 EU에서 핵심적인 역할을 하면 영국 경제가 더 발전할 수 있다고 생각한다. 치열했던 국민투표 결과, 찬성과 반대 차이가 3.8퍼센트포인트의 미미한 수준에 그치면서 고령자와 젊은 층 간의 세대갈등이 표면화되는 대가를 치렀다.

최근 영국에 있던 글로벌 기업의 유럽 본사가 독일, 프랑스 등 유럽 대륙으로 이전하고 있지만, 영국 내부의 반발은 줄어드는 모습이다. 그 이유는 영국도 수축사회가 본격화되면서 경제가 어려워지고 있기 때문이다. 2016년 기준 영국은 노숙자가 23만 명을 넘어서면서 사회문제화되고 있다. 6,600만 명의 영국 인구에 비해 노숙자 숫자가 너무 많은 것이다. 영국 경제가 그만큼 어렵다는 반증일 것이다.

사실 영국 내부 문제보다는 EU 경제가 불안정한 것이 더 큰 이유일 것이다. 유럽 대륙의 미래를 섬나라인 영국이 책임질 필요가 없다는 점을 인식하기 시작한 것이 아닐까? 또한 EU에 계속 남아 있으면 유로화를 사용해야 하는데, 유로화의 미래를 부정적으로 보는 영국 입장에서는 이 참에 미국과 확실히 공조하면서 유로화 사용을 사전에 차단하려는 조치일 수도 있다. 독자적 화폐인 파운드화를 유지하면 환율을 통해 경기를 조절할 수 있는 장점이 있다. 결국 EU에 더 엮이기 전에 거리를 두려는 것이다. 브렉시트는 유럽(영국)이 유럽의 미래를 어둡게 보고 있다는 확실한 증거다.

유럽의 미래는 유로화의 향배에 달려 있다. 유로화가 출발한 21세기 초반은 국가 간에 자본과 재화가 자유롭게 이동하는 신자유주의시대였다. 신자유주의시대 초기에는 시장의 효율성이 높아지면서 경제가 성장한다. 그러나 세계적 차원에서 완전경쟁이 고착화되면 빈익빈부익부라는 양극화를 강화시킨다. 세계적 차원의 양극화는 유럽 안에서 그들 간의 양극화를 발생시켰다. 바로 경쟁력이 강한 독일로 유럽의 부가 집중된 것이다. 수축사회의 중요한 특징인 집중화 현상 때문에 독일로만 자본과 인력이 몰리고 있다. 생활에 필요한 물건은 그리스, 포르투갈, 폴란드, 헝가리 등지에서 사오는 것보다 중국 등 이머징 국가에서 사오면 더 싸다. 첨단 제품은 독일이나 일본, 한국 등에서 사오면 된다.

유럽 내부 상황은 미국과 비슷하지만 미국은 패권과 달러를 가지고 있는 반면, 독일을 제외한 유럽 국가들은 부채만 많다. 흔히 EU의 출범과 유로화 사용을 '잘못된 결혼'에 비유하기도 한다. 한 번 결혼하면 이혼이 어렵듯이, 잘못된 결혼이 인생 자체를 망치는 것과 유사하다는 것이다. 현재 EU지역의 평균실업률은 8퍼센트에 육박해, 미국이나 주요 아시아 국가들의 4퍼센트대에 비해 크게 높은 수준을 유지하고 있다.

불가능에의 도전: 정치통합

노벨경제학상 수상자인 조지프 스티글리츠Joseph E. Stiglitz 교수는 최근 펴낸《유로》에서 '더 긴밀한 유럽'이나 '더 느슨한 유럽'으로 움직여야 한다고 주장한다. 그는 더 긴밀한 유럽을 만드는 방안을 몇 가지 제시하는데, 결국 정치통합이 핵심이다. 정치와 경제는 실질적으로 분리할 수 없기 때문에 유로화를 사용하는 국가들이 정치적으로 통합해서 난제를 풀어가자는 제안이다. 그러나 나는 그의 견해에 동의할 수 없다. 유럽은 민족과 언어가 다양하고 역사적으로 수많은 전쟁을 통해 적대관계를 형성하고 있어 하나의 유럽이 되려면 풀어야 할 사회적·민족적 문제가 너무 많다. 무엇보다 경제력의 차이가 크다. 독일의 1인당 국민소득은 물가를 감안했을 때(PPP 기준) 5만 804달러지만, 그리스는 2만 7,796달러다. 국가 전체 GDP 규모도 독일은 4조 2천억 달러인 데 비해 그리스는 3천억 달러로 14배 차이 난다(2017년 기준). 국가 간, 국민 간 격차가 너무 크기 때문에 단일국가로 향하는 정치통합은 거의 불가능하다고 판단된다.

정치와 사회문화적 차이도 크다. 그리스는 10여 년간 경제위기로 의사와 같은 사회주류층이 대거 탈출해 사회 기반마저 붕괴될 정도지만, 총리는 최저임금과 공무원 임금을 인상하겠다고 한다. 일단 재정위기에서는 탈출했지만 그리스는 무려 3,260억 유로(366조 원)를 8년간 나눠 갚아야 한다. 이탈리아도 상황은 비슷하다. 연정을 하는 극우 정당은 국가재정이 파탄 났는데도 소득세를 일괄적으로 20퍼센트로 낮추고, 저소득층에게 기본소득 780유로를 지급하며, 연금을 받는 첫 연령을 67세에서 65세로 낮추려는 공약을 발표했다. 이 정책이 실시된다면 연간 1천억 유로(약 131조 원)가 소요된다. 이탈리아의 정부부채는 2조 2,600억 유로로, 영국을 포함한 유럽에서 가장 많다. 이런 상태에서 2019년 예산안은 GDP 대비 재정적자를 1.6퍼센트에서 2.4퍼센트로 확대하겠다고 밝혔다. 아마 이 예산안과 정책이 실행된다면 이탈리아의 신용등급 하락은 불가피해 보인다. 스페인의 집권당인 사회당은 신재생에너지에 집중투자하면서 수명이 50년 남은 원전을 폐기하는 동시에, 방만한 재정운영을 하겠다고 공약했다.

이런 식으로 민주주의와 산업혁명의 본산인 유럽에서 포퓰리즘 정당이 힘을 얻으면서 EU와 유로화의 미래는 암울해지고 있다. 이탈리아식 포퓰리즘이 유럽 전역으로 확산된다면 유럽의 미래는 어떻게 될까? 만약 당신이 독일 국민이라면 이런 국가들과의 정치통합에 찬성하겠는가?

　　인식과 경제력의 차이, 그리고 포퓰리즘에 따른 사회 불안 등으로 정치통합은 거의 불가능해 보인다. 설사 정치통합을 이룬다 해도 국가의 통치가 제대로 될까 의문이다. 스티글리츠는 아직 세계를 팽창사회 원리가 지배하는 온화한 상황이라고 착각하는 듯하다. 지금은 정글보다 더 치열한 생존게임이 벌어지고 있고, 갈등과 투쟁은 유럽을 포함한 모든 세계에서 보편적 현상이 되고 있다. 정치적으로 안정된 국가가 거의 없는 이유는 그만큼 유럽에서 수축사회 분위기가 강하다는 의미로도 해석할 수 있다. 스티글리츠는 양극화 갈등으로 스페인, 이탈리아, 영국의 일부 지역이 독립하려는 움직임을 무시하고 있다. 이런 상황에서 유럽 전체를 위해 독일과 프랑스 국민들이 정치통합을 이루는 희생을 감수할 가능성은 거의 제로에 가까워 보인다.

　　나는 향후 유로 체제가 더 느슨해질 것으로 전망한다. 통합 범위를 서서히 제한하면서 시간이 지나면 그리스와 같이 근본적으로 취약한 국가들을 유로화에서 쫓아낼 것으로 예상한다. 지금은 위기 국면이기 때문에 그리스가 유로화에서 탈퇴할 경우 유로화 전체의 안정성에 문제가 생긴다. 그러나 상황이 어느 정도 개선되면 단일 통화의 환상에서 벗어날 듯하다. 정치통합보다는 그리스가 유로화에서 탈퇴하는 것이 보다 쉬운 해결책이라고 판단된다.

후발개도국: 빈곤의 악순환

2008년 초 전 세계적으로 MENA 펀드가 인기를 끈 적이 있다. 중동Middle East과 북아프리카North Africa의 합성어로, 아랍어를 사용하고 석유가 풍부하다는 공통점이 있다. 당시에는 유가가 배럴당 150달러에 육박하면서 세계적 차원에서 인플레이션이 우려되었으니 당연히 관심이 집중되었다. 한편에서는 프런티어 마켓frontier market이라 부르면서 장기적으로 고성장할 지역으로 여겨 주목했다. 이때 나는 모 금융기관이 중앙아시아 은행을 매입하자 잘못된 투자라는 요지의 언급을 했다. 이 말이 언론에 보도되면서 해당 금융기관의 항의로 곤욕을 치렀다. 그러나 얼마 안 가 그 중앙아시아 은행은 도산했고, 투자에 나섰던 금융기관은 수천억 원의 손실을 본 채 철수했다.

MENA 지역에서는 내 예상대로 전환형 복합위기가 발발한 지 2년도 안 되어 재스민 혁명Jasmin Revolution이라 불리는 민주혁명이 발생했다. 튀니지에서 시작된 재스민 혁명은 알제리, 리비아, 이집트의 독재정권을 순식간에 무너뜨렸다. 그러나 여기까지였다. 독재정권을 타도하긴 했으나 민주주의를 쟁취하지 못하고, 오히려 법치가 불가능할 정도로 새로운 무질서에 빠졌다. 21세기 초반 우크라이나, 조지아, 키르기스스탄 등 중앙아시아지역에서 꽃이나 색깔 이름을 딴 민주화운동이 있었다. 그러나 이 국가들에서 민주주의의 수명은 그리 길지 못했다.

독재체제나 사회주의에서 민주주의로 이행하는 초기에는 이전의 독재시대보다 더 심각한 혼란이 발생한다. 따라서 체제 전환 과정의 불안정을 평화적으로 극복해야만 진정한 민주화와 시장경제가 정착된다. 그러나 체제 전환 과정의 혼란을 감당하기에는 중앙아시아 국가들의 사회적 수준이 매우 낮았다. 그 결과 지금은 민주화운동 이전보다 더 강력한 독재정부가 들어섰다. 중남미 국가들도 비슷하다. 주기적으로 경제위기와 정치불안이 나타난다. 지난 40여 년간 위기가 가장 많이, 그리고 동일한 현상이 반복적으로 나타난 지역은 중남미다. 최근에도 칠레를 제외한 대부분의 국가가 IMF나 미국에 손을 벌리고 있다.

인도의 한계

중국의 대안으로 떠오르는 인도는 어떨까? 칼럼니스트인 토머스 프리드먼Thomas Friedman은 21세기 초반《세계는 평평하다》란 책에서 인도 뭄바이의 발전을 보면서 인도와 BRICs의 미래를 매우 밝게 전망했다. 그의 예상대로 인도는 나렌드라 모디Narendra Modi 총리 취임 후 성장가도를 달리고 있다. 그러나 인도는 중국과 근본적으로 다르다. 뿌리 깊은 종교적 병폐와 신분제가 고착화되어 있고 교육 수준도 낮다. 장기간 영국 식민지를 거쳤지만, 영국에서 배운 것은 '규제'뿐이라고 할 정도로 관료들은 무능하고 현실에 안주하고 있다. 물론 최근에는 7퍼센트대의 높은 경제성장률을 보이고 있다. 그러나 이런 현상이 지속 가능해 보이지는 않는다. 다른 국가들의 양극화보다 더 참혹한 계급체제가 유지되면서 극소수가 모든 부를 소유하고 있다. 또한 이를 개선하기보다는 상류층의 착취를 당연한 것으로 받아들이는 문화가 수백 년째 지속되고 있다.

풍부한 인구 때문에 21세기 중반에는 중국을 추월할 것이라는 전망이 많지만 나는 동의하지 않는다. 산업 불균형이 심하고 국토의 일부 지역만 차별적으로 발전하는 것도 인도의 앞날을 어둡게 한다. 그렇다면 인도를 아예 두 개의 국가로 나누어서 접근하는 것도 방법이다. 고성장지역과 미개발지역으로 분리해서 접근하면 투자나 성장이 어느 정도 가능해 보인다. 그러나 인구 비중에서 너무 차이가 크다. 미개발지역 인구 비중이 10대 1 이상으로 높다. 현재 인도는 농업이 전체 경제의 15.4퍼센트를 차지하는(고용 47%) 후진적 국가다. 특히 물가상승률이 연평균 4.4퍼센트대(2018년 9월 기준)에 달하면서 경제가 심각한 불균형 상태임을 보여주고 있다. 이런 상황에서 특정 지역만의 산업화를 추진하면 지금 중국이 겪고 있는 것과 같은 사회갈등만 불러올 것이다. 향후 인도가 성장을 유지하기 위해서는 해결해야 할 문제가 그 어느 국가보다 많다. 결국 프리드먼은 13억 인구 중 뭄바이 등 영어 사용이 가능한 일부 발전 지역의 5천만 명 정도만 본 것 아닐까?

경제개발 초기에는 어느 국가나 양적 성장에 치중하면서 경제성장률이 높아진다. 그리고 이후 경제 수준이나 규모가 커지면서 경제성장률이 점차 하락한다. 현재 인도는 1990년대의 중국과 비슷하게 경제개발 초기 단계를 거치고 있기 때문에 경제성장률이 높아 보이는 착시현상이 나타나고 있다. 인도는 중국보다 임금이 낮고 제조업 기반이 어느 정도 갖춰져 있기 때문에 글로벌 기업들은 중국의 대체시장으로 인도에 투자하기도 한다. 그러나 인도는 중국에 비해 훨씬 후진적이다. 중국은 강력한 공산당이 리더 그룹을 형성해서 사회를 이끌고 있다. 문맹률에서도 차이가 크고, 인도는 힌두교와 신분제라는 구조적 장애물이 있다. 향후 인도가 사회문화 기반에서 중진국 수준을 확보하기 위해서는 엄청난 인고의 시간이 필요하다. 따라서 인도가 사회문화적 후진성을 극복할 가능성은 중국보다 훨씬 낮아 보인다. 최근의 고성장은 미-중 G2 패권대결을 우회하기 위해 선진국의 투자가 늘어나고 있다는 국제정치적 측면과, 2019년 총선을 앞두고 단기 처방에 집중하는 모디 총리의 무리수도 감안해서 봐야 한다.

반복되는 위기

2018년 여름 베네수엘라 대통령 니콜라스 마두로Nicolas Maduro는 터키 이스탄불의 한 고급 레스토랑에서 100달러(약 11만 원)짜리 식사를 하는 모습이 소셜미디어에 공개되어 큰 곤욕을 치렀다. 그는 경제난을 타개하기 위해 중국에서 자금 지원을 구걸하고 돌아가는 길이었다. 대통령의 비싼 식사에 비난이 쇄도한 이유는 장기간 지속된 경제난에 있다. 270만 명의 국민이 생활고를 이기지 못해 베네수엘라를 탈출했고, 전체 국민의 평균 몸무게가 11킬로그램 줄어들 정도로 경제가 피폐한 상황이었기 때문이다. 그가 방문했던 터키도 상황은 비슷했다. 2018년 금융위기에 빠진 터키는 1994년과 2001년에도 이와 유사한 금융위기를 겪었다. 아르헨티나는 10년 주기로 경제위기에 빠지고 있다. 외환보유고가 100억 달러에 불과한데 외채가 900억 달러에 육박하는 파키스탄에서는 국가재정을 개선하기 위해 총리실 재산을 공개 매각하기도 했다. 헬리콥터, 총리 전용 고급차와 들소(버팔로) 등을 매물로 내놨지만 목표 판매금액의 4퍼센트만 팔렸다.

룰라Lula da Silva 대통령의 개혁에 열광했던 브라질도 다시 위기 국면이다. 헤알화의 가치는 2010년 대비 절반 아래로 하락하면서 신용등급이 세계 최하위 수준이다. 국가재정도 빠르게 악화되고 있다. GDP 대비 정부부채는 2014년 62퍼센트에서 3년 만인 2017년에 84퍼센트로 빠르게 늘어나고 있다. 브라질 경제가 갑자기 나빠진 것은 원자재 가격 하락으로 국내 경기가 침체되자, 무분별하게 재정을 투여하고 연금 관련 지출을 크게 늘렸기 때문이다. 지금 브라질은 전체 재정 지출의 43퍼센트를 연금 지출에 사용하고 있다. 55세부터 연금을 받고 연금보험료 최소 납부기간도 15년에 불과하지만 정치적 갈등으로 개혁은 요원한 상태다. 2017년 브라질에서 살인 사건으로 사망한 사람이 무려 6만 명에 달해 인구당 비율은 유럽보다 30배나 높다. 근본적으로 사회적자본이 거의 없는 국가라고 할 수 있다.

외환시장이 취약한 다섯 나라를 흔히 '5개 취약국Fragile 5'이라고 부른다. 인도, 남아프리카공화국, 터키, 브라질, 인도네시아를 일컬었으나 2016년부터는 인도와 브라질이 빠지고 콜롬비아와 멕시코가 새로 편입되었다. 여기에 헝가리, 칠레, 폴란드를 더해 '취약 8개국Fragile 8'으로 부르기도 한다. 이들 국가는 지속적으로 경상수지가 적자를 보이면서 외환보유고 대비 외채 수준이 높다([그림 2-1] 참조). 경제가 불안하기 때문에 당연히 금리 수준도 높아 빈곤

[그림 2-1] 주요국 경상수지와 재정수지

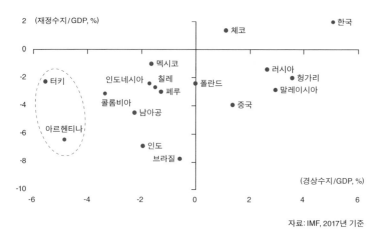

자료: IMF, 2017년 기준

과 외환위기의 악순환에 빠져 있다. 미국이 금리를 올리면 자금이 일거에 빠져나가는 현상을 '긴축 발작taper tantrum'이라는 용어로 설명하기도 한다. 주기적으로 발작이 일어나니 중병에 걸려 있는 것이다. 특히 발작은 정신과적 치료가 필요하기 때문에 사회문화적으로 후진적이라는 비유도 숨어 있는 듯하다.

후발개도국에서는 왜 경제위기가 반복되는 것일까? 그 이유는 의외로 간단하다. 첫 단추가 잘못 끼워졌기 때문이다. 냉정하게 보면 세계는 OECD 선진국과 나머지 국가로 구성되어 있다. 선진국들은 오랜 역사 속에서 민주주의와 시장경제를 몸으로 체득한 결과 인권을 존중하고 법치가 잘 가동된다. 장기간에 걸친 의무교육으로 국민들의 의식수준도 매우 높다. 반면 후발개도국들은 대항해시대 이후 대부분 선진국의 식민지였다. 그렇다보니 수백 년에 걸쳐 노예생활을 했다. 교육 수준이나 복지 수준도 낮고, 사회적 불평등을 당연하게 여긴다. 심지어 권력자나 부자들의 유전자가 자신들보다 우월하다고 믿는 듯하다. 자체적인 발전과 진보가 불가능할 정도로 사회 수준이 낮은 것이다. 인도네시아, 필리핀 등 동남아시아 국가들도 전반적인 상황은 비슷하다. 다만 아세안 국가들은 성공 여부를 떠나 사회문화를 개선하려고 시도라도 한다는 점에서 중남미 등 취약 국가와 차별화된다. 사회문화 수준이 낮아서 주기적으로 발작하는 것이므로, 이들 국가가 정상화되어 선진국으로 도약하려면 발작의 원인인 사회문화 수준을 올리는 것이 가장 중요해 보인다.

후발개도국들의 수축사회 진입 속도는 상대적으로 느릴 수 있다. 인구증가율이 높고 산업 기반이 약하기 때문에 피해가 별로 없을지도 모른다. 그러나 조금 더 깊이 생각해보자. 세계화시대이므로 후발개도국 경기는 선진국 경기에 연동되어 움직인다. 이 지역은 주요 원자재나 농산물 생산지역이기 때문에 선진국의 경기 상황에 따라 국내 경기가 영향을 받는 구조다. 선진국에서 수축사회 분위기가 강해지면 수출이 감소하고 경제 원조도 줄어들 수 있다. 따라서 선진국의 경제성장률이 낮아질 때 후발개도국에도 후폭풍이 몰아칠 수 있다는 점을 간과하면 안 된다. 수축사회가 불러오는 저성장, 갈등, 무질서, 불안정은 체력이 약한 후발개도국에 더 큰 영향을 줄 것이다.

가장 위험한 것은 이들 국가의 정치 시스템이 군부 등 특정 세력의 독재체제에 의존하고 있다는 점이다. 그런데 이 지역 국민들도 이제 스마트폰을 쓰기 시작했다. 인구가 약 2억 명인 나이지리아의 스마트폰 보급률은 13퍼센트나 되는데, 보급 속도가 빠르게 증가하고 있다. 사회 하층부에서부터 스마트폰과 인터넷을 통해 세상의 움직임을 알기 시작했다. 글로벌 정보를 접하면서 이들은 자신들의 국가 시스템이 매우 잘못되었다고 느낄 것이다. 따라서 시간문제일 뿐, 사회불안이 증가하면서 저항이 나타날 것은 필연적이다. 물론 저항은 제대로 조직화되지 못할 것이고, 독재자는 폭력을 동원해서 제압할 것이다. 결국 폭력사태와 쿠데타가 주기적으로 반복되는 악순환이 더 심해질 수 있다. 자원을 차지하기 위해 일부 선진국이 후발개도국의 국내 정치에 개입할 경우, 무질서와 폭력은 상시적 환경이 될 것이다. 지난 20년간 중앙아프리카나 중남미에서는 이런 무질서와 폭력적 상황이 반복되어왔다.

장기외화채권 신용등급을 보면 많은 국가의 한계가 확연히 드러난다. [표 2-1]을 보면 PIGS 국가들이나 향후 고성장을 예상하는 인도, 인도네시아, 터키의 신용등급은 투자가 거의 불가능할 정도로 낮다. 과거 세계를 주물렀던 스페인, 포르투갈, 이탈리아, 그리스를 제대로 알려면 문화유적을 보지 말고 신용등급을 봐야 한다.

떠오르는 시장이라는 의미의 이머징 마켓emerging market 이란 용어는 글로벌 IB의 사기일 가능성이 높아 보인다. 이 책에서 이머징 마켓이란 용어를 사용하지 않는 것도 바로 이런 이유 때문이다. 성장하려는 노력조차 하지 않아서 떠오르는emerging 시점을 가늠하기도 어렵다. 따라서 이들은 후발개도국이라는 표현이 더 어울릴

[표 2-1] 주요국 장기외화채권 신용등급(2018년 9월 기준)

국가	무디스	S&P	국가	무디스	S&P
미국	Aaa	AA+	스페인	Baa1	A-
독일	Aaa	AAA	포르투갈	Ba1	BBB-
프랑스	Aa2	AA	이탈리아	Baa2	BBB
일본	A1	A+	그리스	B3	B+
중국	A1	A+	터키	Ba3	B+
대만	Aa3	AA-	인도	Baa2	BBB-
한국	Aa2	AA+	인도네시아	Baa2	BBB-

자료: 국제금융센터

듯하다. 물론 일부 국가나 지역들 중 분명히 떠오르는 국가가 있을 것이다. 그러나 이런 특별한 사례가 광범위하게 나타나지는 않을 것이다.

지금까지 세계 각국의 현안과 수축사회 진입의 관계를 살펴보았다. 미국과 유럽, 그리고 후발개도국까지 평온한 나라를 찾기 어렵다는 것이 공통점이자 결론이다. 중국은 너무 크고 중요하기 때문에 따로 다루려고 일부러 언급하지 않았다.

다음에는 수축사회의 그림자가 점점 커지는 상황에서 세계적 차원의 중요한 변수 4가지를 살펴보고자 한다. 앞서 피상적으로 살펴본 세계경제를 더 자세히 알아볼 것이다. 4차산업혁명이 세계를 어떻게 변화시킬지 기술적 측면보다는 사회적 차원에서 접근해볼 예정이다. 미-중 G2 패권대결과 중국의 미래는 세계와 한국의 미래를 결정할 핵심변수라서 깊게 살펴볼 것이다. 향후 모든 국가, 기업, 개인은 이 4가지 변수의 영향에서 자유로울 수 없다. 모든 사회와 사람들에게 공평하게 영향을 줄 것이다.

여기서 한 가지 유의할 사항은 각각의 변수들은 독립적으로 움직이는 것처럼 보이지만, 실제로는 서로 영향을 주고받으면서 대전환을 만들어낸다는 점이다. 그동안 4가지 분야 각각을 전문적으로 깊이 다룬 연구는 많았지만, 종합적이고 상호의존적인 차원에서 분석한 연구는 전무해 보인다. 이 책에서는 설명의 편의를 위해 주제를 네 분야로 나누었지만, 이를 종합적 차원에서 살펴보면서 그것이 만들어낼 대전환과 수축사회의 모습에 집중할 것이다.

4장
부채의 덫에 걸린 글로벌 경제

2차 세계대전 후 냉전 체제는 역사상 처음으로 이데올로기 중심의 대결이었다. 자유민주주의와 사회주의 간 이념 대결의 결과 사회주의는 자체 체제 모순으로 스스로 붕괴했다. 1989년 베를린 장벽이 무너지고 불과 3년 만에 동유럽 전역과 소련까지 붕괴했다. 이때 많은 전문가들은 특정한 강대국이 없는 상황에서 주요 강대국이 권력을 나눠 갖는 다극 체제가 될 것으로 예상했다. 그러나 현실은 정반대로 미국 일방주의시대가 도래했다. 이후 약 30년간 미국의 시대였다. 바로 이 기간에 수축사회가 잉태되었는데, 국제정치와 경제를 중심으로 살펴보자.

미국의 일방주의

냉전에서 승리한 미국은 거칠 것이 없었다. 1990년대부터는 미래에 벌어질 과학기술 경쟁의 핵심인 IT기술마저 거의 독점하자 패권을 즐기기 시작했다. 미국은 압도적인 군사력 등 7가지 패권으로 세계를 관리하면서, 마치 로마제국 말기의 귀족 계급과 비슷하게 글로벌 독점권력을 누렸다. 패권이 영원할 것으로 믿어 국내에서 산업을 부흥시키기보다는 해외에서 만든 제품을 수입하는 손쉬운 방법을 선택했다. 이로 인해 물가가 안정되면서 소비자는 만족하고, 세계를 누비는 미국 기업이 돈을 많이 벌어오니 주가가 올라 모두 행복했다. 막대한 경상수지 적자가 문제였지만 달러를 찍어서 주면 되었다. 그러면 다른 국가들은 친절하게도 그 돈을 다시 미국에 투자(예금)하는 구조가 고착화되었다. 미국은 그렇게 패권국만 누리는 혜택을 계속 즐겨왔다.

소련의 몰락으로 미국이 완전하게 패권을 쟁취한 1990년대 초반에는 냉전 붕괴와 함께 세계사적 사건이 연달아 발생했다. 우선 구소련지역이 구조적으로 약화되었다. 1991년 말 소련이 공식 해체되고, 소비에트연방에 속해 있던 국가들이 독립했다. 러시아를 포함한 동유럽과 중앙아시아 국가들은 사회주의 경제체제에서 자본주의로 전환하면서, 21세기 초반까지 매우 어려운 시기를 보냈다. 계획경제 중심의 사회주의에서 시장경제로 전환한다는 것은 사회의 근간이 통째로 바뀌는 것이므로 많은 시간과 엄청난 고통이 뒤따랐다.

중국에서는 1989년 6·4 톈안먼 사태 이후 국내적 정치위기를 경제개발로 대체하려는 노력이 시작되었다. 1992년 덩샤오핑의 남순강화南巡講話를 계기로 중국은 본격적인 경제성장 가도에 들어선다. 미국의 견제세력이었던 동유럽과 소련은 존재감이 없어졌고, 중국은 경제개발에 나서긴 했지만 여전히 후진성을 탈피하지 못한 상황이었다. 반면 미국은 1991년 중동의 걸프전을 TV로 생중계하면서 전 지구적 패권을 유감없이 과시했다. 이때 미국 경제는 IT산업을 중심으로 혁신산업이 경제를 끌고 가는 신경제 중심의 구조 전환에 성공했다. 미국은 경쟁자 없이 정치, 경제, 군사, 과학기술로 세계를 완벽하게 지배하면서 21세기를 맞았다.

광란의 2000년대 미국의 실수?

21세기는 미국의 헛발질로 시작되었다. 벤처산업을 중심으로 진행되었던 미국의 1990년대 호황은 21세기 초반 큰 버블을 만들고 조정기에 돌입했다. 장기 호황이 끝났기 때문에 미국 등 세계경제는 어느 정도 기간조정이 필요했다. 그러나 기다릴 틈이 없었던 부시 행정부는 미국의 패권만을 강조하는 신보수주의를 내세우면서 여타 국가를 강력하게 압박했다. 표면적인 타깃은 9·11 테러의 주범인 아프가니스탄과 이라크였지만, 사실은 세계 전체를 상대로 강력한 패권을 과시한 것이었다. 경제적으로는 신자유주의를 내세우면서 세계화를 통해 미국 자본과 기업의 해외 진출을 촉진했다. 2002년 붉은악마가 한국의 서울광장을 지배하던 그때 BRICs란 말이 태동하면서 브라질, 러시아, 인도, 중국 등이 세계경제를 이끌기 시작했다. 이때부터 선진국뿐 아니라 중동의 오일머니, 일본 등 동아시아, 유럽과 미국의 자금이 대거 BRICs로 이동했다. BRICs는 자원의 보고였고 인구도 엄청났다. 이들 국가에 글로벌 자금이 본격적으로 투하되자 투자가 늘고, 기적적인 경제발전이 시작되었다.

한편 유럽에서는 2차 세계대전 이후 오랜 논의를 거쳐 EU를 결성하고, 드디어 단일 화폐인 유로화가 21세기 첫날부터 사용되었다. 유로화 출범은 이탈리아 등 경제 체력이 약한 EU 국가에는 엄청난 기회였다. 강력한 화폐를 사용함에 따라 경제의 안정성이 높아지고 금리도 낮아졌다. 유로화로 표시된 국채를 마구 찍어내 경기와 소비부양에 사용했다. 애초에 각국은 GDP의 3퍼센트 범위 내에서 재정적자를 허용하는 규칙을 만들었으나, 이를 관리할 통합적 규제장치가 없었다. 따라서 규칙을 위반해도 제재를 가할 방법이 없었다. BRICs의 부상과 유로화의 출범으로 세계경제는 미국 이외 지역이 주도하는 성장이 가능해졌다.

이런 상황에 미국이 기름을 부었다. 21세기 초반, 다소 조정이 필요했던 시기에 미국은 금리를 최저 수준으로 내리고 다양한 경기부양 조치를 실시했다. 미국이 금리를 내리면 여타 국가들도 미국만큼 금리를 내려야만 환율이 안정되고 경제도 유지되기 때문에 모든 국가가 경쟁적으로 금리를 내리기 시작했다. 금리가 낮아지자 누구나 대출을 받아 집을 사면서 부동산투기가 지구촌 전체를 강타했다. 한국에서는 '버블 세븐' 지역이 탄생했고, 2008년 미국에서는 자신이 소유한 집에 자신이 사는 '자가주택보유비율'이 무려 69퍼센트에 달했다. 경제적으로 자가주택보유비율이 60퍼센트를 넘으면 투자가치가 사라진다. 런던에서는 당시 LTV 비율(주택가격 중 부채의 비중)이 무려 95퍼센트까지 상승하기도 했다. 10억 원짜리 주택을 구입하는 데 자기 돈 5천만 원만 투자하고 9억 5천만 원을 대출받을 수 있었던 것이다. 당시 선진국의 평균 LTV 비율이 80퍼센트를 넘기기도 했다. 이런 현상은 정도의 차이만 있을 뿐 모든 국가에서 보편적으로 나타났다. 바야흐로 광란의 2000년대였다. 주가도 대부분의 국가에서 사상 최고치를 갱신했다. 저금리, 유로화 출범, 세계화, BRICs 개발이라는 4가지 효과는 역사상 가장 길고 큰 버블을 만들어냈다. 그 결과 2002년부터 2007년까지 세계는 연평균 4.76퍼센트 성장을 보였다. 역사상 거의 최고 수치였다.

이런 자산투자 붐과 더불어 중요한 구조적 변화가 나타났다. BRICs에 대규모 투자가 집중된 결과 전 세계 제조업이 BRICs를 중심으로 재편되기 시작한 것이다. BRICs, 특히 중국에 연일 새로운 공장이 세워졌다. 이 공장에서 생산한 저가 제품이 미국, 유럽, 아시아로 수출되자, 중국과 세계경제는 비약적으로 성장했지만 이로 인해 문제가 발생했다. 미국 등 선진국의 제조업이 더욱 침체된 것이다. 독일, 일본, 한국 등을 제외한 많은 국가에서 소리 없이 제조업의 경쟁력이 약화되었다. 단적인 예로 미국의 제조업 일자리는 1990년에 전체 일자리의 21퍼센트였으나 2000년에는 18퍼센트, 2010년에는 14퍼센트, 그리고 2018년 9월에도 14퍼센트를 기록하고 있다. 21세기 초반 미국이 주도한 낮은 금리와 자산투자 붐은 의도하지 않았던 중국의 급부상으로 연결되었다. 그리고 이것이 현재의 미-중 G2 패권대결의 원인遠因이 된 것이다.

전환형 복합불황에 맞선 3가지 신종 병기

광란의 2000년대 호황은 역사상 최초의 전 세계적 호황이었다. 이전까지는 대외교역이 활발한 서구 선진국 중심의 호황이 일반적이었다. 그러나 이 당시에는 미국과 유로화 출범의 혜택을 받는 서유럽만의 호황이 아니라, 지구 전체적으로 호황이었다. 세계 자본이 몰린 BRICs가 성장을 주도했고, BRICs에 원자재를 수출하는 자원 부국과 아프리카, 체제 전환의 혼란에서 벗어난 구공산권까지 성장가도를 달렸다. 이 성장의 본질은 저금리 기반의 부채에 있었다. 기본적으로 투자자금은 높은 수익을 좇아 어디로든 이동한다. 이때 금리가 낮으면 이자가 싸니 빚을 내어 투자금액을 늘린다. 바로 이 자금이 BRICs로 대거이동하면서 경기호황과 자산투자 붐이 발생한 것이다.

쉽게 설명하면 요즘 한국에서 발생하고 있는 소위 '갭GAP투자'와 유사하다. 빚을 내어 매입한 아파트의 가격이 오르면, 더 많은 부채를 조달한 투자가에게 아파트를 매도하는 행위가 반복되는 현상이 전 세계적 차원에서 발생했던 것이다. 통상 이런 돈잔치 기반의 투자는 더 이상 부채를 늘리기 어려워지면 종말을 고한다. 2008년 9월 세계적 투자은행인 리먼브러더스는 자기자본의 30배 이상 빚을 내어 대출을 해주었다. 이런 상황에서 물가가 급상승하고(이때 유가는 배럴당 150달러 수준) 자산 버블을 잡기 위해 미국이 금리를 올리자, 부채의 바벨탑은 한 방에 무너져버렸다. 미국 등 선진국뿐 아니라 전 세계 경제가 급강하하면서 방향타를 놓친 것이다.

이때 각국은 역사상 가장 강력한 3가지 경기부양책을 내놓았다. 먼저 금리를 21세기 초반보다 더 내려 역사상 가장 낮은 금리를 만들었다. 또한 각국 정부는 경기부양을 위해 엄청난 재정적자를 감수하면서 경기부양에 나섰다. 이것도 모자라자 중앙은행이 마구 돈을 찍어 시중에 뿌려댔다. 그 결과 2018년까지 각국 중앙은행은 무려 20조 달러나 되는 돈을 찍어냈다. 이 3가지 정책으로 세계 경제는 빠르게 회복되었지만, 2000년대 초반과 달리 이번에는 국가 간 차이가 발생했다. 회복 탄력성 면에서 기초 체력이 좋은 국가와 그렇지 못한 국가 간에 차이가 커진 것이다. 패권국가인 미국은 기축통화 효과로 가장 빨리 탈출했다. 국가재정이 탄탄한 중국이 미국의 뒤를 이어 회복했다. 문제는 유럽과 후발개도국이었다. 특히 남유럽은 막대한 부채뿐 아니라 유로화 사용으로 환율 조정을 못한 상태(경제가 고평가된 상태)에서 위기를 맞았다.

우리가 흔히 금융위기라고 부르는 2008년의 위기는 금융위기 이상으로 판단해야 한다. 사실은 사회 시스템 전체를 바꾸는 대전환이었다. 현재 우리 사회가 겪고 있는 대전환은 20세기부터 잉태되었다가 2008년 위기가 발생하면서 가시화된 것으로 판단해야 한다. 따라서 나는 이 위기를 '전환형 복합위기'라 부르고, 세계가 수축사회로 전환하는 과정에서 필연적으로 발생한 것으로 본다. 따라서 이 책의 주제인 수축사회는 2008년에 이미 시작된 것이다. 전투의 원칙은 없지만 세계가 상호 연결되었고, 이데올로기 없이 현재의 이해에만 집착했으며, 모든 영역에서 가해자 겸 피해자가 되었던 것이다. 전환형 복합위기가 발생하면서 국가, 기업, 그리고 개인의 삶에도 엄청난 고통이 시작되었다.

21세기 들어 세계경제의 성장과 붕괴 과정을 역사적 맥락에서 다시 정의하면, '수축사회 진입에 대한 집단적인 두려움과 여기에서 벗어나고자 하는 헛된 탈출 시도'로 함축할 수 있다. 21세기 초반에도 저출산·고령화는 사회적 문제였다. 연금과 의료체계 등 사회안전망에 대해 많은 경고가 있었다. 거의 모든 영역에서 공급 과잉 상태였기 때문에 구조조정이 필요했다. 그때나 지금이나 원인은 똑같다. 다만 당시에는 새로운 수요를 창출하는 BRICs와 후발개도국에 기대를 걸었다. 그러나 BRICs는 스스로 공급과잉의 주체가 되면서 길을 잃었다. 최근 한국 경제의 어려움을 구체적으로 살펴보면 그간 한국이 주력하던 산업 분야에 중국이 더 많은 설비 투자를 했기 때문이다. 중국의 개발 초기에 한국은 공장을 짓는 데 필요한 원부자재와 장비 수출로 재미를 봤다. 그러나 중국의 공장들이 속속 완공되면서 2008년 이후 공급과잉이 한국 경제를 덮친 것이다. 조선, 철강, 화학, 자동차, 배터리, 디스플레이, 스마트폰, 온라인 게임 같은 산업들이 어려워진 것은 한국을 모방한 중국의 전략 때문이다. BRICs의 대대적인 투자와 경제개발은 결론적으로 세계적 차원의 공급과잉만 심화시켰을 뿐이다.

슈거하이 세계경제

여전히 거의 모든 국가가 2008년 위기의 수렁에서 헤어나지 못하고 있다. 어느 정도 정상화된 것처럼 보이지만, 대부분의 국가에서 부채 수준은 역사상 가장 높다. 정부가 시장에 개입하지 않으면 제대로 작동할 수 없을 정도로 절름발이 경제구조가 되었다. 다만 풍부한 유동성으로 이 불균형이 보이지 않을 뿐이다. 그래서 이 위기는 여전히 현재진행형이다. 조만간 2차 위기가 도래할 것으로 예상하는 전문가들이 늘어나고 있다. 경제예측 전문가인 해리 덴트Harry S. Dent는《2019 부의 대절벽》에서 2018년 10월 말 기준 25,000포인트대인 미국의 다우지수가 2019년에는 5,500~6,000포인트까지 하락할 것이라는 끔찍한 전망을 내놓기도 했다.

관심이 집중된 4차산업혁명도 전환형 복합위기를 해소하기는커녕 더 강화시킬 것으로 보인다. 저임금 기반의 BRICs라는 성장 엔진을 4차산업혁명이 만든 기계가 대체하면서 공급과잉을 심화시키고 있다. '디지털 공황'이라는 말은 예언이 아니라 이미 사회 여러 곳에서 발견된다. 기업들은 업종 구분 없이 스마트 팩토리 건설에 박차를 가하고 있다. 일자리 비중이 높은 서비스업에서도 단순 업무를 기계로 대체하면서 일자리가 줄고 있다. 집 주변의 편의점, 패스트푸드점, 식당 등에서 사람이 수행하던 서비스를 기계가 대체하기 시작했다. 2018년 하반기 한국을 강타한 일자리 쇼크는 '52시간 근로'와 '최저임금 인상'의 부정적 효과라기보다, 이 조치 때문에 4차산업혁명 기술을 약간 빨리 도입한 것으로 이해하고 싶다. 많은 기업이 스마트 팩토리를 추진하고, 서비스업에서도 기계 도입을 계획하고 있다가 이 조치가 나오자 실행에 옮겼다고 볼 수도 있는 것이다. 결론적으로 지난 20여 년간 세계는 수축사회 진입을 늦추기 위해 나름 노력했지만, 근본적인 대안 마련 없이 눈앞의 성장에만 집착한 결과 상황이 점점 더 나빠지고 있다.

이런 구조적 측면이 가장 중요하지만, 향후 5년 내 수축사회 진입을 촉진시킬 가장 직접적인 위협은 과도한 부채다. 앞서 살펴본 대로 2008년부터 발생한 전환형 복합위기를 3가지 정책(초저금리, 양적완화, 재정지출 확대)과 부채를 늘려 극복하려 했던 미봉책은 반

[표 2-2] 일본의 세출 비중

(단위: 조엔, %)

연도	세출	국채비용	사회보장	지방교부금	공공사업	교육/과학	방위비
2000	89.8	21.5(24)	17.8(20)	16.7(19)	11.5(13)	6.8(8)	4.6(6)
2011	107.5	20.3(19)	29.9(28)	20.4(19)	7.8(7)	6.4(6)	5.1(5)
2014	99.0	22.5(23)	30.5(31)	17.3(18)	6.4(7)	5.6(6)	5.1(5)
2018	97.7	23.3(24)	33.0(34)	15.9(16)	6.0(6)	5.4(5)	5.2(5)

주: ( )안은 비중   자료: 일본 재무성

드시 대가를 치를 것이다. 물론 이 정책들이 잘 작동해 경제가 건강하게 회복되면 빚을 갚고 찍어낸 돈도 거둬들일 수 있다. 그러나 실제로 이 정책이 성공한 국가는 미국과 독일 정도에 불과하다. 유럽과 일본은 여전히 돈을 풀면서 유동성이라는 마약을 투여하고 있다. 일본은 2008년 이후 시중에 뿌린(양적완화) 돈이 무려 440조 엔으로, 일본 GDP의 85퍼센트에 달한다. 일본중앙은행BOJ은 경제 회복이라는 미명하에 매일같이 증권시장에서 주식을 사들여 전체 상장 주식의 4.6퍼센트(29조 엔)를 보유하고 있다(2018년 말 기준). 그 결과 경기는 어느 정도 회복되고 일자리도 늘어났지만 후유증을 어찌 감당할지 걱정이다. 이미 일본에서는 재정부족으로 세출이 줄어드는 현상마저 발생하고 있다([표 2-2] 참조). 이런 상황에서 돈을 마구 풀어대면 장차 어떻게 수습할까? 한국에서는 아베 행정부의 이런 무모한 정책을 칭찬하는 사람들이 많지만, 경제 논리를 벗어난 정책은 언젠가 대가를 요구할 것이다.

유럽도 마찬가지다. 2018년 9월까지 유럽중앙은행은 4조 6천

억 유로의 돈을 뿌려대고 있다. 이 돈은 이탈리아, 그리스 등 취약국가의 국채를 사주는 데 쓰이고 있다. 중국도 부채 문제로 시달리고 있다. 터키, 브라질 등 여타 후발개도국들은 다시 외환위기를 맞았다. 흔히 안정적인 선진국으로 알고 있는 호주마저 부채 문제가 심각하다. 2018년 1분기 말 기준 호주의 가계소득 대비 가계부채는 190퍼센트로 5년째 상승 중이다. 이미 캐나다와 한국의 수준을 상회하고 있다. 호주에서 가계부채가 크게 늘어난 이유는 부동산가격 상승 때문인데, 시드니는 전 세계에서 두 번째로 집을 사기 힘든 도시로 집계되고 있다(미국 공공정책 컨설팅 기업 데모그라피아 통계).

팽창사회였다면 이 3가지 정책은 당연히 성공했을 것이다. 1930년대 대공황 이후 각국은 금리를 낮추고, 국가재정을 강력하게 투여하고, 부채를 늘리면서 경기침체에서 탈출했다. 한국의 IMF 외환위기 탈출 방식도 유사했다. 2008년부터 3~4년간은 이 조치가 효과를 거두었다. 대부분의 국가에서 경제가 상승 전환한 것이다. 유럽의 문제아였던 그리스조차 2018년 중반 구제금융에서 벗어났다. 그러나 결국 이 정책들은 경제에 마약을 처방하는 식이어서 단기 성과에 그칠 것이다. 미국 재무장관을 역임했던 래리 서머스Larry Summers는 2018년 전미경제학회 연례총회에서 현재의 세계를 '슈거하이(sugar-high: 과도한 당 섭취로 인한 일시적 과잉 흥분 상태)'라고 비꼬면서 1930년대 대공황의 교훈을 되새기자고 제안하기도 했다. 경제가 가장 좋은 미국조차 저금리와 부채 중심의 성장에 젖어 있다는 경고다.

또한 '구조적 침체secular stagnation'라는 말이 유행이다. 구조적 침체란 경제가 성숙단계에 달한 상황에서 만성적인 수요 부족, 특히 기업들의 투자 회피에 따른 과잉저축이 세계경제가 장기 정체에 빠지는 원인이라는 것이다. 구조적 침체라는 말에는 수축사회의 의미가 다소 담겨 있다. 따라서 전 세계가 수축사회임을 자각하고 구조적 해법에 나섰다면 그나마 증세를 완화시킬 수도 있었을 듯하다. 돌이켜보면 2010년 한국에서 열린 G20 회담은 단기 성과에 집착했던 20개국 정상들의 정권 수명만 연장시킨 회의로 역사에 기록될지도 모른다.

균열하는 부채의 바벨탑

가장 현실적이고 시급한 문제는 과도한 부채다. 부채는 이자비용, 즉 금리가 올라가면 저절로 터진다. 저축과 전세자금을 합해 본인이 마련한 3억 원을 가진 사람이 주택담보대출로 3억원을 빌려 6억 원짜리 아파트를 구입한 사례를 살펴보자. 아파트를 구입할 때 대출금리가 3퍼센트였다면 연간 이자가 900만 원 정도로, 매달 75만 원을 은행이자로 내야 한다. 그런데 금리가 5퍼센트로 오르면 연간 1,500만 원, 월간 125만 원을 부담해야 한다. 한 달 이자가 50만 원 늘어나는 것이다. 물론 아파트 가격이 이자비용 이상으로 오르면 당연히 아파트를 보유해야 한다. 그러나 아파트 가격 상승에 제동이 걸리면, 아파트 소유주는 연간 600만 원을 계속 추가로 부담해야 한다.

이런 상황에서 아파트 공급이 늘어 가격이 정체 혹은 하락하기 시작하면 불안감이 조금씩 생길 것이다. 소득이 늘지 않는 상태에서 여타 소비를 줄이기 어려워지면 불안감은 더욱 커질 것이다. 결국 더 이상 버티지 못하고 아파트를 팔게 될 때 부채는 본성을 드러낸다. 비슷한 처지에 있는 사람들도 아파트를 팔기 시작하면 아파트 가격이 본격적으로 하락하는 악순환에 접어든다. 또한 매매가격의 70~80퍼센트 수준으로 전세 입주한 사람들은 역전세난을 우려해 주택가격이 싼 지역으로 이사를 갈 수 있다. 부채로 이 아파트를 구입했던 소유주도 아파트를 처분해야 하는 상황에 처하면, 재차 가격이 하락하면서 연쇄적으로 부동산시장 전체가 붕괴된다. 이런 현상은 1990년대 초반 일본과 2008년 말~2009년 한국, 미국 등 대부분의 국가에서 목격되었다.

문제는 현재 부채 수준이 2008년과 비교할 수 없을 정도로 높다는 점이다. 어느 국가나 역사상 부채가 가장 많다. 개인의 부채뿐 아니라 국가, 기업의 부채도 대부분 사상 최고 수준이다. 금리가 낮고 시중에 돈이 풍부하니 지난 10년간 누구나 부채를 늘려왔다. 기축통화를 보유했고, 4차산업혁명의 중심에 있는 미국과 국가경쟁력이 강력한 독일 정도만 예외일 뿐이다. 과도한 부채에 빠져 있는 남유럽에 퍼주기만 하는 EU를 보면서 영국이 EU에서 탈퇴한 것도 이 때문이다.

2007년에는 세계 전체 부채가 97조 달러(정부 29조, 기업 37조, 가계 31조 달러)였지만, 10년이 지난 2017년에는 169조 달러(정부 60조, 기업 66조, 가계 43조 달러)로 70퍼센트 이상 늘어났다. 전 세계 GDP 대비로 보면 2007년 207퍼센트에서 2017년 236퍼센트로 늘어났다. 2008년 발생한 전환형 복합위기는 치료된 것이 아니라, 부채로 위

[표 2-3] 각국의 총부채 수준(GDP 대비)

(단위: %)

	합계			정부부채			가계부채			기업부채		
	2000	2008	2018	2000	2008	2018	2000	2008	2018	2000	2008	2018
미국	186	240	251	51	72	100	70	96	77	64	73	74
영국	183	249	280	41	54	110	63	93	86	80	102	84
독일	188	185	174	60	68	67	71	60	53	58	57	54
이탈리아	192	224	264	113	108	151	23	39	41	56	77	72
스페인	180	251	268	61	42	112	46	82	61	73	127	96
일본	313	317	369	122	151	213	71	60	57	120	106	99
중국	135	141	261	23	27	48	-	18	49	-	96	164
한국	152	200	233	10	24	39	51	74	95	89	100	99

자료: BIS

기를 덮어온 것이었다. 부채를 늘리는 과정을 흔히 고압경제high pressure economy라고 한다. 수요가 공급을 항상 앞서는 상황에서는 호황 상태를 의미하지만, 지금은 수요가 부족하니 고압으로 돈을 뿌리자는 의미다. [표 2-3]을 보면 어느 나라에서나 개인, 기업, 국가의 부채가 계속 증가해온 것을 볼 수 있다.

경제학의 종말, 향후 5년이 골든타임

금리는 물가와 경제성장률이 결정한다. 수축사회로 진입하면 경제성장률은 점점 낮아질 것이다. 당연히 물가는 오르지 않고 금리도 안정을 유지할 수 있다. 지난 30년간 일본이 보여준 그대로다. 그렇다면 문제가 없을까? 주기적으로 나오는 음모론 수준인가? 아니다. 위기 발생 시기만 예상보다 지연될 뿐이다. 물론 세계적 석학인 해리 덴트나 서머스는 지금 당장의 위기로 보고 있다. 이들과 같이 정상적인 거시경제학의 잣대로 엄청난 부채를 보면 지속 가능해 보이지 않을 것이다. 그러나 나는 5년 정도는 지금의 부채를 견딜 수 있을 것으로 본다. 왜냐하면 수축사회 분위기가 부채 폭발을 늦춰줄 것이라고 여기기 때문이다.

이들은 이 책의 논지인 수축사회에 대한 성찰이 부족하다. 통상 경기가 호전되면 실업률이 낮아지면서 임금도 오르는데 나 홀로 경기 호황을 구가하는 미국에서조차 임금이 장기간 정체되어 있다. 이들은 이런 상황을 제대로 설명하지 못한다. 지난 4~5년간 미국의 과속 성장으로 물가와 금리가 크게 오를 것이라는 예측이 수없이 있었지만, 물가와 금리는 약간 오르는 수준에 그쳤다. 돈을 풀고 금리를 내려도 물가가 오르지 않는 이유를 주류 경제학은 외면하고 있다. 지금의 경제학은 팽창사회를 기반으로 하기 때문에 예측은커녕 현재에 대한 설명도 불가능하다. 따라서 저성장 기조 속에서 물가가 안정되어 저금리가 유지된다면 부채가 폭발하는 시점을 늦출 가능성이 높다.

2018년 내내 세계는 미국의 10년물 국채 금리가 3퍼센트를 넘을지 여부에 촉각을 곤두세워왔다. 그리고 2018년 10월 3.2퍼센트를 돌파하자 미국뿐 아니라 전 세계 금융시장이 패닉에 빠졌다. 그렇다면 부채위기가 드디어 터진 것일까? 나는 아직 아니라고 본다. 금융시장이 폭락하면서 다소 오르는 물가를 안정시킬 것이다. 여기서 부채위기가 터지면 정말 대응할 방법이 없다. 또한 중요한 점은 금융시장이 반응한 금리가 3.2퍼센트라는 사실이다. 이는 미국과 세계가 3.2퍼센트 금리를 감당하기 어려울 정도로 중상을 입고 있다는 사실을 확인시켜준다. 하지만 이 정도 금리 수준이라면 세계는 몇 년 더 버틸 수 있을 듯하다.

수축사회의 중요한 특성 중 하나는 소비가 자동억제된다는 점이다. 사회가 늙어가고 경제성장률이 추세적으로 하락하니 사람들은 극단적으로 위축된다. 물가가 오르면 물건을 사재기하기보다는 아예 소비를 포기한다. 기업은 매출이 늘어나면 고용을 늘려 생산품을 더 만들기보다 기계로 생산을 대체해버린다. 거의 모든 제조업체가 열중하고 있는 스마트 팩토리는 장기적으로 임금과 물가상승을 억제한다. 현재 전 세계 모든 국가가 투자를 늘리고 있지만, 그 투자는 기존 설비를 기계로 대체하는 투자다. 정리해보면 소비를 늘릴 생각도 없고 임금도 오르지 않는데 물가만 오를 수 있을까? 이런 상황이니 돈이 돌지 않는다. 경제학에서 화폐유통속도는 경기와 물가에 큰 영향을 준다. 화폐유통속도가 올라가면 경기가 좋아지고 물가도 상승한다. 그런데 지금 세계는 20조 달러를 찍어 시중에 뿌려댔는데도 물가가 오르지 않는다. 수축사회에 들어서면서 돈은 많은데 제대로 돌지 않는 것이다. 또한 각국은 부채위기를 충분히 준비하고 있다. 은행들은 대출자산의 부실을 우려해서 엄청난 준비자금(대손충당금)을 쌓아놓고 있다.

그러나 지금 이 순간에도 부채는 늘어나고 있다. 가랑비에 옷 젖듯 조금씩 조금씩 내상을 입고 있다. 그때마다 각국 정부는 3가지 무기(금리, 재정, 양적완화)를 적절히 조절하면서 현재 상황을 연장

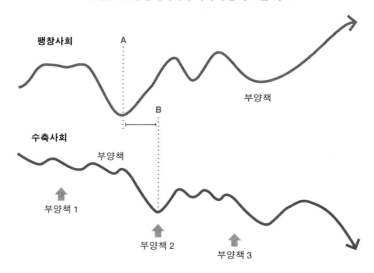

[그림 2-2] 팽창사회와 수축사회 경제 모습 비교

팽창사회

A

부양책

수축사회

부양책

부양책 1

부양책 2

부양책 3

자료: 혜안리서치

하는 데만 매달릴 것이다. 그리고 더 이상 부채를 늘리기 어려운 상황이 될 때 수축사회에 안착할 것이다. 지금 세계 각국은 미국이 주도하는 무역전쟁으로 경제에 대한 위기감이 매우 높은 상태라서 적극적으로 경기부양책을 펴고 있다. 한국이 2019년에 무려 10퍼센트 가까이 예산 편성을 늘린 것도 이런 위기에 대한 적극적 대응이다.

[그림 2-2]는 팽창사회와 수축사회에서 경제와 사회의 모습을 비교한 것이다. 팽창사회는 시장의 자율성이 확보되기 때문에 위기가 닥치면 바로 부양책(A)을 펴고, 그러면 경기가 빠르게 회복하곤 했다. 그러나 수축사회에서는 전반적인 경기침체로 사전에 다양한 부양책(부양책 1)을 실시해 실제 위기는 팽창사회 'A' 시점보

다 지연된 'B' 시점에 위기가 본격화된다. 부양책이 실시되면 팽창사회에서는 이전 경기 수준을 넘어서지만, 수축사회에서는 회복하지 못하고 경기가 서서히 나빠진다. 그러면 더 강력한 또 다른 부양책(부양책3)을 남발하지만 경기는 계속 지리하게 하강한다.

최근 터키나 이탈리아의 경제위기를 좁혀서 보면, 과도한 부채 때문이다. 이런 국가들의 위기는 많은 나라에 반면교사가 되어 준비를 서두르게 한다. 미국의 경우 그동안 출구전략을 많이 사용한 점도 도움이 될 듯하다. 금리를 올리고 일부라도 풀린 돈을 회수했기 때문에 다시 위기가 찾아왔을 때 미국이 쓸 카드가 다소 남아 있다. 통상적으로 예상된 위기는 발생하지 않거나 지연된다. 이런 이유로 나는 5년 정도 버틸 여력이 있다고 판단하는 것이다. 앞으로는 경제를 바라볼 때 6가지 '상승' 키워드에 주목해야 한다. 부채, 금리, 물가, 임금, 화폐유통속도, 자산가격 등 6가지 요인이 상승하거나 증가하면 다시 위기 국면에 진입한다고 보면 된다.

2018년 10월 세계경제는 큰 쇼크를 겪었다. 이 쇼크를 미-중 무역전쟁으로 보기도 하지만, 사실은 수축사회에서 6가지 요인이 어떤 상호작용으로 경제를 파괴하는지 여실히 보여준 사건이었다. 부동산·주식 등 자산가격이 고공행진 중인 가운데 임금과 물가가 약간 오르자 자연스럽게 금리가 올랐다. 이때 전 세계적으로 과도한 부채에 대한 우려가 동시에 커지면서 자산시장이 폭락했다. 2018년 10월 대폭락을 계기로 세계경제는 중기적인 경기침체 국면으로 접어들기 시작할 것이다. 바로 수축사회의 두 번째 위기가 온 것이다. 아마도 시간이 조금 더 지나면 각국은 다시 무의미한 경기부양 카드를 꺼내 들면서 시간을 허비할 것으로 예상된다.

　　이런 대응과 준비에도 불구하고 향후 5년간 세계경제는 '가랑비에 옷 젖듯이' 조금씩 수축사회를 향해 갈 것이다. 임금이 오르지 않고, 돈도 돌지 않으면서, 물가는 안정될 것이다. 부족하지만 부채위기에 대한 준비도 하고 있다. 따라서 금리가 결정적으로 오르지 않는다면 낮은 각도로 우하향하는 세계경제의 모습이 예상된다. 물론 터키, 이탈리아, 인도네시아, 필리핀 등과 같이 체력이 약한 국가는 매우 어려워질 것이다. 그러나 이 국가들의 위기는 세계적 차원이라기보다는 개별 국가 차원의 위기로 판단된다. 5년쯤 후에는 부채가 지금보다 더 늘어나고, 고령화 현상이 심해질 것이다. 국가재정도 더 어려워지고, 공장은 스마트 팩토리로 변하면서 로봇에 더 많은 일자리를 내줄 것이다. 미-중 G2 패권대결도 더욱 격화되면서 세계경제는 동맥경화에 걸릴 것이다. 따라서 향후 5년간 가장 중요한 관점은 경기회복보다 수축사회를 어떻게 대비하느냐가 될 듯하다. 어쩌면 마지막 골든타임일지도 모른다.

5장
4차산업혁명,
수축사회의 불을 댕기다

AI가 탄생하면서 세계는 한순간에 다른 차원으로 이동하고 있다. 인류 탄생 이후 발전시킨 모든 지식과 기술을 완전히 바꾸는 마지막 산업혁명이 시작된 것이다. 우리는 기술의 발전 정도에 따라 1, 2, 3차산업혁명으로 구분해서 부르곤 한다. 그러나 4차산업혁명은 특정 기술이 발견되어 광범위하게 활용되면서 계단식으로 발전하던 과거의 산업혁명과 다르다. 우상향 곡선형인 '제이 커브J curve' 형태를 띠면서 사람이 아니라 AI가 주도하는 혁명이 시작된 것이다. 그래서 마지막 산업혁명으로 봐야 한다. 물론 생산 과정에서 기계가 노동을 대체하거나, 기계가 사람보다 더 좋은 품질의 제품을 값싸게 만드는 것은 3차산업혁명시대에도 가능했다. 그러나 4차산업혁명은 경제뿐 아니라 지구 전체를 개조할 정도의 파괴력을 지니고 있다.

역사학자이며 4차산업혁명 권위자인 유발 하라리Yuval Harari는 《사피엔스》《호모데우스》《21세기를 위한 21가지 제언》이라는 3부작을 통해 4차산업혁명이 만들어낼 세계를 조망했다. 그는 AI가 인간의 뇌를 하나의 알고리즘으로 해석 가능하게 되어 사람이 AI에 종속되는 시대를 예상하고 있다. 그의 예상대로 이런 시대가 온다면 세상이 종말을 맞을지, 혹은 천국이 가능해질지 현 단계에서는 너무 먼 얘기라 예상하기 어렵다. 그러나 유발 하라리의 설명은 그가 상상하는 초인간의 시대가 올 때까지 벌어질 수축사회에 대한 언급이 적다는 점에서 한계가 많다.

그렇다면 오늘 태어난 아이가 생존해 있을 약 100년 후 미래를 생각해보자. 이 정도 시간이 경과한다면 4차산업혁명은 분명 사람들에게 행복한 미래를 선사할 것이다. 과학기술이 더 진보해서 로봇이 인간의 노동을 완전히 대체하고, 각종 질병이 사라지는 시대가 온다면 당연히 수축사회도 종말을 고할 것이다. 그러나 그 정도로 기술이 발전하려면 아직도 많은 시간이 필요하다. 오히려 그때까지는 4차산업혁명이 수축사회를 강화시키는 역할을 할 가능성이 높다. [그림 2-3]을 보면서 판단해보자. 현재(A)부터 4차산업혁명이 지구상의 모든 문제를 해결하는 특이점(B)까지의 시간에는 4차산업혁명이 오히려 양극화와 같은 많은 문제를 야기할 것으로 예상된다.

이 기간 중 사람들은 두 부류로 나뉠 듯하다. 4차산업혁명을 개발하고 적절히 사용하는 상층부에는 온갖 부와 명예가 집중되는 반면, 기존 산업이 파괴되면서 중산층이 약화되는 1대 100의 극심한 양극화가 나타날 가능성이 높다. 그러다가 특이점(B)에 도달하면 수축사회의 문제뿐만 아니라 인류 전체가 새로운 영역으로

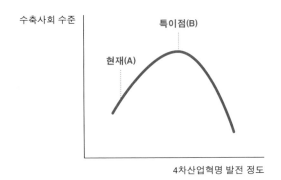

[그림 2-3] 수축사회와 4차산업혁명의 관계

수축사회 수준

특이점(B)

현재(A)

4차산업혁명 발전 정도

자료: 혜안리서치

전환할 것이다. 아마도 지금 4차산업혁명 종사자들이 상상하는 시대가 될 텐데, 그때가 언제일지는 아무도 모른다. 따라서 우리는 AI만큼 완벽하지 못하기 때문에 현재(A)부터 특이점(B) 사이에서 발생할 '파괴와 해체'라는 관점에서 수축사회를 조명해볼 필요가 있다. 4차산업혁명의 기술적 분야에 대한 연구는 많기 때문에 여기서는 4차산업혁명이 어떤 경로를 통해 수축사회를 강화시키는지에 대해서만 살펴본다.

공급과잉

4차산업혁명 발생 초기인 현재는 4차산업혁명과 관련된 다양한 투자가 늘어나면서 경제성장에 도움을 주고 있다. 새로운 투자가 처음 이루어질 때는 그것이 유발하는 부작용보다는 설비투자 증가와 관련된 소비가 늘면서 긍정적 효과가 먼저 나타난다. 18세기 해가 지지 않았던 영국의 호황은 1차산업혁명 초기 투자에 기인한다. 사람이나 말이 하던 노동을 증기기관이 대체하면서 영국은 세계적 제국으로 성장하지만, 만성적 실업과 공기오염에 시달렸다. 생산시설이 비약적으로 늘어나자 공급과잉으로 주기적인 공황이 발생하기도 했다. 지금은 막 증기기관이 개발되어 보급이 늘어나는 초기와 비교된다. 당연히 투자가 늘어나기 때문에 경제에는 긍정적이다.

스마트 팩토리를 건설하려면 우선 자동화기기 투자를 늘려야 한다. 산업용 기계산업이 발달한 일본이나 독일의 스마트 팩토리 관련 제조업체는 현재 대호황을 누리고 있다. 새로운 통신망 투자도 엄청나다. 삼성전자와 하이닉스가 반도체로 엄청난 수익을 내는 것도 4차산업혁명의 인프라가 깔리는 과정이기 때문이다. 최근 반도체 경기 후퇴론이 강하지만, 한국의 반도체산업은 적어도 10년 이상 호경기가 지속될 것이다. 이렇게 말하는 이유는 10년 후에 반도체 수요가 줄어서가 아니라, 중국이 한국의 반도체산업을 쫓아오려면 10년 정도 걸릴 것으로 예상하기 때문이다.

10년이 지나도 스마트폰, 스마트 가전, 사회 인프라의 첨단화나 사물인터넷IOT 등에서 엄청난 반도체 수요가 있을 것이다. 온라인 상거래가 더욱 늘어나고, 패스트푸드점의 자동주문 설비투자도 증가할 것이다. 이런 식으로 생각을 넓혀보면 2015년 이후 세계경제가 호전되는 데 4차산업혁명과 관련된 투자가 큰 도움이 되었다는 것을 알 수 있다.

경제의 가장 중요한 변수는 수요와 공급이다. 수요와 공급이 균형을 이룰 때 경제는 안정적으로 성장한다. 그러나 세계는 18세기 후반 산업혁명 이후 수요보다 공급이 더 빠르게 증가하면서 주기적으로 공급과잉이 유발한 공황을 겪곤 했다. 새로운 산업혁명이 발생할 때마다 과학기술은 생산성을 늘리면서 공급능력을 향상시켰다. 4차산업혁명도 마찬가지다. 과도한 공급능력으로 몸살을 앓고 있는 상황에서, 스마트 팩토리와 IT 중심의 인프라 환경이 구축되면 생산능력이 더 빠르게 증가할 것이다.

반면 넘쳐나는 생산물을 소비할 수요는 정체되거나 줄어들고 있다. 수요가 증가하려면 인구가 늘어야 한다. 그런데 선진국은 이미 인구가 정체 중이고, 후발개도국의 인구증가율도 하강하고 있다. 장기적으로 보면 지금 인구가 증가하는 이슬람, 아프리카, 인도지역도 결국 고령화 문제로 몸살을 앓을 것이다. 더군다나 수요의 기반이 되는 사람들이 늙어가고 있다. 수요 증가를 기대하기가 어려워지면서 공급능력과 수요의 격차가 지속적으로 확대되어, 공급과잉은 사회의 모든 영역에서 기초 환경으로 자리 잡게 되었다. 그나마 4차산업혁명과 관련된 투자가 한창 진행 중이기 때문에 아직까지 공급과잉은 일부 구경제 영역의 문제다. 그러나 이런 투자가 상당히 진척된 후에는 4차산업혁명으로 인한 공급과잉이 세계를 강타할 것이다.

수요를 늘릴 수 없기 때문에 공급과잉을 해소하는 유일한 방법은 공급능력을 줄이는 것이다. 1930년대 대공황의 가장 중요한 요인도 공급과잉이었다. 1차 세계대전 후 세계는 빠른 전후 복구와 때맞춰 시작된 자동차, 전기 혁명으로 생산성이 크게 높아졌다. 그런데 수요가 따라오지 못하자 거의 모든 산업에서 공급과잉이 발생했다. 이 공급과잉으로 무너진 경제를 살리려는 노력이 바로 뉴딜정책이다. 뉴딜정책은 수요를 늘리려 했지만, 1937년을 고비로 공급과잉을 극복하지 못한 채 세계는 재차 경제위기에 빠지고, 결국 1939년 2차 세계대전이라는 참혹한 전쟁으로 끌려들어간다. 물론 교과서에서는 독일의 나치즘이나 일본의 제국주의적 야욕으로 2차 세계대전을 설명하지만, 공급능력을 파괴하지 않는 한 대공황에서 벗어날 수 없을 정도로 당시는 공급과잉이 심각한 상태였다. 따라서 히틀러나 일본의 히로히토 천황이 2차 세계대전의 방아쇠를 당긴 것은 과도한 공급능력을 줄이려는 시도로도 볼 수 있다.

한국의 자랑거리였던 조선산업이 장기간 구조조정에 들어간 이유가 공급과잉에 있듯이, 지금 모든 산업이나 일자리의 가장 큰 위협은 공급과잉이다. 문제는 이런 공급과잉이 4차산업혁명으로 더 확산되고 있다는 점이다. J 커브 형태로 시간이 지날수록 공급능력이 가속 증가할 것이기 때문에 특정한 임계치를 넘어서면 경제 전체가 마비되고, 사회 시스템 전반적으로 위기를 맞을 수도 있다. 이렇게 되면 모든 영역에서 수축사회를 피할 수 없다.

무한대의 효율성 경쟁

미래학자 제러미 리프킨Jeremy Rifkin은《한계비용 제로 사회》에서
"재화와 서비스를 한 단위 더 생산하는 데 들어가는 추가비용인 한
계비용이 장기적으로 제로에 근접할 것"이라고 주장했다. 한계비
용은 고정비용을 제외한 비용을 뜻하는데, 재료비, 에너지비용, 노
무비용 등과 같이 생산량에 연동해서 변하는 변동비용으로 봐도
무방하다. 웬만한 한계비용은 4차산업혁명 덕분에 아주 적어진다
는 주장이다. 다소 과장된 주장이긴 하지만, 과학기술의 발달로 가
장 중요한 유한자원인 에너지 가격조차 하락하고 있는 점을 참조
해야 한다.

　　1980년 2차 오일쇼크 당시 유가는 최고 38달러에 달했다. 그
런데 2009년 전환형 복합위기 발생 후 유가는 26달러까지 하락했
다. 2018년 9월 말 현재도 73달러에 불과하다. 38년간 35달러 상승
했으니 연평균 1.7퍼센트 상승한 것이다. 채굴 기술이 발전해 깊은
바다의 심해유전에서 채굴이 가능해졌고, 대체에너지가 개발되었
기 때문이다. 철광석 등 원자재 가격도 유사하다. 임금도 잘 오르
지 않는다. 1년 365일, 24시간 일하는 기계의 사용을 늘리면, 사람
은 기계가 할 수 없는 극히 일부분에서만 일자리를 가지게 될 것이
다. 임금이 오르기는커녕 일자리 자체가 없어질 수도 있다.

　　지금 기업들은 기계 사용을 늘리면서 한계비용을 낮추는 경
쟁에 돌입하고 있다. 단순히 한계비용만 줄이는 것이 아니라, 경쟁
기업보다 더 많이 낮춰야만 생존할 수 있다. 수출 기업에 대해서는

국가가 나서서 기업의 한계비용을 낮추기 위한 지원사격을 하고 있다. 예를 들어 재산세, 법인세 등 세금을 낮춰주고 전기세, 수도세, 공장부지 가격, 물류비용 등 인프라비용도 경쟁 국가보다 낮게 해주는 경쟁이 치열하다. 만일 기업이 경쟁에서 도태되면 세금이 줄고 일자리도 사라지기 때문에 국가도 기업의 한계비용 낮추기 경쟁에 동참할 수밖에 없다.

최근 한국 기업들이 베트남에 진출하는 이유를 생각해보자. 베트남은 인건비와 세금이 싸다. 공장부지도 헐값이다. 베트남 정부의 다양한 지원으로 각종 인프라 시설도 잘 갖춰져 있다. 노사 문제도 걱정 없으니 투자할 만한 가치가 충분하다. 그런데 시간이 흘러 베트남에서 저렴한 인건비를 활용하는 것보다 한국에서 기계로 만드는 비용이 낮아지면 어떤 현상이 벌어질까? 베트남은 한국 기업을 잡기 위해 세금이나 인프라비용을 더 내리고 다양한 혜택을 줄 것이다. 그렇다면 한국도 가만히 앉아 있을 수 없을 것이다. 베트남과 유사한 수준으로 세금이나 인프라비용, 공장부지 가격을 낮추는 경쟁을 벌일 것이다.

이런 현상을 리쇼어링reshoring이라고 부르는데, 미국, 일본, 독일 등 선진국에서 조금씩 발생하고 있다. 특히 미국의 트럼프 대통령은 해외로 빠져나갔던 기업들의 귀환을 강력하게 추진하고 있다. 또한 미국에 제품을 팔고 있는 해외 기업에는 미국 내 공장 건립을 강요하고 있다. 지금은 울며 겨자 먹기로 미국에 끌려가지만, 기술이 더 진보하고 미국 정부가 한계비용과 고정비용을 추가로 하락시킨다면 미국 내 생산비용이 더 낮아질 수 있다. 이런 차원에서 생각해보면 현대자동차 미국 공장의 생산비용이 울산 공장보다 낮아졌다는 소식은 한국의 미래에 엄청난 위기가 될 수 있다.

4차산업혁명으로 한계비용 제로 사회가 되면 수출 중심 국가는 설 자리가 사라진다. 자동차뿐 아니라 자동화 기계의 사용 비중이 높은 IT산업, 섬유류와 같은 경공업 분야에서도 유사한 상황이 벌어질 수 있다. 한국도 최근 지자체를 중심으로 리쇼어링을 추진하기 시작했다. 그러나 복잡한 규제와 미약한 자금지원으로 한국에 들어오자마자 부도가 나거나 다시 해외로 나가는 경우가 많다. 2013~2017년 정부는 272억 원이라는 적은 금액으로 50개 기업을 리쇼어링했지만, 경영 상태가 신통치 않다. 이런 상황이 세계적 차원에서 나타나면 한국 경제의 미래는 없다고 봐야 한다. 수출 비중이 높은 중국도 한계비용 제로 사회가 오면 궁극적으로 패권경쟁에서 패배할지 모른다.

물론 당장 이런 일이 발생하지는 않을 것이다. 다만 그런 방향으로 진행된다는 것이다. 지금은 생산비용을 낮추기 위해 해외로 탈출했던 선진국 기업이 조금씩 리쇼어링하는 단계지만, 4차산업혁명이 더 발전하면, 선진국 기업들은 애초부터 해외에 나갈 필요성이 사라질 수 있다. 또한 한국, 일본, 중국 등 수출 대국의 기업들이 신제품 공장을 본국이 아닌 미국 등 주요 수요시장에 먼저 건설할 수도 있다. 소비지에 공장을 건설하면 해당 지역의 트렌드를 반영한 디자인을 개발할 수 있고 물류비도 절약된다. 이렇게 되면 내수시장이 약한 국가의 경쟁력은 더욱 약화되고, 소비시장이 큰 국가만 생존할지 모른다. 결국 세계의 부가 거대한 선진국으로 집중되면서 후발국과의 격차가 더 벌어질 수 있다. 수출 중심 국가들의 수축사회 진입이 빨라질 수 있다는 의미다.

산업의 재편, 과거형 산업의 몰락

4차산업혁명은 기존 산업을 파괴한다. 그러나 엄밀히 얘기하면 산업과 사회 생태계 전체가 재편되는 것이다. 자율주행자동차가 일반화되면 어떤 현상이 나타날까? 자율주행자동차는 물론 전기차일 것이다. 석유로 움직이는 자동차는 엔진과 차체, 그리고 전장 등 수만 가지 부품이 결합된 종합 작품이다. 그러나 자율주행자동차의 핵심부품은 배터리와 AI 정도다. 그런데 설비와 약간의 기술만 있으면 배터리 공장을 설립할 수 있을 정도로 배터리는 특별한 기술이 아니다. 차체나 부품 등 하드웨어는 대부분 외주가 가능한데, 외주 업체들도 4차산업혁명 도입으로 생산성이 높아지면서 가격이 하락할 것이다. 결국 자율주행자동차를 움직이는 사령탑인 AI와 다양한 IT 기기가 차량 가격의 대부분을 차지할 것이다.

여기서 문제가 발생한다. 엄청난 규모의 완성차 업계나 부품 회사들은 생산성이 올라가겠지만 마진율 하락으로 큰 위기에 처할 수 있다. 견고했던 진입 장벽이 낮아지면서 누구나 진출이 가능하니 공급과잉이 발생하는 것은 당연하다. 결국 기존 자동차산업 전체가 몰락하거나 사양산업이 될 수 있다. 이런 상황이 되면 IT산업의 강자인 삼성그룹이나 LG그룹의 자동차산업 진출이 용이해진다. 오히려 더 좋은 기술을 자신들의 자동차에 적용할 테니 현대자동차보다 경쟁력이 높아질 수도 있다. 중국의 IT 회사 화웨이가 자율주행자동차산업에 진출하면, 약 270만 대의 생산능력을 갖춘 현대차그룹 중국 공장이 과연 생존할 수 있을까?

　4차산업혁명은 이런 과정을 거쳐 중후장대형 경제구조를 빠르게 소프트웨어형으로 전환시킨다. 자동차산업을 예로 들었지만 모든 동력원이 전기로 바뀌면 내연기관과 관련된 산업 전체가 도산할 수 있다. 생각을 확대해보면 안전한 산업은 하나도 없다. 4차산업혁명은 교육에도 엄청난 변화를 불러오고 있다. 온라인 교육이 활성화되면서 기존 대학의 강의실이 비어가고 있다. 많이 알려진 사실이지만, 구글의 비밀 연구 조직인 '구글 X'의 초대 소장을 맡으면서 '자율주행자동차의 아버지'라는 별칭을 얻었던 세바스찬 스런Sebastian Thrun 교수는 2011년 AI에 관한 무료 강좌를 열었다. 그런데 이 강좌에 전 세계에서 16만 명이 등록했고, 끝까지 수료한 학생이 2만 3천 명이나 된다고 한다. 한국의 온라인 교육도 빠르게 성장하면서 기존 교육계를 흔들고 있다. 입시전문 학원인 메가스터디가 출범한 후, 어학 교육은 대부분 온라인으로 진행 중이다. 필리핀 등 아시아에서 영어 수준이 높은 지역의 선생님과 전화로 통화하면서 직접 대화와 학습이 가능하다. 한국의 사교육시장은 학생 수 감소와 함께 온라인 교육의 도전에도 직면해 있다. 사교육 천국이었던 한국에서 교육 서비스 일자리가 빠르게 감소하는 이유이기도 하다.

　하드웨어산업은 물론 서비스산업까지 4차산업혁명의 영향

권에 들어가면서 대혼돈이 일어날 날이 가까워지고 있다. 4차산업혁명 기술이 기존 산업에 스며들면서 산업이 재편되겠지만, 사라지는 기업이 더 많을 듯하다. 따라서 신생 기업이 탄생하면서 일자리를 만든다 하더라도 국가 전체적으로 보면 일자리가 줄어들 것이다. 더 큰 문제는 사회구조와 경제가 재편되는 과정을 총체적으로 관리하고 방향을 제시할 사람이나 조직이 없다는 점이다. 기본적으로 국가와 사회, 그리고 시민단체까지 모두 4차산업혁명이 만드는 세상을 고려할 수 없는 과거형 조직이기 때문이다. 관리자도 없고, 방향성도 모르는 혼돈이 이어지면서 결국 수축사회에 끌려들어갈 것이다.

과학기술전쟁

인류 역사에서 패권을 좌우하는 가장 큰 요소는 총체적 차원의 국력이었다. 국력은 인구, 경제력, 군사력, 사회적 통합 등으로 구성된다. 역사적으로 가장 중요하고 직접적인 국력은 군사력이었다. 총, 포 등이 본격적으로 개발되기 전에는 군인의 수가 가장 중요했다. 그러나 산업혁명을 거치면서 다양한 기술이 새로운 무기를 만들어내자 신무기 경쟁이 전쟁의 승패를 가르기 시작했다. 1차 세계대전에서는 전차와 비행기를 개발한 연합군이 승리했다. 2차 세계대전 때는 더 다양한 무기가 등장했지만, 가장 중요한 핵무기가 개발되었다. 미국이 핵무기를 먼저 개발했기 때문에 패권을 쉽게 차지할 수 있었다. 이후 핵무기를 독점한 5대 강국이 서로 미묘한 공포의 균형balance of terror을 이루면서 평화가 유지되고 있다. 지금 세계의 평화는 과학기술이 지킨다고 해도 과언이 아니다.

그러나 핵무기는 사실상 사용이 불가능하다. 먼저 핵무기를 사용한 국가는 보복공격으로 더 큰 피해를 입을 것이다. 만약 핵전쟁이 발발한다면 인류가 전멸하는 위기가 닥칠 수도 있다. 그렇다면 대안은 두 가지다. 먼저, 핵무장을 더 견고하게 하는 것이다. 더 빠르고, 더 정확하고, 더 파괴적으로 만드는 것이다. 핵전쟁이 일어나도 초기에 적국을 제압해 피해를 최소화할 수 있는 능력을 키우는 것이다. 두 번째 방안은 어차피 핵전쟁이 불가능하기 때문에 비행기, 전차 등 재래식 전력에서 적국보다 압도적인 전력을 갖춤으로써 그 자체로 전쟁을 억제하는 것이다.

이 두 가지 방안은 모두 4차산업혁명의 도움이 필요하다. 4차산업혁명의 수준이 군사력을 좌우하게 된 것이다. 뒤에서 다시 언급하겠지만 미국과 중국의 패권경쟁에서 미국이 절대 양보하지 못하는 영역이 바로 과학기술, 즉 4차산업혁명 영역이다. 미-중 양국이 4차산업혁명 기반의 군사력 대결로 치닫으면 다른 국가들도 군사력 증강을 미룰 수 없다. 적국과 비슷한 수준의 군사력을 갖춰야만 국가안보가 보장되기 때문에, 기존 무기체계를 4차산업혁명에 기반을 두도록 교체해야만 한다. 오래된 재래식 무기들은 전혀 쓸모없어진다. 이런 현상은 20세기 초반 열풍처럼 불었던 거함거포주의巨艦巨砲主義와 비견된다. 당시에도 과학기술이 발전하면서 주로 함포의 사거리와 발사 속도 경쟁이 벌어졌다. 누가 얼마나 멀리서, 빠르게 함포를 쏠 수 있느냐가 전쟁의 승패를 좌우했다. 지금도 마찬가지다. 미국과 중국뿐 아니라 호주, 일본까지도 4차산업혁명 기술을 응용한 무기체계로 전환하기 위해 엄청난 돈을 들이고 있다. 물론 한국도 마찬가지다. 4차산업혁명으로 새로운 군비증강시대가 시작되었다.

이렇게 4차산업혁명은 국가 간 안보 문제에서도 가장 중요한 요소로 등장하고 있다. 그러나 이것을 확장해보면 단지 국방력을 강화하는 데 그치는 것이 아니다. 향후에는 모든 영역에서 국가 간 경쟁이 4차산업혁명과 관련된 과학기술 경쟁으로 집약될 것이다. 뛰어난 기술이 있으면 뭐든 만들어낼 수 있고 경제발전 속도도 빨라진다. 결국 미래의 전쟁은 핵전쟁이나 비행기, 총, 포를 쓰는 재래식 전쟁이 아니라 4차산업혁명 기반의 과학기술전쟁이 될 것이다. 이미 과학기술전쟁은 여러 곳에서 발발하고 있다. 지적재산권을 둘러싼 애플과 삼성전자의 전투, 통신장비에 대한 주요국의 화웨이 배제, 산업 스파이 전쟁 등 국가 간 전쟁이 4차산업혁명발 과학기술 차원으로 빠르게 전환되고 있다. 통신과 같은 영역에서는 자국의 기술을 세계적 표준으로 정하려는 경쟁도 치열하다. 최근 논의가 활발한 5G 통신기술의 경우, 중국은 자신들의 기술을 국제 표준으로 만들기 위해 뭐든지 할 태세다. 그러나 이 전쟁은 쉽게 승패가 결정되지 않는다. 과거에는 무기를 만드는 특정 자원이나 석유·철광석 등의 원자재를 가진 국가와 그렇지 못한 국가의 차이가 확연했다. 그러나 과학기술은 기본적으로 평등하다. 누구나 연구하면 발견하고 개발할 수 있다. 많은 학술 논문과 개발 정보들이 인터넷을 통해 전 세계 어디서나 실시간으로 공유되고 있다. 지금도 AI 도입이 확산되면서 과학기술은 쉬지 않고 발전하고 있다. AI는 수많은 실험과 시행착오의 개선을 빠르고 연속적으로 수행한다. 또한 77억 명에 달하는 지구 인구가 계속 생각하고 연구하면서 과학기술은 'J 커브' 형태로 발전하고 있다.

과거 국제정치의 기초를 형성하던 국력 기반의 세력균형balance of power은 이제 불가능하다. 끊임없는 과학기술 투자로 적국을 앞서가는 방법 외에는 대안이 없다. 이런 상황을 세균과 항생제 간의 전쟁에 비유하면 이해하기 쉬울 듯하다. 세균을 죽이는 새로운 항생제를 만들면, 세균은 내성을 가진 돌연변이로 변한다. 그러면 다시 그 돌연변이 세균을 죽이는 항생제를 만드는 식으로 전투가 무한히 반복된다. 아직 인류가 세균을 정복하지 못한 이유는 세균이 돌연변이를 통해 항생제 방어 무기를 쉬지 않고 만들기 때문이다. 이런 상황이 거의 모든 과학기술 영역에서 나타나면서, 패배자가 대규모로 양산되는 새로운 차원의 기술적 양극화가 불가피해 보인다.

뷰카: 양극화 + 개인주의 + 위험사회

과거 세 차례의 산업혁명이 발생했을 때도 공급과잉과 사회 양극화는 늘 문제였다. 새로운 산업혁명 때마다 이전에 축적되었던 부를 철저히 파괴하고 신기술로 무장한 세력이 부를 독차지하곤 했다. 근대 역사에서 중요한 업적을 이룬 기업가들조차 산업혁명이 발생할 때마다 새로운 산업혁명의 주도세력에게 자신의 부와 권위를 빼앗겼다. 2차산업혁명의 주축이자 포드, 록펠러, 카네기 등이 일구었던 기업들은 우여곡절을 겪은 후 이제 존재감을 찾기 어렵다. 3차산업혁명의 주축을 이루었던 빌 게이츠의 마이크로소프트를 제외하면 노키아, 에릭슨 등 통신이나 PC 관련 기업들도 존재감이 매우 약해졌다. 또한 산업혁명이 유발한 부의 전환은 기업뿐 아니라 개인에게도 큰 영향을 주어 사회 전체적으로 양극화를 촉진했다.

4차산업혁명도 과거의 산업혁명과 마찬가지로 부의 전환을 유발하면서 양극화를 피할 수 없게 할 것이다. 그러나 이전의 산업혁명과 비교할 수 없을 정도의 부와 권력이 새로운 세력에게 넘어갈 것이다. 4차산업혁명의 선도기업인 애플의 시가총액은 인구 2억 7천만 명의 인도네시아 GDP에 육박할 정도이고, 삼성전자의 2018년 매출액은 뉴질랜드 GDP를 추월할 기세다. 삼성전자의 2018년 매출액은 정부 예산의 60퍼센트였고, 영업이익은 한국 전체 국방비인 41조 원보다 1.6배나 많은 66조 원으로 예상되고 있다. 바이오시밀러산업의 선두주자인 셀트리온의 시가총액은 현대차와 포스코를 크게 앞질렀다.

미국의 전성기였던 1948~1973년에 생산성과 시간당 임금은 비슷한 속도로 증가했다. 그러나 1973년을 고비로 생산성은 증가했지만 임금 상승은 미미한 수준에 그치고 있다. 1973~2013년에 생산성은 74퍼센트나 증가했으나, 시간당 임금은 9.2퍼센트 증가하는 데 그쳤다. 브랑코 밀라노비치Branko Milanovic 교수가 만든 '코끼리 곡선elephant curve'이라는 것이 있다. 코끼리 곡선이란 1980년 이후 자유무역이 보편화되면서 전 세계 부의 이동을 측정한 결과, 코끼리가 코를 높이 들어 올리는 모양과 같다고 해서 붙인 이름이다. 전 세계 사람을 소득 수준에 따라 1~100분위로 줄 세운 다음(가로축), 실질소득 증가율(세로축)의 변화를 나타냈다. 분석 결과 1980년 대비 소득 하위 계층의 부는 크게 늘어난 반면, 중산층은 상대적으로 정체되었다. 하위 50퍼센트가 전체 소득 증가율의 12퍼센트를 차지하는데, 짐작하겠지만 절대빈곤에서 탈출한 중국 때문이다. 반면 상위 1퍼센트는 전체 소득 증가의 27퍼센트를 차지해 소득 불평등이 심화된 것으로 나타났다. 1973년을 고비로 세계는 교역이 늘어나고 세계화와 기술혁신이 빨라졌다. 이 과정에서 중산층이 하위 계층으로 서서히 전락했음을 보여준다. IT 기술의 발전으로 생산성이 향상되는 가운데 4차산업혁명이라는 새로운 기술이 도입되면서, 아예 인간의 노동 투입 자체가 줄어들고 소득 양극화가 더욱 강화될 것으로 예상된다.

중산층의 몰락

개인의 능력과 업무에 따른 차이가 양극화를 촉진하기도 한다. 단순 반복 작업이나 중간 수준의 일이 기계로 대체되자, 이 분야의 노동 수요가 줄어들면서 임금이 정체되고 있다. 반면 기계가 할 수 없는 창의적이고 예술적인 재능을 가진 사람들은 과거보다 더 많은 임금을 받는다. 기업 내부에서도 동일한 현상이 발견된다. 기계를 능가하는 능력이 있거나 창의적인 일에 종사하는 사람들은 일반적인 업무를 수행하는 직원에 비해 더 많은 급여를 받고 있다. 진보 성향이 강한 미국 민주당 샌더스 상원의원은 세계적 혁신기업인 아마존의 임금체계를 개선하라고 요구했다. 아마존 직원들의 평균 급여(중간값)는 2만 8천 달러 수준인데, 아마존이 위치한 미국 내 11개 지역에서 그 지역 평균임금보다 무려 15퍼센트 낮은 수준이었기 때문이다. 그 결과 직원 3명 중 1명은 저소득층 지원제도인 푸드 스탬프(식비), 공공주택 등의 지원을 받고 있다고 한다. 샌더스 의원은 같은 기업 내에서 임금 차이가 과도한 것과 기업이 부담해야 할 종업원에 대한 복지비용을 정부가 지원하는 점을 지적한 것이다. 또한 세계적인 엔터테인먼트 기업 디즈니의 사정도 아마존과 똑같다면서 시정을 요구했다.

사례로 살펴본 아마존과 디즈니는 엄청난 수익을 내는 세계적 기업이다. 그러나 대부분의 수익은 CEO 등 경영진을 비롯해 핵심기술을 가진 기술자, 디자이너, 마케터 등 창의적인 업무에 종사하는 사람들에게 배분된다. 반면 평범한 단순 노동자의 임금은 전혀 오르지 않는다. 그래서 기업에 세금을 더 부과하자는 것이 샌더스의 주장이다. 그의 주장에 못 이겨 아마존은 2018년 11월부터 시간당 평균임금을 10~12달러에서 미국 최저임금(시간당 7.25달러)의 거의 2배인 15달러로 올리겠다고 발표했다. 그러나 이 인상 금액은 아마존 수익의 1퍼센트에도 미치지 못하는 수준이고, 2017년 인수한 친환경 식품회사인 홀푸드의 노조 설립을 방해하려는 목적이었다는 비난을 받고 있다.

선진국에서 임금이 오르지 않는 것은 바로 이런 현상이 사회 모든 영역에서 발생하고 있기 때문이다. 누구나 할 수 있는 일은 이제 기계로 대체되고 있다. 역사상 가장 낮은 실업률을 보이는 미국에서도 건설업, 제조업, 단순 서비스직 근로자는 일자리 찾기가 어려워서 아예 일자리를 구하려는 노력도 하지 않는다. 이런 사람들을 구직포기자라고 하는데, 미국에서만 500만 명 정도 된다. 또한 구직을 희망하지 않는 비경제활동인구는 전체 인구증가율보다 더 빠르게 늘어나 9,600만 명이나 된다. 미국에서 고령화 현상이 본격화되고, 아예 취업 자체를 포기하는 사람들이 늘어나고 있다는 것을 보여준다. 임금 격차가 아니라 일자리 자체가 사라지고 있는 것이다.

인간을 배제하기 시작한 4차산업혁명은 관련 기술을 가진 소수의 승리자에게 모든 이익을 독점적으로 수여하기 시작했다. 역사적 데이터를 수집해 자본소득이 노동소득보다 우위에 있음을 밝힌 토마 피케티의 이론이 세계적인 주목을 받았었다. 그러나 그의 주장은 이제 수정해야 할 것 같다. 경제적 불평등의 원인이 4차산업혁명과 관련된 직업에 종사하는지 여부로 바뀌고 있으니 자본의 정의를 과학기술로 교체해야 하지 않을까? 양극화는 4차산업혁명의 중요한 그림자다. 바로 이것이 과거의 산업혁명과 큰 차이점이다.

4차산업혁명은 개인주의를 강화시킨다. 사람들이 스마트폰과 같은 상시 접속기구를 가지면서 모든 기기는 개인적으로 사용하는 데 최적화되어 있다. 개인이 휴대한 4차산업혁명 도구들로 우리는 다른 사람의 도움 없이 무슨 일이든지 할 수 있다. 내비게이션을 이용해 어디든 정확한 시간에 찾아갈 수 있다. 어디가 맛집인지 인터넷에 물어보면 되고, 기차나 비행기 예약도 언제나 가능하다. 심지어 인터넷에서 입수한 총기 도면과 3D 프린터를 이용해 누구나 총기를 제작할 수 있고, 거대한 공장을 가동하는 컴퓨터를 해킹해서 일거에 파괴할 수도 있다. 과거에는 이런 것을 혼자 하는 것이 불가능했다. 그러나 지금은 혼자서도 뭐든지 할 수 있다. 또한 자신의 생각이나 의견을 소셜미디어 등을 통해 언제든지 표현할 수 있다. 사람을 만날 필요 없이 신분을 감춘 채 네트워크상에서 원하는 대로 말할 수 있다. 이때 가장 중요한 것은 개인의 선호다. 내가 좋아하는 것만 하게 되기 때문에 개인주의가 더욱 강화된다.

무한 혼돈사회

혼돈에 빠진 21세기를 '뷰카VUCA'라는 개념으로 설명하기도 한다. 뷰카란 변동성volatility, 불확실성uncertainty, 복잡성complexity, 모호성ambiguity의 첫 글자를 결합한 용어다. 이 4가지가 동시에 존재하는 사회에서는 높은 경각심과 기민한 상황판단을 요구한다. 이제 뷰카는 4차산업혁명 사회의 기초 환경으로 굳어지고 있다. 4차산업혁명이 선사한 새로운 기기들은 사람들에게 편리함을 가져다주지만, 반대로 뷰카의 혼돈을 가져다주기도 하고, 때로는 사회 전체의 위험을 높이기도 한다.

독일의 철학자인 울리히 벡Ulrich Beck은 21세기를 '위험사회risk society'로 규정했다. 그는 산업화와 근대화를 통한 과학기술의 발전은 현대인들에게 물질적 풍요를 가져다주었지만, 동시에 새로운 위험을 몰고 왔다고 주장했다. "위험은 과학기술과 산업이 발달한 선진국에서 나타나는데, 일상적 위험이라는 데 문제의 심각성이 존재한다"면서 위험관리의 중요성을 강조했다. 고속철도, 자율주행자동차, 드론은 매우 편리하다. 그러나 이런 것이 제대로 작동되지 않으면 치명적인 대량살상무기가 될 수도 있다. 또한 환경오염으로 각종 자연재난이 끊이지 않고 있다. 발전할수록 더 위험해지고 있다.

양극화, 개인주의, 위험사회가 결합된 뷰카의 사회 분위기는 수축사회의 심리적 기반을 마련한다. 마치 지뢰밭을 건너가는 것처럼 삶은 긴장의 연속이다. 당연히 사람들의 스트레스 수준은 역사상 가장 높을 것이고, 정신건강 수준도 취약해지고 있다. 초기에는 단지 스트레스 정도에 그치지만, 시간이 흐를수록 부적응자와 낙오자가 늘어난다. 빈곤하며 혼자 생활하는 사람의 비중이 높은 사회는 위험하고 예측 불가능하다. 묻지마 범죄나 총기난사 사건 등 지난 시대에는 볼 수 없었던 엽기적 사건도 이런 심리적 환경에서 기인하는 것이다.

이와 같이 5가지 4차산업혁명의 중요한 사회적 특징으로 이데올로기가 파괴되기도 한다. 사람이 아니라 기계와 기계 간의 경쟁이 사회의 중심축이 되면, 기존 이데올로기는 설 자리가 없어진다. 왜냐하면 양극화로 복지를 늘리려는 정책이나 경쟁 국가를 공격하는 전쟁조차, 4차산업혁명 기술 수준에 의해 결정되기 때문이다. 결국 4차산업혁명에서 뒤처지면 모든 것에서 뒤처진다는 것과 같은 의미다. 이런 논의를 단순화시키면 미래의 이데올로기는 4차산업혁명이 될 듯하다.

4차산업혁명은 인류의 위대한 진보다. 그리고 거부할 수 없고 받아들여야만 한다. 많은 사람이 4차산업혁명이 던져주는 발전과 편리함에 열광하고 있지만, 인류 모두에게 꼭 유익한 것만은 아니다. 4차산업혁명이 완결되어 모든 육체노동을 기계가 대체하고, 인간은 창조적이고 예술적인 일만 해도 되는 날이 오기까지는 아직 많은 시간이 필요하다. 이 시간 동안 4차산업혁명은 오히려 수축사회를 강화시키는 중요한 동력이 될 듯하다. 특별히 이 책에서 다소 부정적이고 심리적인 측면을 강조한 이유이기도 하다.

6장

중국의 미래: 홀로 설 수 있을까?

역사적으로 중국은 세계에서 가장 큰 나라였다. 그러나 산업혁명 이후 300여 년간 소외되면서 인구는 많으나 경제력, 군사력, 문화 등에서 서구에 일방적으로 밀려왔다. 그러나 21세기에 진입하면서 중국은 인구 규모뿐 아니라 경제력에서도 미국에 견줄 만하다. 2030년경이면 중국의 경제력이 미국을 추월할 가능성이 높아 보인다. 군사력에서도 미국에 도전하고 있다. 이런 중국의 부상은 100여 년 전 미국이 패권국으로 등장했을 때보다 훨씬 큰 변화를 가져올 것이다. 따라서 중국의 미래는 세계의 미래를 결정하는 가장 크고 중요한 변수로 작용할 것이다. 특히 중국과 근접해 있다는 지정학적 특수성과 엄청난 경제적 영향력을 감안할 때, 중국의 미래는 그 어떤 변수보다 한국에 큰 영향을 미칠 것이다.

모두가 강한 중국을 두려워하고 있지만, 향후에는 중국 내부에 눌려 있던 많은 문제가 본격적으로 나타나면서 이전과 같은 경제성장을 유지하기 어려워 보인다. 따라서 중국은 미-중 G2 패권대결에서 패배하는 것보다 국내적 문제가 발목을 잡아 위기에 빠질 가능성이 높다. 중국도 별다른 인식과 준비 없이 수축사회에 끌려들어가고 있기 때문이다. 아직 성장하지 못한 어린이가 고혈압, 당뇨와 같은 성인병에 걸리는 경우에 비유할 수 있다. 아직 증세는 미약하지만 시간이 지날수록 수축사회 증세가 나타날 것이다. 따라서 중국이 내부 모순을 어떻게, 그리고 언제까지 수습하는지 여부에 세계와 한국의 미래가 달려 있다. 먼저 중국의 구조적 문제를 살펴보자.

사회적자본 부족

사회적자본social capital이란 르네상스와 산업혁명을 거치면서 서구 특히 앵글로색슨 계열 국가에서 형성된 개인의 자유 선택과 자기책임 원리가 통용되는 사회적 특성을 일컫는다. 보통 선거, 인권, 시장경제 등 현재 선진국이 채택하고 있는 제도의 바탕에 해당하는 사회적 합의다. 서구 선진국들도 많은 사회문제를 안고 있지만, 갈등과 문제를 사회 스스로 해결하는 경향이 강한 것은 풍부한 사회적자본에 기반한다. 나는 현재 한국이 겪고 있는 사회갈등 역시, 크게 보면 사회적자본 축적이 미흡하기 때문이라고 생각한다. 정치적 극한 대결, 법치의 부재, 패거리 문화, 폐쇄적 개인주의 등은 모두 사회적자본과 관련된다.

한국과 마찬가지로 중국은 빈약한 사회적자본으로 격심한

갈등을 양산할 것으로 예상된다. 지금 중국은 근대 이전의 폐쇄국가가 아니다. 사회적자본으로 무장한 국가들과 경쟁하고 무역을 하면서 살아간다. 중국은 세계 최대 수출국으로 전체 GDP 중 수출이 무려 18.5퍼센트를 차지한다. 그중 42퍼센트는 선진국으로의 수출이다. 중국 학생 30만 명이 미국에 유학 중이고, 3억 명이 영어를 배우며, 한 해에 1억 4천만 명이 해외여행에 나서고 있다. 지금 중국은 외부와 교류가 없으면 단 하루도 생존할 수 없는 국가가 되었다. 불과 30년 만에 이룬 결과다. 여기서 중요한 점은 중국이 교류하는 국가들이 시장경제와 민주주의를 중심으로 형성되었다는 것이다. 중국이 폐쇄국가로 자급자족하면서 폭력에 기반한 통치가 이루어졌던 마오쩌둥시대에는, 사회적자본보다 총구가 모든 것을 결정했다. 그러나 지금 중국과 마주한 국가들은 사회적자본이 잘 정비되어 있다.

　　물론 대외 접촉이 크게 늘어나면서 중국인들도 점차 사회적자본을 배워나가고 있지만, 의사결정과 생활 패턴의 기초문화로 자리 잡기까지는 엄청난 시간과 노력이 필요해 보인다. IT산업 등 일부 영역이나 상하이, 선전 등 1선 도시들은 사회적자본이 비교적 발전해 있다. 그러나 대부분 지역은 여전히 후진적이고 전근대적이다. 향후 중국은 사회적자본 부족과 극심한 지역 간 격차로 사회 불안정을 피하기 어려워 보인다. 어느 나라에서나 볼 수 있는 사안에 대한 중국 사회의 대응을 먼저 살펴보자.

○　　　중국의 일부 성에서는 빚을 갚지 않을 경우 영화 상영 전 예고편

시간에 얼굴과 모든 신상정보를 공개한다.

○   현재 중국에는 1,260만 명이 신용불량 혹은 탈세 등으로 블랙리스트에 올라 있다. '신용중국' 웹 사이트에 따르면 블랙리스트에 오른 사람에게는 항공기·고속철도 이용을 금지하고, 자녀의 사립학교 진학을 막는 등 169가지 벌칙을 부과한다.

여기서 사회적자본과 관련된 몇 가지 사실을 추론할 수 있다. 우선 표면적인 고성장에도 불구하고 법치에 기반한 통치나 상거래가 이루어지지 않고 있다. 실제로는 훨씬 더 많겠지만 100명 중 1명이나 블랙리스트에 오른다는 것은 공익公益보다 이기주의, 무질서, 부패 등이 만연된 개인주의 사회임을 보여준다. 신용과 법치 같은 사회적자본을 중심으로 사회가 운영되지 않는다는 의미이기도 하다. 유사한 사례는 중국의 세계적인 기업에서도 발견된다.

○   알리바바Alibaba는 2018년 SNS 채용 광고에 노출이 심한 복장으로 도발적 포즈를 취한 여성들의 사진과 함께 '이들은 당신과 동료가 되길 원한다. 당신도 원하는가?'란 문구를 실었다. 또한 2015년에는 '아오이 소라(일본 포르노 배우)를 닮으면 취업에 도움이 될 것'이란 광고를 내기도 했다.

○   텐센트Tencent는 2016년 미국 법인의 구인광고에서 남성 직원이 '텐센트에 들어온 것은 동물적 본능에 끌려서다. 인사부 여직원

과 면접관들이 매우 예뻤다'라는 내용을 실었다.

○　화웨이는 2015년에 '흰 피부에 부유하고 아름다운 (동료)여성과 결혼해 인생 좀 펴보겠느냐?'라는 SNS 광고를 올렸다.

　이 기업들은 거의 모든 사람이 알고 있는 세계적인 기업이다. 그러나 앞의 광고에서 보았듯이 기업문화는 여전히 후진적이다. 또한 국민과 기업, 그리고 사회의 방향성을 제시해야 하는 정부조차 인권 등 사회적자본에 대한 기본 개념이 약하다. 여기서 세계은행이 제시한 '중진국 함정middle income trap'과 중국을 비교해보자. 중진국 함정이란 후발개도국에서 성장한 중진국이 1인당 GDP가 4천~1만 달러 범위에 속하기 시작하면서, 장기간 성장이 정체되거나 퇴보하는 현상을 말한다. 짧은 기간에 이룬 압축성장의 후유증으로 사회가 경직되고, 임금 상승 등으로 고비용 저효율 구조로 바뀔 때 중진국 함정에 빠진다. 여기서 탈출하려면 민주주의, 신뢰, 법치 등과 같은 사회적자본이 축적되어야 한다. 과거 아르헨티나, 칠레 등 중남미 국가들이 중진국에서 다시 후발개도국으로 전락한 것은 사회적자본 축적이 부족했기 때문이다.

압축성장이 불가능한 사회적자본

사회적자본을 기르기 위해서는 사회 엘리트 계층의 방향성 제시와 교육을 통해 오랜 기간 숙성되고, 이것이 사회의 기초질서로 자리 잡아야 한다. 그러나 중국은 사회적자본의 충전 없이 너무 많이 나아갔다. 개혁개방정책이 실시된 지 30년이나 지났지만, 사회적 자본의 축적보다는 '돈'을 숭배하는 배금주의拜金主義만 만연해지고, 부정부패가 사회의 기초 환경이 된 것이다. 이런 상황이 지속되면 통제가 불가능해지고 궁극적으로 비효율적인 사회가 되고 만다. 글로벌 공통의 사회문화를 정착시키지 못한다면 중국인 스스로 중국을 불편해할 것이다. 일부에서 해외로의 자금 유출이 엿보이는 것이 그 증거가 될 듯하다.

사회적자본은 생활습관이나 관습과 같은 것이기 때문에 단기간에 압축해서 만들어낼 수 없다. 사람과 사회가 생각하는 방법과 행동을 완벽하게 바꿔야 하기 때문이다. 중국이 지금부터 다양한 사회개혁을 통해 선진형 문화를 받아들인다고 하더라도, 서구 선진국이 수백 년 걸린 사회적자본 축적을 10년 내에 보강하기는 쉽지 않을 것이다. 또한 중국은 너무 거대하기 때문에 사회적자본이라는 보이지 않는 원칙들이 규범으로 정착되어도 제대로 굴러가기 어렵다.

상황이 이러함에도 불구하고 중국은 사회적자본의 축적과 반대 방향으로 움직이고 있다. 인권 탄압, 언론 탄압, 인터넷 등 소셜미디어의 철저한 통제로 근본적 문제를 덮으려 한다. 비극적인 얘기지만 공산당 일당독재를 유지하기 위해서는 오히려 사회적자본이 없는 편이 나을지도 모른다. 사회적자본을 보강하지 않은 채 경제성장과 일당독재를 유지하려면, 강력한 정권이 폭력으로 통제하는 방법밖에 없다. 사회적자본을 축적하려면 시간이 오래 걸리는 것도 문제지만, 사회적자본이 충만하면 공산당 일당독재가 불가능해지는 것이 더 큰 문제다. 뒤에서 살펴보겠지만, 그래서 중국은 실질적으로 일당독재 체제를 유지하면서, 동시에 경제발전까지 이룬 싱가포르 모델에 관심을 가지는 것이다.

폭력이 사회적자본?

흔히 중국을 야당, 언론, 노조가 없는 3무無 국가라고 하는데, 이 3무 현상은 국가가 미성숙 단계에 있을 때나 가능하다. 이 3가지 요소는 국가와 사회가 합리적으로, 그리고 스스로 가동되도록 하는 윤활유와 같은 것이다. 윤활유 없이 가동되는 엔진은 조만간 폭발한다. 따라서 3무 상태가 지속된다는 것은 사회가 폭력에 의해 가동되고 있음을 보여주는 증거다. 중국은 최근 미성년자의 온라인게임 이용시간을 규제하고 세금을 부과하는 정책을 도입하고 있다. 과도한 게임으로 나빠질 수 있는 청소년의 시력을 보호한다는 것이 명분이지만, 실상은 게임 도중에 범람하는 반체제적인 채팅이나 대화를 막자는 것이 더 중요한 목적인 듯하다. 결국 시진핑 주석의 정책은 사회적자본 부족으로 인한 무질서를 강력한 권위주의를 내세워 폭력으로 막아내는 것이라 할 수 있다. 그러나 시진핑 주석에게 주어진 시간은 점점 소진되고 있다.

사회적자본 부족은 국내적 문제뿐 아니라 국제정치와 외교 등에서도 잘 나타난다. 미국은 1, 2차 세계대전을 치르고, 20세기 과학문명을 선도하면서 자연스럽게 패권국이 되었다. 또한 세계대전 후 유럽이나 아시아에 대한 과감한 원조로 패권의 정당성을 확보했다. 자유 민주주의의 확산에 미국만큼 기여한 국가는 없다.

소프트 파워라고 하는 미국식 문화를 완전히 세계화했다. 반면 중국은 G2 패권대결에 사로잡혀 스스로 '적'과 '진영'을 만들고 있다. 중국에 우호적인 국가에는 경제나 군사기술을 지원하고 반대 국가에는 무자비하게 응징하면서 철저하게 자국 중심의 외교정책만 편다. 돈을 숭배하는 국민과 자국의 이익만 좇는 국가의 슬픈 결합이다. 얼마나 지속될 수 있을까?

중국 위기론의 본질

향후 중국은 한국과 함께 수축사회 진입 속도가 가장 빠른 국가가 될 것으로 예상된다. 양국은 지금도 사회적자본을 확충하는 질적 성장보다는 양적 압축성장에만 치중하고 있기 때문이다. 중국이 수축사회로 확실히 진입하면, 중국은 세계의 성장동력에서 골칫덩어리로 바뀔 것이다. 이럴 경우 중국 의존도가 높은 한국도 엄청난 경제적 피해가 불가피하다. 또한 세계질서와 한반도 주변의 지정학에도 크게 영향을 미칠 것이다. 결국 중국의 가장 큰 과제는 수축사회로의 진입에 얼마나 적절하게 대응하느냐이다. 중국이 수축사회로 향하고 있다는 5가지 증거를 살펴보자.

규모의 비경제

중국에는 물에 석회 성분이 많아 중국 남성의 4명 중 1명이 탈모로 고민한다고 한다. 한 네티즌은 중국 남성의 (예상) 탈모 면적을 14억

평(4,725㎢)으로 계산했다. 서울시 면적의 거의 8배나 되는 규모다. 확실히 중국은 역사상 유례없는 거대한 국가다. 그렇다면 국가의 인구는 얼마나 되어야 효율적일까? 적정인구 규모에 대해서는 다양한 시각이 있겠지만, 현재 유럽 선진국 인구를 감안할 때, 대략 7천만~1억 명 정도로 보고 있다. 안정적으로 선진국 지위를 누리는 독일의 인구는 약 8,200만 명이고, 영국과 프랑스는 6,500~6,600만 명, 일본은 1억 2,600만 명 수준이다. 최소한 이 정도는 되어야 사회의 다양성이 확보되고 문화가 발전할 수 있으며, 균형적인 산업구조를 갖춰 안정성장이 가능해진다. 반면 인구가 1억 명을 훌쩍 넘는 인도네시아, 브라질, 나이지리아, 방글라데시, 파키스탄, 멕시코 등은 발전은커녕 주기적으로 혼란이 반복되고 있다. 인구가 너무 많아 국가 전체가 비효율적인 것이다. 미국만 예외다. 미국의 인구는 3억 3천만 명에 육박하지만 국가가 효율적으로 운영되고 있다. 그 이유는 52개 주州로 분할 통치하기 때문이다. 인구가 13억 넘는 인도는 많은 기대를 품었지만 앞서 살펴본 대로 발전의 한계가 분명해 보인다.

그런데 중국의 인구는 14억 명이 넘는다. 이런 거대한 국가가 일렬대오를 갖춰 성장을 지속할 수 있을까? 통상 '규모의 경제'란 효율성이 중요한 제조업에서 통용되는 개념이다. 따라서 규모의 경제는 자신의 이해만 추구하는 사회생활에서는 제대로 가동되지 않는다. 오히려 인구가 과다하거나 국토가 지나치게 넓으면 효율성이 낮아진다. 또한 4차산업혁명시대에는 규모의 경제가 의미 없어진다. 어차피 수요는 늘지 않고 생산력은 기계로 대체되기 때문에 인구가 많은 국가는 오히려 비효율적이다. 생산을 기계가 대체할 때 인구가 많으면 오히려 부양비용만 더 들어간다. 전쟁이 벌어지더라도 첨단무기의 사용 비중이 높아지면 군인의 숫자는 중요하지 않다.

중국은 너무 커서 사회유지비용이 과다하다. 9천만 명의 공산당원이 감시해도 통제가 잘 안 된다. 지방정부에 대한 중앙정부의 지시도 잘 먹히지 않는다. 중앙정부의 지시대로 서류만 작성하고 지방정부 관료들의 이해관계에 따라 실행되는 경우가 많다. 최근 문제가 되고 있는 지방정부의 부채 문제는 지방정부 간 경제성장 경쟁과 해당 지역 관료의 과욕과 부패 때문에 발생한 측면도 무시할 수 없다.

향후 수축사회가 깊어질수록 이런 '규모의 비경제'는 더욱 확산될 것이다. 중국은 국가 전체 차원에서 계획을 세운 뒤 실행하는 과정을 통제하는 시스템이 점점 더 비효율적으로 바뀌고 있다. 중앙정부의 통제가 약화될수록 중복과잉투자, 님비현상, 비효율적 SOC 투자 등이 지역 이기주의와 결합할 것이다. 이런 이유로 일부 비관론자는 중국이 몇 개 국가로 분할될 것으로 보기도 한다. 너무 커서 제대로 관리되지 못하면 향후 중국은 세계의 블랙홀이 될지도 모른다.

저출산·고령화, 사회안전망 미비

중국의 출산율이 빠르게 하락하고 있다. 이유는 크게 두 가지다. 먼저 경제발전으로 여성들의 사회진출 증가, 여권신장, 여성의 교육 수준 상승 등이 출산율을 낮추고 있다. 또 한 가지는 인구과잉에 시달리던 중국이 1979년부터 한 자녀 출산정책을 도입한 결과다. 이 두 가지 요인이 결합해, 경제개발이 본격적으로 시작된 1990년부터 출산율이 하락했다. 1990년 인구 1천 명당 출생아 수는 21명이었다. 그러나 이후 빠르게 줄어들어 2000년에는 14명, 2010년에는 12명으로, 절반 가까이 떨어진 후 이런 추세가 계속 유지되고 있다.

1990년생은 2018년 현재 만 28세다. 본격적으로 결혼 연령대에 도달한 것이다. 지금부터는 한 자녀로 태어난 여성과 남성이 결혼해서 아이를 한 명만 낳는 상황이 일반화될 것이다. 출산율 하락과 더불어 혼인 건수도 줄고, 이혼율이 가파르게 상승하면서 이제는 인구 감소를 목전에 두고 있다. 급기야 2016년에는 두 자녀까지 출산을 허용했고, 2019년부터는 산아 제한을 완전히 폐지할 방침이다. 이런 조치에도 불구하고 2030년 이전에 중국의 인구는 역사적 최고치를 기록한 뒤 줄어들 것이 확실하다. 물론 현실적으로는 인구 감소에 앞서 나타나는 고령화가 더 시급한 문제다.

○   〈월스트리트저널〉은 중국이 이 속도로 고령화되면 10년 내 중국의 65세 이상 고령자 수는 미국의 전체 인구를 추월할 것으로 전망했다.

○   유엔은 중국의 65세 이상 인구 비율이 2014년에는 10퍼센트였으나 2034년에는 20퍼센트를 돌파할 것으로 예측했다.

○　　　　2016년을 고비로 인구가 줄기 시작한 랴오닝성의 60세 이상 고
　　　　령인구 비율은 무려 22.6퍼센트에 이른다.

　　노동력 부족은 기계로 대체한다고 하더라도 사회안전망을
제대로 갖추기도 전에 빨리, 그리고 너무 많은 사람이 늙어가고 있
다. 고령자 3억 명에게 필요한 월간 복지비용을 최소로 잡아, 한화
로 매월 50만 원씩 지급한다면 연간 600만 원이 들어 중국 전체로
는 경상 GDP의 15퍼센트인 약 2조 달러가 매년 필요하다(2018년 말
기준). 그런데 여기서 그치는 것이 아니라 부양해야 할 고령자는 계
속 증가할 것이다. 수명 연장에 따른 의료비용까지 추가하면 너무
큰 중국은 너무 많은 노인을 부양하다가 쓰러질 수도 있다.

　　향후 모든 국가에서 고령자 복지 문제는 경제 문제를 넘어 정
치적 문제로 비화될 것이다. 러시아의 사례를 보면, 2018년 푸틴 대
통령은 연금 수령 연령을 남성은 60세에서 65세로, 여성은 55세에
서 63세로 단계적으로 올리는 연금법 개정안을 발표했다. 그러자
70퍼센트 중반대를 유지하던 푸틴의 지지율(2016년)은 46퍼센트대
로(2018년 8월) 추락했다. 또한 이를 계기로 반정부 시위까지 증가하
자, 푸틴은 1999년 총리 취임 후 처음으로 공식적인 사과를 했다.
결국 여성은 60세부터 지급하기로 수정안을 만들어 확정했다. 그
러나 러시아 시위대는 "돈 내고 죽간다Pay and die", "나는 그리 오래
못 산다I won't live that long" 등의 문구를 적은 플래카드를 들고 "푸틴
퇴진!"을 외쳤다. 더 우스운 것은 WHO 기준 러시아의 평균 수명
이 남성 66세, 여성 77세라는 점이다. 남성은 1년밖에 연금을 받지

못하게 되니 현대판 차르인 푸틴에게 저항한 것이다.

　저출산·고령화에 따른 사회안전망 개혁이 정치권의 생사를 가늠할 정도로 중요한 문제임을 보여준 사건이다. 시진핑만큼이나 강력한 통치자인 푸틴도 사회안전망과 관련해서는 후퇴할 수밖에 없었다. 물론 푸틴 대통령의 지지율 하락에는 러시아의 경기 침체도 영향을 미쳤다. 러시아 국민들은 경제성장과 사회안전망 강화를 동시에 요구하고 있는 것이다. 그러나 중국은 현재 러시아가 겪고 있는 갈등보다 더 심각하고 해결하기 어려운 미래를 앞두고 있다.

　중국의 저출산·고령화 현상은 한국과 매우 유사하다. 세대별로 보면 중국에서 출생자가 가장 많았던 해는 대약진운동 이후 1962년부터 1973년까지인데, 연평균 2,400만~2,900만 명, 합계 약 3억 2천만 명이 태어났다. 이들이 2022년부터 60세를 넘기면서 생산 주체인 노동력에서, 국가의 돌봄이 필요한 복지의 대상으로 전환될 것이다. 그러나 이들은 약간의 저축 이외에는 개인적으로 별다른 준비 없이 나이만 들어가고 있다. 이런 상황에서 경제성장이 둔화된다면 중국의 안정성이 크게 낮아질 것은 자명하다.

　조만간 고령자 대열에 합류하는 이들은 사회주의와 자본주의를 동시에 맞본 세대다. 시장경제를 이해하고 있지만 국가의 역할이 강조되는 사회주의에 대한 향수도 상당히 클 것이다. 그런데 국가는 복지를 늘릴 능력이 없고, 개인들은 대비가 제대로 안 되어 있다. 그래서 수축사회가 심화될수록 출산이 더 줄어드는 악순환의 고리에 빠지는 것이다. 사실 한국도 중국과 별반 다르지 않지만,

한국의 개인 소득은 중국의 3배 이상이고, 의료 시스템도 나름 잘 갖춰져 있다. 고령자를 위한 다양한 복지시설과 제도가 부족해 보이지만 중국에 비하면 훨씬 낫다.

과잉투자 후유증

세계의 공장이 운집해 있는 중국은 과잉투자에서도 세계 최고 수준이다. 중국 경제는 소비 39퍼센트, 수출 18퍼센트, 투자 44퍼센트 상황을 15여 년째 지속해오고 있다. 14억 인구 대국이면서 GDP가 12조 달러에 이르는 중국이 매년 GDP의 44퍼센트를 투자한다는 것은 역사상 유례없는 투자가 진행되고 있다는 의미다(2017년 기준). 그렇다면 중국은 왜 투자에 열을 올리는 것일까? 통상 경제개발 초기에는 절대빈곤에서 벗어나기 위해 제조업 투자를 늘리면서 경제성장의 기반을 마련한다. 동시에 도로, 항만, 철도, 공항 등 부족한 SOC 인프라를 구축하기 위한 투자, 도시화가 급진전되면서 주택을 중심으로 한 도시 개발투자가 이어진다. 이런 상황에서 지금 중국은 서비스업의 효율성 투자, 4차산업혁명과 같은 미래산업에 대한 투자도 추진하고 있다.

　14억 인구에 아무것도 없는 상태에서 선진국으로 진입하기 위해서는 거의 모든 것을 새로 건설해야만 했다. 바로 이 투자가 지금까지 중국 고성장의 본질이다. 중국은 2008년 전환형 복합위기를 맞아 경제개발 후 거의 20년 만에 처음으로 큰 위기에 처했다. 이때 중국 정부는 과감한 경기부양책으로 투자를 더 늘렸다. 그동안 동부 연안에만 머물던 투자를 대륙 중앙과 서부로 확장시켰다.

전 국토가 개발과 투자열기로 끓어올랐고, 이 추세는 2018년까지도 지속되고 있다. 문제는 투자 속도가 빠르고 규모가 너무 크기 때문에 중국과 세계경제에 부작용이 생기기 시작했다는 점이다.

과잉투자에 따른 경제성장이 이어지면서 중국의 임금은 빠른 속도로 상승하고 있다. 생산성이 낮은 중국 공산품의 최대 무기는 낮은 임금 수준인데 점점 상승하는 임금을 감당하기 어려워지고 있다. 일본 니코증권에 따르면 생산성을 감안한 단위노동비용에서 중국이 일본보다 높다는 연구 결과가 있을 정도다. 경제학 이론에 루이스 전환점Lewisian turning point이라는 것이 있다. 통상 개발도상국에서 도시로 이주하는 농촌 잉여 노동력이 고갈될 때, 임금이 급등하면서 경제성장이 꺾이는 현상이다. 루이스 전환점에 이르면 인력의 수요와 공급의 불일치로 노동자의 임금이 급등하면서 '고비용-저효율' 구조가 정착된다. 중국은 지금 루이스 전환점을 넘어서고 있는 것으로 보인다.

경제가 발전하면 임금이 오르는 것은 당연하다. 그러나 중국의 임금 상승 속도는 거의 세계 최고 수준인 데 반해, 사회적자본 부족으로 생산성은 여전히 답보 상태다. 상황이 이러하자 고임금에 따른 위기로 대기업들은 공장자동화에 총력전을 펼치면서, 노동을 기계로 대체하기 시작하는 모습이다. 또한 일부지만 임금이 싼 동남아시아 등지로 공장을 옮기고 있다. 그런데 기계 사용을 늘리거나 해외로 공장이 이주하면 일자리가 줄어드는 것을 피할 수 없다.

좀 더 시간이 지나 중부와 서부 개발이 완성되면 공급과잉이 중국 안에서 지역 갈등을 유발할 가능성도 있다. 동부지역보다 더 최신 설비를 갖춘 서부지역 공장이 낮은 임금으로 가동될 때, 동부 공장들은 경쟁력이 약화될 수 있다. 이런 상황이 나타나면 경제 여건 차이에 따른 지역갈등이 민족갈등으로 비화될지도 모른다. 또 다른 문제는, 중국은 사회주의에서 시장경제로 전환한 국가이기 때문에 공기업과 유사한 국유기업의 비중이 너무 높다는 점이다. 국유기업은 중국 경제에서 약 43퍼센트를 차지(자산 기준)하지만, 재무 안정성이나 이익 창출력에서 민간기업에 비해 매우 취약하다. 국유기업은 말 그대로 '국유國有'이기 때문에 고용이 안정적이고 실질적인 구조조정도 어렵다. 경제구조에 엄청난 비효율적인 분야가 존재하고 있는 것이다. 지금까지는 고성장에 가려져 국유기업의 문제점이 크게 부각되지 않았다. 그러나 최근 일부 국유기업이 부도를 내기도 하면서 서서히 경제의 암적 존재로 부상하고 있다. 수축사회가 강화될수록 국유기업은 먼저, 그리고 더 심하게 어려워지면서 중국 경제에 치명타를 안길 가능성이 높아 보인다.

중국의 경제개발은 외자기업의 자본과 기술의 도움으로 시작되었다. 그러나 중국이 중진국에 도달하고 공급과잉이 심해지자 외자기업을 쫓아내고 있다. 외자기업의 단물을 모두 뽑아먹자, 이제는 외자기업을 차별하기 시작했다. 외자기업 배제 움직임에도 불구하고, 외자기업들은 거대한 중국의 내수시장 때문에 쉽게 철수할 수 없는 상황이다. 그러므로 추가 증설 없이 일정 설비만 중국 내에서 유지할 것으로 예상된다. 그러나 중국에서의 경영 여건이 지금과 같은 속도로 악화되고, 외자기업에 대한 차별이나 기술

탈취 같은 전근대적 행위가 지속된다면, 결국 외자기업들은 중국에서 서서히 철수할 것이다. 중국의 전체 수출 중 무려 43퍼센트를 외자기업이 담당하고 있다. 더군다나 4차산업혁명과 스마트 팩토리의 등장으로 국가별 생산비 격차가 점차 좁혀지고 있어, 중국의 저임금 노동력에 기반한 공장보다 선진국의 자동화된 공장에서 생산비용이 낮아질 가능성도 있다. 눈앞의 경제성장을 위해 중국은 성장 잠재력을 까먹고 있는 것이다.

중국이 나아갈 길은 내수시장을 확대하는 것뿐이다. 그런데 이것이 여의치 않다. 중국인들은 부족한 노후 준비로 저축에 몰두하고 있다. 경험적으로 국민소득이 1만 달러를 넘으면 민간소비가 주도하는 경제구조로 바뀐다. 그런데 중국인들은 돈을 쓰지 않고 저축만 한다. 중국의 가계저축률은 전체 소득의 37퍼센트나 된다. 중국은 한국과 달리 수출로만 성장할 수 없는 거대한 국가다. 그렇다고 사회구조를 모두 대외에 개방할 수도 없다. 공산당 독재정권이 도전을 받기 때문이다. 만일 중국이 소비 중심의 내수형 경제구조로 전환된다면 미국과의 G2 패권대결에서 우월한 지위를 확보할 수도 있을 것이다. 그러나 지금은 민간소비 증가를 보여주는 증거가 매우 약하다. 중국과 보완관계에서 경쟁관계로 전환하고 있는 한국 입장에서는 중국의 성장 방향성(소비냐, 투자냐?)이 중요하다. 과잉투자가 지속되면 한국 경제는 더욱 어려워지겠지만, 내수 중심의 안정성장이 유지된다면 그리 나쁜 상황은 아니다.

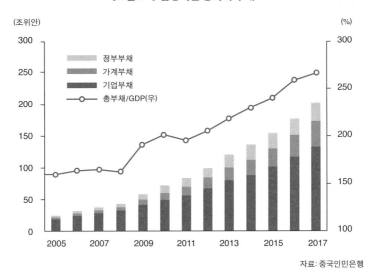

[그림 2-4] 급증하는 중국의 부채

(조위안)   (%)

정부부채
가계부채
기업부채
○— 총부채/GDP(우)

2005   2007   2009   2011   2013   2015   2017

자료: 중국인민은행

부채 위험

중국은 2008년 전환형 복합위기가 발생하자 과감한 투자로 위기
에서 벗어났다. 그러나 투자자금은 주로 부채였다. [그림 2-4]를
보면 중국의 GDP 대비 총부채는 2008년 이전까지 100퍼센트 대
중반을 안정적으로 유지했으나 2009년에 200퍼센트를 넘긴 뒤,
2017년 말에는 266퍼센트까지 증가했다. 부채가 가장 많이 늘어
난 분야는 기업 부문이다. 앞서 제조업이 과잉투자해서 문제가 심
각하다고 했는데, 이 자금은 빚으로 조달한 것이었다. 기업 부채는
2008년 32조 위안에서 2017년 133조 위안으로 10년간 4배 이상 증
가해, GDP의 170퍼센트에 육박하고 있다.

　잘 알려지지 않은 통계지만 '그림자 금융'의 위협도 감안해야 한다. 그림자 금융은 은행과 비슷한 기능을 하면서도 엄격한 건전성 규제를 받지 않는 금융기관과, 그러한 금융기관들 사이의 거래를 이르는 말이다. 통상 투자은행, 헤지펀드, 구조화투자회사SIV 등의 금융기관과 머니마켓펀드MMF, 환매조건부채권RP, 자산유동화증권ABS 등의 금융상품이 해당된다. 금융기관 간 직접 거래 성격이 짙어 어느 국가에서나 정확한 규모를 알기 어렵다. 그림자 금융은 정부와 감독기관의 통제 밖에 있어서 통상 금융위기가 발생하면 가장 먼저, 그리고 가장 큰 피해를 입힌다. 중국의 그림자 금융은 2016년 기준 GDP 대비 62퍼센트 정도인 것으로 알려져 있다. 이 정도 규모라면 중국에서 부채위기가 발생할 경우 엄청난 내상을 입힐 수 있다.

글로벌 금융시장과의 연계성 증가   지금까지는 부채가 늘어나는 동시에 경제도 그만큼 성장했기 때문에 큰 문제가 없었다. 그러나 부채가 서서히 중국 경제의 발목을 잡기 시작하고 있다. 과도한 부채 때문에 중국 정부는 금리를 빠르게 올리지 못한다. 반대로 이자 부담을 줄이기 위해 금리를 내리면 재차 부채가 늘어날 위험이 있다. 이런 어정쩡한 상황이 지속될 경우 통화정책으로 경기를 조절하는 능력을 상실할 수도 있다. 또한 해외에서 빌려온 외채도 적지 않다. 물론 아직은 중국 경제가 충분히 감당할 수 있다. 그러나 해외에서의 자금 조달이 더 늘어나면 불가피하게 해외 금융시장과의 연동성이 높아진다. 또한 중국에 진출한 외자기업들도 중국 금융시장에서 중요한 역할을 하고 있다. 외자기업은 중국 수출의 43

퍼센트를 담당하고, 유동자산을 13조 위안 정도 가진 것으로 추산된다. 외자기업이 운용하는 자금은 중국 정부의 관할권 밖에 있다. 점점 중국의 금융시장이 글로벌 금융 동향의 영향권으로 흡수되고 있는 것이다.

중국과 해외 금융시장이 섞였을 때 어떤 결과가 나타날지 짧게 살펴보자. 중국 기업들은 홍콩을 통해 해외에서 자본을 조달한다. 최근과 같이 미국이 금리를 올리면, 중국의 자본 조달 창구인 홍콩의 금리가 오른다. 홍콩 달러는 미국 달러화에 환율이 거의 고정되어 있기 때문에 미국과 금리가 비슷하다. 홍콩의 금리가 오르면 홍콩에서 투자자금을 빌린 중국 기업들은 이자 부담이 늘어난다. 혹시 자금 회수라도 요구받으면 부도위기에 직면할 수 있다. 결국 이자 부담이 늘어나면서 이익이 줄어든다. 이런 연결성 때문에 미-중 G2 패권대결에서 미국이 승리하려면 미국의 기준금리를 높은 수준까지 올려야 된다는 견해도 있다. 물론 미국이 금리를 크게 올리면 미국도 자산가격이 폭락하고 경기가 냉각되는 피해를 입을 것이다. 그러나 과도한 부채에 싸인 중국의 금리는 미국보다 두세 배 더 오를 것이다. 이때 부채비율이 높거나 신용등급이 낮은 기업들은 집단적으로 부도를 맞을 수도 있다. 그만큼 중국의 부채, 특히 기업의 부채 문제는 심각하다.

부채 위에 지은 아파트 가계부채도 만만치 않다. 중국의 가계부채는 한국과 비슷하게 부동산 관련 대출이 60퍼센트나 된다. 중국 가계의 가처분소득은 2008년 이후 연평균 12퍼센트 속도로 증가한 반면, 가계부채는 23퍼센트씩 늘어나고 있다. 주택담보대출 비율인 LTV는 30퍼센트 대로 발표되어 매우 낮은 수준으로 알려져 있지만, 금융시장에서는 아무도 믿지 않는다. 실제로는 매우 높을 것으로 추정된다. 이런 식으로 쌓인 중국의 가계부채는 2017년 기준 6조 7천억 달러에 달한다. GDP 대비 48퍼센트대에 불과하지만 1년에 이 수치가 5퍼센트포인트씩 상승하고 있다. 부채의 절대 규모가 큰 상태에서 금리가 급상승하면 부채 폭탄은 뇌관 없이도 터질 수 있다. 2018년 6월 기준 중국의 평균 주택담보대출 금리는 무려 5.6퍼센트에 달한다. 중국에서 가계부채가 증가하는 것은 선진형 소비문화로 변해간다는 긍정적 측면도 있다. 그러나 가계부채 중 신용대출이나 중소기업, 자영업 대출에 비해 부동산 관련 대출 비중이 유독 높은 점은 우려할 만하다.

그동안 중국에서 가계부채가 크게 늘어난 것은 경제성장률을 높이려는 불가피한 조치였다. 한국에서 단기 경기부양 수단으로 부동산경기를 활성화했던 것과 유사하다. 물론 개발 열기가 뜨거운 중국에서 부동산 경기가 활황을 보이는 것은 당연하다. 그러나 경기나 수출이 여의치 않은 시기에 경제성장률을 높이려고 부동산 투자를 자극한 측면을 간과해서는 안 된다. 특히 2015년부터 과도한 부동산 개발투자가 있었다. 일각에서는 10조 위안 이상 투입된 것으로 보기도 한다. 2018년 하반기부터 이 주택들이 완공될 것으로 예상되는데, 글로벌 분석가들은 주택의 공급과잉으로 이어질 가능성을 배제하지 않고 있다. 만일 주택의 과잉공급으로 경기침체가 나타난다면 중국 정부는 재차 가계부채를 늘려 주택 수요를 늘릴 것이 뻔하다. 그러면 다시 가계부채가 늘어나는 주택 공급과 부채의 악순환 고리가 재연될 수 있다.

중국의 주택보급률은 90퍼센트 넘는 것으로 추정되고 있다. 이런 상황에서 부채에 의존한 주택 투자로 언제까지 경기를 부양할 수 있을까? 상하이, 선전같이 경제의 중심인 1선 도시들은 수축사회의 중요한 특징인 집중화 현상으로 큰 영향은 없을 것이다. 반면 지방에 산재한 중소도시들은 가계부채의 직격탄을 맞을 수 있다. 또한 부동산투기가 장기간 이어지면서 도시의 주택가격이 지나치게 오른 것도 큰 문제다. 대도시들은 해당 지역 근로자 연봉의 30~40년 치에 해당하는 금액을 지불해야 주택 매입이 가능할 정도다(서울은 16년). 중국의 고가주택을 달리 표현하면 '부채 위에 지은 아파트'로 단순화할 수 있다. 이미 대도시의 고가주택 문제는 도시와 농촌 간 양극화를 넘어 사회문제로 비화되고 있다.

더군다나 중국은 주택을 정부가 지급하던 사회주의 체제에서 시장경제로 전환한 지 불과 30여 년밖에 안 되었다는 점을 간과해서는 안 된다. 부동산가격이 과도하게 상승할 경우 사회주의 경험 때문에 한국보다 심한 사회적 갈등을 겪을 수 있다. 물론 도시화를 더 빠르게 촉진하면 공급과잉이 일시적으로 해소되겠지만, 수축사회 진입에 따른 갈등에다 주택시장의 양극화와 가계부채 문제까지 결합되면 해결하기가 매우 어려워질 것이다.

권위주의 정부의 함정

모든 조직은 경쟁 대상을 외부로 확장하면서 스스로 강해져야 건강하게 유지된다. 국가, 기업, 시민단체나 소규모 모임도 마찬가지다. 개방적이면서 다양성이 확보된 사회는 위기가 닥쳤을 때 자체수습이 가능하다. 영국이나 미국이 세계의 패권을 차지할 수 있었던 것은 사회를 완전 개방했기 때문이다. 언뜻 보기엔 다양성이 체제에 반대하는 것으로 인식되어 기득권 세력들은 사회의 개방과 다양성에 거부감이 크다. 그러나 다양하기 때문에 사회 스스로 위기를 경고하고 때로는 대안을 내놓으면서, 사회적자본이 자체 충전된다. 반면 권위주의 성향이 강한 사회에서는 체제의 정당성이 약하기 때문에, 다양성을 체제를 위협하는 위험한 요소로 보는 경향이 있다.

중국은 앞서 살펴본 4가지 문제에서 파생되는 여러 문제를 국가권력으로 억누르고 있다. 중국 공산당이 국민당과의 경쟁에서 승리한 후 40여 년간 사회주의형 독재체제를 경험한 점은 향후 권력을 집중하고 시진핑 체제를 유지하는 데 도움이 될 수도 있다. 특히 사회의 기득권 세력인 중장년층 입장에서는 젊은 시절 독재체제를 경험해 거부감이 적을 것이다. 물론 대약진운동이나 문화혁명 당시 큰 피해를 본 사람들도 있겠지만, 이미 40여 년 이상 시간이 흘렀고, 통상 나이가 들면 과거 지향적으로 바뀌는 성향도 감안해야 한다. 한편 눈부신 경제성장에 대한 자발적 지지와 돈이면 뭐든 가능한 배금주의가 만연해 있기 때문에, 경제만 성장한다면 어떤 체제든 지지할 가능성이 높다. 이들에게 필요한 것은 자유가 아니라 돈일지도 모른다. 바로 이 두 가지 요인을 시진핑 체제를 지탱시키는 중국 사회 전반의 심리적 기반으로 볼 수 있다.

시진핑 주석은 앞서 살펴본 4가지 중국의 모순과 어려움을 강력한 권위주의 체제를 통해 해결하려고 한다. 물론 이 문제들은 사회를 비효율적으로 만들고 경제성장을 제약한다. 특히 사회갈등을 유발하면서 궁극적으로 공산당 일당독재에 위협이 된다. 그렇다면 시진핑 주석이 중국을 구할 수 있을까? 나는 성공 여부를 반반 정도로 본다. 어느 사회나 기득권 계층은 강력한 정부가 자신들의 재산과 권력을 지켜주길 바라기 때문에 보수적이고 현상유지적이다. 아마도 9천만 명에 이르는 공산당원이 이에 해당할 것이다.

그런데 이들은 이중적 측면이 강하다. 마치 한국의 태극기 집회 참여자들이 1970년대 향수에 젖어 계엄령 선포를 주장한 것과 같이 시진핑 체제를 정치적으로 응원할 수도 있다. 사실 지금까지는 그러했다. 그러나 마오쩌둥 시절 사회주의를 경험한 중장년층 중 다수는 중산층 이하의 빈곤한 생활을 하고 있고, 수축사회 현상이 점점 강해질 경우 일부에선 사회주의시대의 평등에 대한 향수가 커질 수도 있다. 바로 이 모순적 상황이 향후 시진핑 정권을 더 어렵게 만들 수 있다. 일단은 강한 정권을 선호하겠지만, 경제가 어려워질수록 정권에 더 많은 평등, 즉 더 많은 복지를 요구할 수 있기 때문이다.

중국의 젊은 세대들은 미래의 위협이다. 표면적으로 중국의 젊은 층에서는 민주화에 대한 열망이 별로 관찰되지 않는다. 이들의 관심사는 여타 국가와 마찬가지로 온라인 커뮤니티, 연예계, 온라인 게임 등이며 주로 개인적 행복에 집착하는 듯하다. 인터넷에서 민주주의를 검색하기보다는 메신저로 맛집이나 연예인에 대해

소소한 대화를 나눈다. 물론 동시에 그들은 세계의 흐름도 잘 알고 있다. 통상 권위주의 정부는 이런 젊은 층을 가장 두려워한다. 그래서 중국 정부는 인터넷에서 '민주주의'란 단어가 검색되지 못하게 하는 것이다. 그런데 만일 온라인 중심의 삶이 정치적 이유로 중단된다면 어떤 현상이 벌어질까? 도시의 중상류층뿐 아니라 다수를 차지하는 1세대 농민공의 자녀와 최근 농촌에서 이주한 2세대 농민공들도 생각하고 생활하는 방식은 비슷하다. 다만 돈이 없을 뿐이다. 사회의 하층부를 형성하는 이들에게서 자유와 민주주의 의식이 싹트고, 이들이 사회의 저항세력이 되면 어떻게 수습할 것인가? 이미 중국에서 집단시위가 늘어나고 있다. 1990년대 초 연 1만 건 이하이던 집단시위(군체성群體性 사건)가 2005년에는 8만 7천 건, 2010년에는 18만 5천 건으로 급증한 뒤, 지금은 아예 발표조차 하지 않는다. 특히 첨단경제가 집중된 광둥성 인근에서 이런 집단시위가 가장 많이 일어난다. 노사분규와 정부의 권위주의적 성향에 대한 반발이 주요 원인인데, 미약한 사회적자본에 대한 저항이 체계적으로 발생할지 여부에 중국의 미래가 달려 있다.

모든 후발개도국의 압축성장은 불균형 성장을 기초로 한다. 덩샤오핑은 경제발전이 가능한 지역에서 우선 성장한 뒤 중국 전역으로 확산시키자는 선부론先富論을 주장했다. 부자가 될 수 있는 사람부터 부자가 되게 하자는 것이다. 이에 따라 지역적으로는 해외와의 교역이 쉬운 동남연해 주변을 개발한 뒤 내륙지역으로 순차적 개발을 하는 방안이다. 흑묘백묘黑猫白猫론도 같은 의미다. 고양이 빛깔이 어떻든 고양이는 쥐만 잘 잡으면 되듯이, 자본주의든 공산주의든 상관없이 중국 인민을 잘살게 하면 그것이 제일이라는 뜻이다. 두 가지를 합하면 '먼저 개발이 가능한 지역에서 수단과 방법을 가리지 않고 경제개발에 나서자'는 의미가 된다.

　　이런 엘리트주의형 정책을 40년 정도 실시한 결과 사회 불균형이 확대되고 있다. 단순히 경제적 측면뿐 아니라 '도시 vs 농촌', '동부 vs 서부', '한족 vs 이민족', '고령자 vs 젊은 층' 등과 같이 많은 영역에서 제로섬적 대결 구도가 만들어지고 있다. 2017년 도시지역의 소득이 농촌에 비해 2.6배 많아지면서 소득 격차가 심화되고 있다. 중국이 다민족국가라는 점도 부담이다. 정권이 안정적인 지금, 전체 인구의 9퍼센트를 차지하는 변방의 이민족들은 숨죽이고 있다. 중국은 반反중국 성향이 강한 신장 위구르지역에서, 전체 인구의 10퍼센트에 이르는 약 100만 명을 정당한 재판 절차 없이 강제 구금하고 있다. 아직은 이민족이 독립을 요구해도 중국 정부가 제압할 수 있는 능력이 충분하다. 그러나 권위주의 정부에 대한 한족들의 반발과 수축사회가 동시에 나타날 때도(아마 거의 동시에 나타날 것이다) 과연 수습이 가능할까? 이렇게 다양하고 엄청난 갈등을 중국 정부는 국가권력으로 누르고 있는 것이다.

　　미국과의 대결 과정에서도 스스로 적敵을 만드는 형상이다. 친중국 국가와 친미 국가를 구분해서 대응한다. 대응방식도 과거의 조공朝貢외교와 같이 상하관계가 명백한 서열을 원한다. 중국의 '속국'이 되든지 '남'이 되든지 양자택일하라고 강요한다. 이런 상황이라면 중국에 복속된 국가들도 진정성 있는 친선관계를 이루기 어렵다. 중국은 에너지와 자원부국에 많은 공을 들이지만 대부분 저개발 국가들이다. 정치적으로 불안해서 언제든지 정권이 바뀔 수 있다. 만일 미국이나 다른 선진국이 더 나은 조건을 제시하면 그들은 언제든 중국 품을 떠날 것이다. 신 실크로드 전략인 일대일로一帶一路정책에 호응해서 중국 편에 참여했던 파키스탄이 재정위기에 놓인 것은 권위주의적 외교정책이 한계를 보이고 있다는 증거다. 여기에 미국의 본격적인 견제가 시작되면 친중국 국가를 관리하기가 더욱 어려워질 것이다. 또한 중국의 권위주의는 인권탄압을 전제로 하고 있다. 전 세계 비정부기구들도 중국의 권위주의적 외교를 좌시하지 않을 것이다. 중국은 자신이 서서히 약화되는 상황에서 사방에 적을 만들어가고 있는 것이다.

통상적으로 적군이 많아질수록 불안감에 빠지면서 행동이 과격해진다. 그렇다고 공산당 일당독재를 포기할 수도 없다. 향후 폭력을 사용하는 데 자제력을 상실하면 본격적으로 방향을 잃을 것이다. 용수철은 세게 누르면 누를수록 반발력이 커지듯이, 중국은 수축사회의 본질인 사회 양극화를 힘으로 누르면서 위기의 본질을 가리고 있다.

누적되는 모순과 우상화

중국의 정치적 불안정성은 모순적 이데올로기로, 피하기 어려운 측면이 있다. 어쩌면 운명일지도 모른다. 중국의 이데올로기는 '사회주의적 시장경제'다. 이것은 정치적으로 '사회주의'를 근간으로 한다는 의미다. 사회주의가 추구하는 평등을 기반으로, 분배와 복지를 확충해서 모든 중국인이 평균적으로 잘살자는 것이다. 물론 모든 정책과 주도권은 공산당이 가지기 때문에 공산당 일당독재를 영원히 유지하겠다는 뜻과 같다. 두 번째 개념인 '시장경제'는 서구의 자본주의를 경제 운영의 원칙으로 삼겠다는 것이다. 돈에 의해 사회가 가동되는 서구형 시장경제를 추구한다는 것이다. 한마디로 '정치적 사회주의와 경제적 자본주의'의 병존이 중국의 이데올로기다. 2차 세계대전 후 탄생한 대부분의 공산정권이나 독재정부는 이 구호를 반복해서 주장했지만 결국 모두 실패했다.

사회주의적 시장경제가 과연 가능할까? 사회주의 체제에서는 국가가 정치, 사회, 경제 등 모든 영역에 적극적으로 개입한다. 반면 시장경제는 민간 부문의 자율성이 우선적으로 확보되어야 한다. 국가의 개입은 복지 등 최소한에 그치고, 기업과 개인의 자유로운 경제활동이 시장을 통해 이루어지면서, 사적 재산권과 자유로운 경쟁이 보장되어야 한다. 여기서 중국의 근본적인 딜레마가 탄생한다. 경제가 발전하려면 시장경제를 도입해야 하는데, 그러려면 민간의 자유로운 경제행위를 보장해야만 한다. 그런데 민간 영역에서 자유가 확보되면 공산당 일당독재나 국가의 시장 개입이 원천적으로 차단된다. 상식적으로 시장경제와 민주주의는 한 쌍을 이룰 때만 제대로 돌아간다. 그런데 민주주의와 자본주의가 동시에 자리 잡으면 공산당은 설 자리가 없어진다. 따라서 사회주의적 시장경제라는 이데올로기는 그 자체로 모순인 것이다. 이런 한계 때문인지 중국은 사회주의적 시장경제 앞에 '중국만의',

'독특한', '고유한', '중국식 성장 모델'과 같은 수식어를 붙여서 설명한다. 중국은 완전히 다르다는 것이다. 많은 중국 전문가가 이 주장에 동의하는 듯한데, 메가 트렌드로 잘 알려진 미래학자 존 나이스비트John Naisbitt가 대표적이다. 한국의 중국 전문가들도 대부분 이 부류에 속한다.

역사를 움직이는 보편적 가치

근본적인 딜레마를 안고 있지만 중국은 지금도 6~7퍼센트의 경제성장을 유지하고 있다. 가끔 반정부 시위가 벌어지기도 하지만 공산당은 높은 지지 속에서 그런대로 잘 통치하고 있다. 그러나 결론부터 얘기하면 역사에서 '독특하고 특정 국가에만 적용되는 모델'은 없다. 과거 교통통신이 발달하지 않았던 시절, 신정국가 체제에서도 결국 사회와 정치의 논리는 보편성에 기반하고 있었다는 점을 잊지 말자. 물론 다소의 시간 차이는 있다. 사회나 경제 수준이 낮은 단계에서는 특수한 정체성 모델이 비교적 오랜 기간 유지될 수 있다. 2011년 초 재스민 혁명과 비교해보자. 노점상 단속이라는 사소한(?) 사건으로 한 달 만에 튀니지 정권이 무너지자, 북아프리카는 민주화 열기에 휩싸였다. 42년간 집권했던 리비아의 카다피는 피살되었고, 30년 가까이 집권한 이집트의 무바라크는 감옥에 수감되었다. 두 국가 모두 무늬는 사회주의적 시장경제 시스템이었다.

여기서 3가지 중요한 사실을 발견할 수 있다. 첫째, 독재체제에 대한 저항은 경제가 어려워지면 늘 발생했다. 역사상 거의 모든

수축사회

혁명의 출발은 서민들의 생활고에서 시작되었다. 둘째, 장기간 집권한 독재자의 퇴출은 쿠데타와 같은 경쟁자의 도전이 원인이 되기도 하지만, 시민들의 자발적인 저항으로 야기되는 경우가 더 많다. 정권에 도전하는 쿠데타 세력도 경제적 어려움을 주요 명분으로 내세운다. 한국의 촛불혁명은 무능한 통치자를 선거가 아닌 시민의 힘으로 제거한 전형적인 사건으로 볼 수 있다. 셋째, 사회적 자본이 중요하다. 혁명으로 독재자를 제거한 리비아, 이집트 등 북아프리카는 혁명 후 8년이 지난 현재 민주주의와 시장경제가 제대로 가동되고 있을까? 지금 북아프리카 전역은 혁명 이전보다 더 심한 무질서 상태에 빠져 있다. 민주주의와 시장경제를 가동시킬 사회적자본이 전혀 없기 때문이다. 이런 이유로 나는 사회적자본이 부족한 북아프리카에서 또다시 독재자가 집권할 가능성을 높게 본다. 따라서 향후 중국의 경제구조가 고도화되면서 양극화 현상이 심화되면 사회주의적 시장경제라는 이데올로기의 모순은 파국을 맞을 것이다. 다만 그 시점이 언제인가가 관심 사안이다.

시진핑 주석은 중국의 지속 성장, 무질서 수습, 미-중 G2 패권대결에서 승리하기 위해 공산당과 자신의 강력한 영도력이 필요하다고 판단하는 듯하다. 일종의 개발독재를 추구하고 있는 것이다. 한국의 박정희 정권, 싱가포르의 리콴유李光耀 정권, 대만의 장징궈蔣經國 정권 등 빠르게 산업화에 성공한 국가들은 공통적으로 개발독재 시기를 거쳤다. 강력한 권력집중을 통해 일사불란하게 효율적인 경제성장을 추구했다. 그러나 개발독재는 개발도상국이 중진국에 진입할 때까지만 유효하다. 중진국에 진입하면 사회의 다양성이 증가하고, 양극화와 같은 사회 병리현상에 대해 조직적인 저항이 일어난다. 또한 대외 개방도 피할 수 없다. 사회 전체가 투명해져야 하고, 경제는 소위 '보이지 않는 손'에 의해 가동되어야 한다. 경제가 고도화된 상황에서 정부의 시장 개입은 자원배분을 왜곡시키기 때문에 가급적 자제해야 한다.

　공산당과 시진핑 주석이 느끼는 위기는 여러 곳에서 발견된다. 중국의 경제구조가 선진화되고 있는데 정부의 시장 개입은 오히려 더 증가하고 있다. 2008년 전환형 복합위기가 발생했을 때도 대규모 재정을 투입해 높은 경제성장률을 유지했다. 당시 재정 투입 규모는 15조 위안(2009~2010년 중, 2조 2천억 달러, GDP의 52%)에 달했는데 세계 최고 수준이었다. 또한 시진핑 주석의 권력을 공고히 하기 위해 부정부패 단속을 상시적으로 시행하고 있다. 때로는 반대파를 제거하는 명분으로 부정부패를 내세우기도 한다. 그러는 한편으로 마오쩌둥 사상이나 문화혁명 등을 재해석하면서 중국 현대사를 시진핑 중심으로 끌어가려 시도하고 있다. 시진핑 주석을 살아 있는 우상으로 만들어 이데올로기 모순을 억제하려는 시도로 보인다.

공자가 구원투수?

중화민족 전통의 재발견이라는 명분으로 시진핑 정권은 공자孔子를 부각시키고 있다. 중국 정부가 지원하는 공자학원을 전 세계에 설립하고, 중국 내에서도 공자사상을 폭넓게 전파하고 있다. 중국식 모델의 이념적 기반을 유교와 공자사상에서 찾아, 자유민주주의와 시장경제라는 서구적 가치에 대항하려는 의도로 보인다. 공자사상은 충효사상이 바탕이다. 충효사상은 국가, 즉 공산당과 시진핑 주석에 대한 맹목적 헌신을 유도하는 효과가 있다. 여기서 시진핑과 공산당 수뇌부는 자연스럽게 군자君子라는 도덕과 통치의 마술사로 재탄생한다. 시진핑을 중국의 단순한 통치자가 아니라 플라톤이 주장한 이상국가의 통치자이며 수호자이고, 참된 진실인 이데아idea까지 갖춘 신神적인 존재로 격상하는 것이 목표인 듯하다. 한마디로 군자이자 초인超人인 시진핑이 통치하니 무조건 믿고 따르라는 얘기다.

공자사상의 우월성을 강조하는 과정에서 자연스럽게 민족주의를 자극하기도 한다. 중국을 절대화하고, 타 집단(미국 혹은 서구)을 공포와 시기심으로 대하는 원시적 감정을 고양시켜, 자연스럽게 시진핑이 중화민족주의의 중심이 되게 하려는 시도다. 공자사상의 선전과 교육은 중국인들로 하여금 무의식적으로 애국주의를 형성시키거나 편협한 쇼비니즘으로 향하게 한다. 중화민족은 항상 우월했고, 공자의 화신으로 시진핑이 필요하다는 생각을 잠재의식 속에 주입하고 있는 것이다.

이런 이념적 기반을 통해 시진핑 주석은 자연스럽게 종신 집권을 추구하고 있다. 최근 중국 중학교 교과서에서 40년 만에 마오쩌둥이 문화대혁명을 일으킨 것에 대해 '잘못된 인식'이라는 기존 서술을 삭제했다. 덩샤오핑 이후 개방정책은 폭력에 의존했던 마오쩌둥과 큰 차이가 있기 때문에 마오쩌둥 사상을 배제하려는 분위기가 강했다. 그러나 마오쩌둥이라는 무자비한 독재자가 있어야만 시진핑의 폭력이 정당화되고 궁극적으로 종신집권이 가능해진다. 이런 식으로 중국은 사회주의적 시장경제의 모순과 일당독재의 정치적 불안정성을 개인숭배로 막으려는 시도를 하고 있다. 그러나 이런 퇴행적 행태야말로 시진핑 정권 스스로 그들의 체제가 독특하지도 않고 보편성이 없음을 자인하는 것 아닐까?

현재의 중국은 1인당 GDP가 약 9천 달러로 1993년의 한국과 비슷한 수준이다. 이때 한국은 김영삼 대통령이 집권하면서 문민정부시대를 열었다. 이후 많은 굴절이 있었지만 한국은 조금씩 민주화가 이루어져 민간 부문의 역량이 확대되고 경제성장도 이어졌다. 그러나 1993년의 한국과 유사한 경제 수준에 도달한 중국은 현재 정치적인 면에서 후퇴하고 있다. 중국 전문가인 데이비드 샴보David Shambaugh는 최근 저서《중국의 미래》에서 향후 예상되는 중국의 정체성을 4가지로 분류했다. 샴보는 정부와 공산당의 역할을 기준으로 중국의 미래가 다음 4가지 정치 형태 중 하나가될 것이라고 전망했다. 먼저 철권통치와 유사한 신전체주의Neo-Totalitarianism다. 1989년 톈안먼 사태 당시와 비슷하게 국가통치에 군대를 투입할 정도로 무력통치를 강화하는 것이다. 두 번째는 지금과 유사한 경성 권위주의Hard-Authoritarianism 체제다. 샴보는 현재의 경성 권위주의도 중국의 발전을 저해할 정도로 권력이 집중되어 있다고 비판한다. 세 번째는 연성 권위주의Soft-Authoritarianism 체제다. 시진핑 집권 이전 다소 평온했던 시기와 비슷하다. 마지막으로 현재의 싱가포르와 유사한 준민주주의Semi-Democracy 체제다.

굳건한 시진핑 체제

일각에서는 향후 중국이 준민주주의 형태인 싱가포르 체제로 전환할 것이라는 희망 섞인 주장을 하기도 한다. 시진핑 주석 입장에서는 일당독재 체제를 유지하면서 경제발전을 이룬 싱가포르 체제가 부러울 것이다. 그러나 중국의 미래는 그렇게 녹록지 않다. 인구 580만 명의 싱가포르는 대항해시대부터 서양과 교류하면서 자본주의와 민주주의의 역량을 키워왔다. 서구의 아시아 진출 교두보 역할을 해와 제조업보다는 중계무역 중심의 경제구조다. 아시아에서는 사회적자본이 가장 높은 도시국가이기도 하다. 반면 중국은 14억 인구에 실질적인 개방 기간이 30년에 불과하다. 제조업이 산업의 근간을 이루면서 사회주의적 시장경제라는 모순적 이데올로기가 팽배해 있다. 근본적으로 싱가포르와는 완전히 다른 배경을 가지고 있다.

샴보는 중국이 장기적으로 연성 권위주의나 준민주주의 체제로 향해야 한다고 주장한다. 그래야만 세계와 중국이 파국을 피할 수 있다고 본다. 반면 중국의 모순적 이데올로기와 앞서 살펴본 다양한 문제 때문에 중국의 대붕괴를 예상하는 학자도 매우 많다. 중국 붕괴론을 주장하는 이들은 대부분 서구형 교육을 받았고, 특히 사회과학 분야를 전공했다는 공통적인 특징이 있다. 나는 중국이 곧 붕괴하거나, 싱가포르형(준민주주의) 체제로 가기보다는 오히려 더 강력한 신전체주의 체제로 갈 가능성이 높다고 판단한다. 현재의 통치 기반인 경성 권위주의보다 더 강력한 개발독재가 실행될 것으로 예상한다. 또한 중국 비관론을 제시하는 학자들의 예상보다 훨씬 길게 공산당과 시진핑 정권의 개발독재가 이어질 것으로 본다. 그 이유는 다음에 설명할 5가지 요인 때문이다.

빈곤 탈출로 인정받다

중국은 성장 과정에서의 정당성 여부를 떠나 공산당을 중심으로 절대빈곤에서 성공적으로 탈출했다. 1990년에는 1인당 국민소득이 347달러였지만 2000년에는 959달러, 2010년에는 4,591달러, 그리고 2018년에는 9천 달러에 육박할 정도로 빠르게 성장했다. 미래의 과제인 부정부패나 양극화 문제보다 우선 생존에 필요한 기초 여건이 마련된 것에 주목해야 한다. 마오쩌둥시대에는 의식주 문제조차 해결하지 못했지만, 지금은 다이어트 열풍이 불 정도로 부유해진 점을 인정해야 한다. 14억 인구가 절대빈곤에서 탈출한 점을 중국인들도 잘 알고 있다. 따라서 경제성장이 이어지고 있는 현 시점에서 공산당에 대한 지지를 철회할 이유는 없다.

사회 양극화는 모든 국가에서 체제 불안의 핵심 요소다. 중국에서 저성장과 양극화로 대중의 불만이 확산되고, 이 문제가 사회의 핵심 이슈로 등장하게 되면 공산당에 대한 지지를 줄이거나 철회할 것이다. 이것이 시진핑과 공산당이 가장 두려워하는 사안이지만 아직은 아니다. 왜냐하면 절대빈곤 탈출 과정에서 중국인들의 전반적 관점이 민주주의와 같은 정치 발전보다는 경제적 문제, 즉 '돈' 문제에 집중되어 있기 때문이다. 따라서 절대빈곤 탈출에 대한 공산당의 역할을 인정하는 상황에서 경제성장만 이어진다면 시진핑 체제는 당분간 안정적일 것이다. 현재 6퍼센트 대의 성장을 보이는 중국이 2~3퍼센트 성장으로 경제가 급하강하거나 임금상승률이 물가상승률보다 낮아지지 않는 한 시민혁명은 상당한 시간이 흐른 뒤에나 나타날 것으로 보인다.

아직 쓸 무기가 많다

사회적 모순을 완화하고 시진핑과 공산당 체제를 유지하기 위해서는 경제성장률을 높이는 유일한 방법이다. 멈추면 터지는 시한폭탄을 상상하면 된다. 그런데 중국은 아직 경제성장에 쓸 무기가 꽤 많이 남아 있다. 우선 국가재정이 어느 국가보다 견실하다. GDP 대비 정부의 누적 재정적자는 48퍼센트(지방정부 포함)에 불과하다. 유럽이나 미국이 대부분 100퍼센트를 초과하고, 일본은 250퍼센트인 것에 비하면 여전히 견실하다. 중국 정부의 튼튼한 재정은 경제가 하강할 때마다 과감한 재정 투여로 경제성장을 유지한 것에서 확인된다. 따라서 세계적 차원 혹은 중국만의 위기가 발생할 경우, 재정을 이용해 경기를 부양할 능력은 중국이 가장 뛰어나다.

또한 중국은 급속한 도시화 과정을 겪고 있다. 2017년 기준 중국의 도시화율은 58.5퍼센트로 추정된다. 도시화가 급속하게 진행되면 농촌이 황폐해지고 인구가 집중된 도시는 인프라 부족, 환경과 주거 등 다양한 문제에 봉착한다. 이런 이유로 중국은 농촌 주민의 도시 이주를 엄격하게 제한해왔다. 1970년대까지 한국에서 농촌 출신자의 서울 이주를 일부 제한한 것과 비슷한 조치다. 그동안 중국은 경기가 침체하거나 주택의 공급과잉이 나타날 경우 도시화 속도를 높여 해소하곤 했다. 농촌 사람들의 도시 진입 문턱을 낮춰준 것이다. 그러면 대규모 농촌 인구가 도시로 유입되면서 도시는 활기를 띠고 주택가격이 상승해 경제는 다시 성장했다.

중국에는 호구戶口제도라는 사회주의 유산이 여전히 남아 있다. 전체 국민을 '농업호구'와 '비농업호구'로 나누어 인구 이동을 억제해왔다. 농업호구를 가진 사람 중 불법적으로 도시에 진출한 노동자들을 농민공農民工이라고 하는데, 대략 2억 9천만 명으로 추산된다. 이들은 도시에서 건설, 서비스 유지 등 한국의 외국인 근로자와 비슷한 역할을 한다. 농민공은 중국 경제와 도시의 하층부를 담당하지만 다양한 사회적 불평등을 받고 있다. 농민공의 자녀는 대도시 학교에 진학할 수 없고, 주거지역도 대부분 1선 도시(대도시)의 외곽에 위치하는 등 불평등한 대접을 받고 있다. 그동안 중국은 경기가 침체될 때마다 호구제도를 느슨하게 해서 농민공에게 비농업호구를 부여하거나 주택 매입, 자녀의 학교 입학 허용 등과 같은 조치로 도시화 속도를 높였다. 물론 효과는 충분했다.

향후 수축사회가 심화되어 양극화에 대한 농민공의 저항이 커질 경우, 공산당에는 매우 큰 위협이 된다. 그러나 아직은 도시화 속도 조절을 통해 농민공을 달랠 수 있는 수준이다. 대부분의 선진국에서 도시화율이 80~90퍼센트에 달하는 것을 감안할 때, 향후 도시로 이주할 수 있는 인구는 5억 명 이상 되지 않을까? 앞으로도 대규모 도시화가 이어질 경우 엄청난 투자와 일자리가 탄생하리라는 것을 충분히 예측할 수 있다. 돈을 숭배하는 배금주의 성향으로 농촌지역 사람들의 최대 열망은 돈이 있는 도시로 이주하는 것일 듯하다. 중국은 도시로 향하는 문을 열었다 닫았다 하는 정책을 펴면서 당분간 경제성장을 유지할 수 있을 것이다. 수축사회가 본격화되기 전까지, 농민공들은 조직화되어 정치투쟁에 나서는 것보다 비농업호구를 가지는 것을 더 선호할 것이다. 아직 성장할 수 있는 여지가 남아 있다는 것은 국토가 거대하고 인구가 많다는 중국만의 특수성에 기인한다.

감시사회, 정권유지 능력이 뛰어나다

중국은 강력한 감시사회다. 9천만 명에 이르는 공산당원이 사회 전반을 촘촘히 감시하며 장악하고 있다. 기업, 학교, 군대 등 모든 사회조직은 공산당원을 중심으로 운영되고 있다. 어린이와 노인층을 제외하면 공산당원 1명이 10명의 주민을 감시하는 셈이다. 정부에 부정적 시각을 가지거나 반정부 단체 결성과 같은 단체행동을 할 경우 즉시 발각된다. 또한 시진핑 정권은 4차산업혁명의 덕을 톡톡히 보며 조지 오웰George Orwell의 소설《1984》와 같은 감시사회를 만들고 있다. 중국의 몇 가지 감시체계를 살펴보자.

○　　중국에는 '톈왕(天網, 하늘의 그물)'이라고 하는 인공지능 감시·추적 시스템이 구축되어 있다. 반부패·반범죄 사회구현을 위한 시스템의 일환으로 엄청난 숫자의 인공지능 감시 카메라(길거리 CCTV)를 기반으로 하는 범죄 용의자 추적 시스템이다. 현재 설치된 감시 카메라 숫자만 2천만 대가 넘는 것으로 추정되는데, 감시 카메라는 움직이는 사물을 추적하고 판별하는 AI 기반의

길거리 CCTV와 범죄 용의자 데이터베이스를 연결시켜 범죄자를 검거하고 있다. 추가로 중국에는 총 1억 7천만 대의 CCTV가 설치되어 있다는 언론 보도도 있었다. 중국에서 CCTV의 숫자는 국가 기밀사항이다.

○ 2017년 신장 위구르자치구 주민들은 '징왕淨網'이라는 앱을 강제로 설치했다. 이 앱을 설치하지 않으면 10일간 유치장에 구금하겠다는 경고를 받는데, 이는 독립 성향이 강한 이지역 300만 명에 달하는 주민을 휴대전화를 통해 감시하려는 의도라고 한다.

○ 베이징에 사는 농민공 장모 씨(31)는 2016년 친구들과 채팅을 하며 "나랑 같이 이슬람국가IS에 가입하자"라는 농담을 했다가 한달 뒤 체포되었다. 장 씨는 테러리즘을 부추긴 혐의로 징역 9개월에 벌금 1천 위안(약 17만 2천 원)을 선고받았다.

○ 영국 〈파이낸셜타임스〉에 따르면 총 230만 명의 죄수가 수감 중인 중국은 미국에 이어 세계 2위의 죄수 대국이면서, 동시에 죄수들의 노동력을 적극 활용하고 있다고 한다. 죄수들의 노동력으로 제품을 생산하거나 가공하는 중국 내 '죄수 기업'의 수는 최소 55개에 이르는데, 아예 계열사까지 거느린 교도소와 구치소까지 있다고 한다. 죄수들이 가공·생산하는 제품은 한국에 수입되는 깐 마늘에서부터 핸드백, 화환, 세탁기 등 제조업 전 분야에 걸쳐 있다.

이런 상황에서 반체제 세력들이 저항운동을 할 수 있을까? 중국의 스마트폰 보급률은 68퍼센트, 일반 휴대전화 보급률은 30퍼센트로 휴대전화가 없는 인구는 2퍼센트에 불과하다. 이런 상황이어서 반체제 운동이 확산될 소지가 있지만 반대로 해석하면 뛰어난 도감청 기술로 휴대전화 사용자를 언제든 통제할 수 있다는 의미다. 페이pay와 같은 네트워크형 결제수단은 개인의 경제생활까지 속속들이 파악할 수 있게 한다. 중국은 여전히 취약한 사회적 자본으로 사생활 보호 등 인권과 관련된 인식이 매우 낮다. 이 때문에 빅데이터 기술이 발전할 수는 있겠지만, 궁극적으로 감시망이 정교해지는 결과를 피할 수 없다. 따라서 반체제 인사가 강력한 감시 시스템을 뚫고 조직화하거나 활동하기가 매우 어렵다. 여담이지만, 한국에서 민주혁명이 광범위하게 나타났던 것은 현재의 중국과 같은 감시 체제가 없었기 때문일지도 모른다. 이렇게 공산당원에 의한 인적 통제와 4차산업혁명에 의한 기계적 감시가 입체적으로 어우러져 공산당의 신전체주의 체제를 유지해나가는 것이다.

아주 가끔 반체제 인사들의 목소리가 들릴 때마다 서방 언론들은 중국이 붕괴될지 모른다며 호들갑을 떨곤 한다. 그러나 시간이 지나면 그 반체제 인사는 소리 소문 없이 사라진다. 이런 정황으로 보면 산발적으로 나타나는 중국의 반체제 운동은 조직화되었다기보다 개인적 차원에서 이루어지는 것으로 보인다. 아직 조직화 단계에 도달하지 못했기 때문에 이들의 영향력도 제한적일 수밖에 없다. 통상 후발개도국의 민주화는 지식인 계층이 선도한다.

그러나 중국은 행동력 있는 지식인이 거의 전무한 상태다. 대약진운동, 문화혁명, 그리고 덩샤오핑, 장쩌민, 후진타오, 시진핑 시대로 정권이 교체될 때마다 지식인들은 지속적으로 제거되었다. 반체제 운동을 이끌 사람도, 조직도 사라진 것이다. 이런 상황이라면 시진핑의 신전체주의는 잘 가동되고 있는 셈이다.

공산당의 숨은 능력

한국이나 서방 언론들은 중국의 부정부패나 반정부 시위 등을 비중 있게 다루지만, 중국의 관료 체제는 아직 강력해 보인다. 내가 증권사 리서치센터장으로 있을 때 중국 대사관 직원이 주기적으로 찾아오곤 했다. 그는 세계경제의 변화와 중국의 대응에 대한 진지한 조언을 원했다. 방문할 때마다 메모하고 질문도 많이 했는데, 지금은 귀국해 중앙부처에서 근무한다고 한다. 그의 국가관은 진정성 있어 보였다. 진심으로 중국의 미래를 고민하면서 인터뷰한 내용이나 아이디어를 베이징에 보고하는 듯했다. 모두 그럴 수는 없겠지만 대부분의 중국 관료는 성실하다. 정치평론가인 박성민은 국가발전에 가장 중요한 요소로 구성원 전체의 집단의지를 강조했다. 그는 역사상 국가·민족·종교·기업·조폭까지 어떤 조직이든 '집단의지'가 강한 공동체만 살아남았다면서, 조직을 위해 기꺼이 희생하려는 사람이 많아야 하고, 조직은 이들에게 존경과 보상으로 반드시 보답해야 한다고 주장했다. 내가 만났던 중국 관료에게 어울리는 말 같다.

　민주주의의 부작용 중 하나는 잦은 정권교체로 관료 사회의 안정성이 낮다는 점이다. 대충 일해도 정권이 바뀌면 요직에 등용되는 사례가 자주 발견된다. 반면 중국은 일당독재 국가이기 때문에 정권교체가 없다. 따라서 열심히 일하면 반드시 보상이 따른다. 독재 시스템이 유지되는 여러 이유 중 하나가 바로 이 점이다. 전문 관료 그룹은 정권이 영구적이라고 판단될 경우 부패하지 않고 더 근면하다. 한국에서도 박정희와 전두환시대의 엘리트 계층이 상대적으로 근면했던 것은, 정치를 잘해서가 아니라 엘리트들이 그 정권을 영구적이라고 생각했기 때문이다.

중국 공산당은 엄청난 학습 조직이다. 공산당 고위간부를 육성하는 중앙 당교黨校 교수를 역임했던 조호길은《중국의 정치권력은 어떻게 유지되는가》에서 중국 공산당의 역사를 끊임없는 학습과 반성, 진보의 역사로 규정했다. 독재체제인 공산당에 교육과 학습은 당원 전체가 단일대오를 가지기 위해 꼭 필요하다. 그런데 여기서 주목해야 할 것은 학습 내용이다. 공산당의 핵심인 중앙정치국의 집단학습 내용을 살펴보면, 정치적 내용이 많지만 의외로 혁신적인 내용도 상당하다. 2004년 12월 학습 내용 중에는 '2020년 중국 과학기술 발전전략', 2005년 6월에는 '글로벌 에너지 자원 추이 및 중국의 전략', 2011년 5월에는 '전략적 신흥 산업의 육성과 발전'과 같이 중국이 처한 미래 과제에 대해서도 공부했다. 공부를 멀리하는 한국의 정당과는 너무 다르다. 중국의 수뇌부가 공부하고 서로 의견을 조정하면서 고민하는 점을 절대 무시해서는 안 된다. 학습조직을 이길 방법은 없다.

이미 국제사회의 중요한 플레이어

트럼프 대통령은 인정하고 싶지 않겠지만, 중국은 규모와 영향력에서 막강하다. 거대한 중국이 어려워지면 미국을 포함한 세계 전체가 위기를 맞는다. 현시점에서 부인할 수 없는 사실은 중국과 세계가 상호의존적으로 연결되어 있다는 점이다. 미국, 유럽, 일본, 한국 등의 외자기업이 중국 공장에서 생산한 제품은 중국 전체 수출의 43퍼센트나 된다. 따라서 어떤 문제로 중국 내에서 생산에 차질이 생기거나 문제가 발생하면 곧바로 해당 기업과 투자 국가가 큰 손해를 입는다. 애플의 스마트폰, 델 컴퓨터의 노트북뿐만 아니라, 미국 내 쇼윈도에 있는 많은 생활용품이나 세계적 명품까지 중국에서 생산하는 비율이 높다.

미국은 중국에서 수입하는 물품에 대해 500억 달러에서 2천억 달러로 관세 부과 대상을 늘리는 조치를 점진적으로 추진 중에 있다. 이것이 완료된 이후에는 나머지 2,600억 달러에 달하는 모든 수입품목에 관세를 부과하겠다고 한다. 미국이 수입하는 소비재 중 중국산이 무려 29퍼센트나 된다. 그러나 트럼프 대통령이 보호무역을 강화하기 시작한 2018년 2분기 이후 오히려 중국의 미국에 대한 수출이 크게 늘어났다. 특별히 미국의 내수경기가 좋아서 그런 것이 아니라, 무역전쟁이 본격화되어 수입 가격이 오르기 전에 사두려는 일종의 '사재기' 효과였다. 통상적으로 사재기는 해당 제품을 대체하는 제품이 없을 때 발생한다. 베트남 등 동남아시아, 인도, 중남미는 아직 중국 수준의 제품을 만들지 못하고 있음을 보여주는 증거다. 또한 이는 중국 없이 미국이 존재하기 어렵다는 반증이기도 한다.

만일 트럼프 행정부의 보호무역정책이 성공하면 중국은 수출 감소로 경기가 크게 어려워질 것이다. 이때 중국의 수출 감소로 원자재 수입이 줄어들면, 주요 원자재 수출국인 호주나 브라질, 석유 수출지역인 중동 경제는 치명타를 입는다. 예를 들어 미국의 강력한 동맹국인 호주는 GDP에서 수출이 차지하는 비중이 22퍼센트다. 그중 철광석을 비롯한 광물자원의 의존도는 30퍼센트에 달하는데(2018년 2분기 기준), 대중국 수출이 28퍼센트이기 때문에 호주 경제의 중국 의존도가 매우 높다. 중국은 전 세계 석탄 수요의 51퍼센트, 철강 소비량의 43퍼센트(2017년 기준)나 차지한다. 21세기의 세계화는 이런 식으로 전 세계를 촘촘하게 엮어 한 쪽이 무너지면 다른 쪽도 무사할 수 없는 구조다. 이런 위험이 역설적으로 중국의 붕괴를 막아주고 있다.

또한 중국에는 세계적 차원의 거대 기업들이 다수 존재한다. 전 세계 시가총액 상위 100대 기업 중 중국 기업이 12개나 된다(2018년 10월 말 기준). 이런 거대 기업은 중국의 기업이지만 사업장은 전 세계에 골고루 퍼져 있다. 중국이나 미국 증권시장에 상장된 중국 대기업의 주주는 중국 자본이 대다수를 차지한다. 그러나 글로벌 투자의 확산으로 미국, 유럽, 일본, 한국 투자가들의 투자 비중도 꽤 높다. 이런 상황에서 중국이 흔들리면 중국뿐 아니라 세계 전체에 영향을 미친다. 상호의존적 세계화시대에 중국은 세계화의 중심에 설 정도로 이미 크게 성장한 것이다. 이제는 일방적으로 중국을 압박할 수도 없고, 압박하면 피해는 세계 여러 나라가 나눠 갖는 구조가 되었다.

　이 부분에서 한국의 처신이 중요하다. 현재 한국의 보수 진영은 미국 중심의 시각이 강해 중국에 다소 적대적이다. 반면 진보 진영은 통일 문제 때문에 친중국 성향이 강하다. 기업들은 중국과 중국의 영향권에 있는 동남아시아 시장까지 감안할 경우, 균형 혹은 친중국 쪽에 가깝다. 친미냐 친중이냐와 같은 이분법적 태도를 갖는 건 한국 스스로 무덤을 파는 격이다. 한국에는 미국과 중국 둘 다 중요하다. 한국 스스로 진영 논리를 만들어 친미와 친중으로 국론이 분열되면, 미-중 G2 패권대결에서 한국은 가장 먼저 희생양이 될 수 있다. 따라서 약간 모호성을 유지한 채 안보와 경제를 분리한다는 분명한 신호를 양국에 주는 것이 필요하다. 당장 어려움이 있을지라도 감내해야 한다. 미-중 G2 패권대결은 아직 제대로 시작도 안 된 상황임을 잊지 말아야 한다.

모순을 잉태한 신전체주의 체제

서구 전문가들은 별로 인정하지 않지만, 앞서 살펴본 5가지 변수로 중국은 상당 기간 체제 안정을 유지할 수 있을 듯하다. 물론 이 5가지 요인도 당분간일 뿐 영구적이라는 의미는 아니다. 중국이 수축사회에 진입할 경우 많은 전문가가 예상하는 중국 고유의 문제들이 서서히 불거질 것으로 예상된다. 다만 서구 학자들의 관심이 집중된 시민혁명과 같은 사회 불안은 예상보다 더 늦게 나타날 것으로 판단된다.

중국 공산당과 시진핑 체제는 이런 중국의 미래를 너무 잘 알고 있다. 반면 이들이 취할 수 있는 대안은 시간이 지날수록 사라지면서, 결국 폭력에 의존하는 비중이 커질 것이다. 2018년 이후 확연해진 시진핑의 영구집권 시도는 중국이 신전체주의 체제로 가겠다는 선언으로 봐야 한다. 정권 안보와 지속적 경제성장을 위해 공산당과 시진핑이 폭력으로 저항을 누를 것임을 공식화한 것이다. 최근에는 터키와 같이 수축사회가 본격화되면서 경제위기를 겪고 있는 후발개도국에서 신전체주의 성향이 강해지고 있기 때문에, 대외적 비난도 상대적으로 적어질 수 있다. 원하든 원하지 않든 중국은 신전체주의로 향할 것이다. 거대한 시민혁명의 가능성을 잉태한 채 말이다.

7장
미 - 중 G2 패권대결의 향방

어느 국가, 어떤 상황에서든 정치에 가장 큰 영향을 주는 것은 경제다. 또한 경제는 정치 지도자를 선출하는 선거의 핵심 포인트이기도 하다. 국제정치도 마찬가지다. 민주주의가 확산됨에 따라 국가 간 전쟁 위협이 크게 줄어들면서 경제력을 중심으로 국제질서가 재편되고 있다. 2차 세계대전 이후 패권국인 미국의 경제 상황은 국제질서를 가늠하는 중요한 척도로 작용해왔다. 미국 경제가 호조를 보이면 국제질서도 안정적이고 온화한 반면, 미국 경제가 어려워지면 국가 간 분쟁이 증가하면서 보호무역 등과 같은 갈등이 빈번하게 발생했다. 중동에서의 전쟁은 늘 미국 경제가 어려울 때 발생하는 특징이 있다. 또한 여타 지역의 국지적 전쟁도 미국 경제가 침체되어 세계의 경찰 기능이 약화되었을 때 발생하곤 했다. 이런 현상은 미국이라는 패권국가가 존재하는 한 피할 수 없다.

1990년대 들어 냉전이 종식되고 소련과 동유럽의 사회주의가 빠르게 붕괴했다. 이후 세계적으로 미국식 자유민주주의가 중심

이데올로기로 자리 잡았다. 이때 역사철학자인 프랜시스 후쿠야마Francis Fukuyama는 이념 논쟁의 종식을 예고하는《역사의 종말》이라는 논문을 발표하면서 자유민주주의 체제가 영원히 지속될 것으로 전망했다. 물론 이 논문은 미국이 영원한 패권국이라는 의미를 함축하고 있다. 그의 예상대로 이후 미국이 세계경제를 선도한 것은 물론이고, 도전자 없는 단일 패권국으로 부상하면서 국제질서를 자신의 의지대로 움직여왔다. 군사력에서도 러시아는 미국의 상대가 되지 못했고, 중국은 러시아에도 밀리는 형국이었다. 이렇게 세계경제와 국제질서가 미국 중심으로 가동되면서 21세기를 맞았다. 추가로 미국은 4차산업혁명으로 전 세계 네트워크까지 지배했다. 하드 파워(군사력)와 소프트 파워(문화권력)에다 네트워크까지 소유하게 된 것이다. 현재 지구촌에서 구글, 페이스북, 유튜브, 애플의 앱, 넷플릭스의 서비스 중 단 한 가지도 사용하지 않는 사람이 없을 정도이니, 미국이 만들어놓은 네트워크 속에서 세계가 가동되고 있는 셈이다.

이런 상황에서 미국에 대항하는 새로운 플레이어가 등장한다. 1990년대 이후 거의 30여 년 가까이 경제성장에 총력 매진한 중국이 미국에 도전장을 내밀기 시작한 것이다. 적어도 2008년 전환형 복합위기가 발생하기 전까지, 중국은 여전히 미국에 순종적이었다. 덩샤오핑의 유훈인 자신을 드러내지 않고 때를 기다리며 실력을 기르자는 '도광양회韜光养晦'정책에 충실했다. 그러나 종신집권을 꿈꾸는 시진핑 주석이 등장하면서 중국은 미국에 도전하기 시작했다. 물론 중국의 핵심 무기는 빠른 속도로 성장하고 있는 경제력이다. 분기별 경제성장률로 보면, 14억 인구가 1990년대 이후 28년간 6퍼센트 이하로 성장한 적이 단 한 번도 없다. 정말 놀라운 성장이다. 그리고 1인당 국민소득 1만 달러를 눈앞에 두자, 드디어 자신들의 목소리를 내기 시작한 것이다. 이제 세계에서 미국과 중국에 견줄 힘을 가진 국가는 없다. 오직 미국과 중국으로 모든 파워가 모아지면서 새로운 냉전으로 향하고 있다.

이미 시작된 미-중 G2 패권대결

냉전이 종식된 1990년대 이후 미국이 중국을 견제하지 않고 '전략적 동반자' 관계를 유지하는 기반 위에서 중국은 급부상할 수 있었다. 이 결과 역사적으로 미국에 견줄 만했던 국가들과 비교할 수 없을 정도로 현재의 중국은 거대하다. GDP로만 비교해보자. 미국 GDP를 100으로 볼 경우, 1902년에 영국은 미국의 54퍼센트였다. 1차 세계대전 직전인 1908년에 독일은 49퍼센트, 1938년에 소련은 51퍼센트, 1982년에 일본은 41퍼센트 정도에 불과했다. 그러나 2018년 기준 중국의 경제 규모는 미국의 70퍼센트 수준이다. 양국 간 물가를 감안한(PPP 기준) GDP는 2014년 중국이 미국을 추월했다. 미국의 파워 엘리트들은 이 무렵부터 중국 견제에 들어갔다.

　미국이 중국을 견제하는 '축의 이동Pivot to Asia' 혹은 '아시아 재균형Asia Rebalancing' 전략을 발표한 것은 2011년이다. 2012년에 집권 2기를 맞은 미국 오바마 대통령의 첫 해외 순방 지역은 중국을 포위하고 있는 아세안 국가였다. 바로 이 시점에 중국의 패권 도전을 본격화한 시진핑 주석의 취임이 확정된다. 흔히 트럼프 대통령이 취임한 이후 미-중 G2 패권대결이 시작된 것으로 인식하지만, 사실은 이에 앞서 오바마 2기 행정부부터 이미 시작되었다. 2011년부터 중국을 포위하려는 미국의 노력과 중국의 패권 도전이 동시에 발생한 것이다. 2015년이 되자 중국은 남중국해에서의 무력시위와 일부 무인도 점거 등을 통해 수비에서 공격으로 전환했다. 미국의 아시아 재균형 전략에 맞서 중국이 미국과 신형대국관계新型大國關係를 내세우며 도전장을 낸 것이다. 일대일로정책으로 유라시아 대륙을 중국으로 끌어들이려는 노력도 이 무렵 본격화되었다.

이제 미국은 더 이상 중국을 방치할 수 없게 되었다. 중국을 견제해야 한다는 공감대가 미국 내 주류사회에서 형성되기 시작한 것이다. 이에 맞서 중국은 자신들의 지위에 맞는 대접을 요구했다. 그리고 좀 더 시간이 지나자 패권에 도전할 의도까지 숨기지 않았다. 다소 빠르게 시진핑 주석이 패권대결에 돌입한 이유는, 자신의 영구 집권을 위해 국내적 단결과 강력한 지도력을 동시에 확보해야 했기 때문이다. 미국의 위기의식과 시진핑 주석의 욕구가 비슷한 시기에 충돌한 것이다. 외부에 강력한 적국이 존재하고 이 국가와 갈등 관계를 형성하면, 사회에 배타적 민족주의가 확산된다. 이 과정에서 정권은 내부 단결과 권력의 안정을 동시에 이룰 수 있다. 시진핑 주석의 의도대로 미국과 중국이 대결 국면에 진입하면서 중국인들의 위기의식이 크게 높아졌다. 사드 문제로 중국인들이 한국에 대해 강한 민족주의적 감정을 표출한 원인도 바로 여기에 있다. 결국 시진핑 정권은 미국과의 갈등을 통해 민주주의와 양극화에 대한 반발을 억제하는 효과를 얻고 있는 것이다. 이런 측면에서 보면 미-중 G2 패권대결은 공산당과 시진핑 정권을 강화시켜주는 역설적인 역할을 한다고도 볼 수 있다. 이런 배경에서 누가 먼저랄 것도 없이 양국은 철저한 제로섬 관계로 진입하고 있다.

본격적인 패권대결의 출발을 2012년으로 볼 경우, 이때부터 미국이 독점적 지위에 있던 영역에서 중국과의 대결이 시작되었다. 석유를 확보하기 위해 중국은 중동, 아프리카 등의 지역에 엄청난 경제와 군사 원조를 제공하는 등 노력을 기울였다. 또한 식량난에 대비하기 위해 주요 식량 생산국인 브라질, 호주 등과의 관계를 강화해왔다. 이런 중국의 공세를 제어하기 위해 미국은 에너지, 원자재, 식량의 주요 생산국가에 대해 군사적 위협이나 경제원조 혹은 외교적 압박을 가해 중국의 접근을 차단하고 있다. 환경 규정을 강화하고, 미국이 보유한 주요 핵심 기술을 보호하기 위한 갈등도 심각한 수준에 도달했다. 표면적인 무역전쟁과 무력시위에 앞서 양국은 다양하게 잽을 날리다가 2018년부터 난타전에 돌입한 것이다. 시간이 지날수록 미국과 중국은 진영 논리를 강화하면서, 미-중 G2 패권대결에 참여하지 않는 국가들을 자기 편으로 끌어들이기 시작했다. 이미 3차 세계대전이 시작된 것일까?

피할 수 없는 전쟁

그렇다면 앞서 살펴본 7가지 슈퍼 파워를 가진 미국에 중국은 상대가 될까? 일단 양률적 측면에서만 보면 중국은 충분히 위협적이다.

[그림 2-5] 향후 세계질서 구도

미국 - 중국 협력

★★★☆☆　　　★★☆☆☆
G2　　　　　　　G20

다른 나라들의　　　　　　　　다른 나라들의
힘이 약한 상태　　　　　　　　힘이 강한 상태

냉전2.0　　　　　　분열
★★★★☆　　　★★★★★

미국 - 중국 대립

주: ★는 위험도 수준 표시　　　　　자료:《리더가 사라진 세계》, 이안 브레머, 2014

경제의 절대 규모에서 대응할 능력이 있다. 또한 뒤늦게 경제개발에 나선 국가가 앞서 발전한 국가의 시행착오를 개선하면서 빠르게 성장하는 후발자의 이점을 중국은 거의 모든 영역에서 누리고 있다. 이 시점에서 중국은 경제개발의 고삐를 놓치지 않기 위해 패권국가인 미국만 누리는 혜택을 나누거나 빼앗고 싶어 할 것이다. 반대로 미국은 패권을 유지하기 위해 중국을 제어해야만 한다. 이런 서로의 입장이 충돌하면서 미-중 G2 패권대결은 불가피해졌다. 결국 7가지 미국의 패권 영역 모두에서 전투가 벌어지게 된 것이다.

　향후 전개될 미-중 G2 패권대결은 어떤 양상일까? 소설가 김진명은 2017년《미중전쟁》이란 소설에서 미국이 핵개발을 빌미로 북한을 공격하면서 미국과 중국이 무력전쟁에 돌입할 것이라는 시나리오를 제시했다. 아직도 일부 언론에서는 군사적 측면에서 전쟁을 예상하기도 한다. 그러나 미국과 중국이 군사적으로 전면전을 벌이는 것은 양국 모두 감내할 수 없는 네거티브(-) 게임이다. 과학기술의 발전으로 무기의 살상력은 상상을 초월할 정도로 강력해졌다. 혹시 핵전쟁이라도 발발하면 인류가 이룬 거의 모든 문명이 파괴될 수 있다. 마치 영화〈터미네이터〉의 배경이 되는 핵전쟁 이후의 지구 모습을 상상해보면 될 듯하다. 이런 전쟁은 상상할 필요가 없다. 모두가 원하지 않고, 모두가 피해자가 될 것이기 때문이다.

그럼에도 불구하고 양국은 어떤 식으로든 패권을 놓고 제로섬 형태의 전쟁을 벌일 것이다. 미국의 정책안보 전문가인 그레이엄 앨리슨Graham Allison은《예정된 전쟁》이라는 책에서 '투키디데스의 함정'으로 미-중 G2 패권대결을 전망했다. 투키디데스의 함정이란 2,500년 전 그리스와 아테네 간 대결에서부터 지금까지의 모든 패권전쟁은 '도전세력의 부상과 이에 따른 기존 패권세력의 두려움'에서 기인한다고 보는 시각이다. 투키디데스 함정으로 미-중 G2 패권대결을 해석하면 '중국의 급부상으로 미국이 두려움'을 느끼면서 전쟁이 불가피해졌다는 분석이다. 이런 해석이라면 중국보다 미국이 더 떨 수도 있다. 미국은 어떤 방식으로든 현재의 패권을 잃으면 일거에 무너질 수 있다. 미국 사회는 세계의 패권을 보유했다는 전제로 구성되어 있기 때문에 미국 입장에서도 생존을 걸고 벌이는 대결이다.

따라서 미-중 G2 패권대결 과정에서 전면적인 군사적 충돌 가능성은 논외로 둬야 한다. 혹시 군사적 충돌이 발생한다고 하더라도 국지전 형태로 제한될 것이다. 대신 다양한 영역에서 복잡한 형태의 갈등과 충돌이 예상된다. 나는 이 전선을 크게 두 가지로 압축하고 싶다. 하나는 과학기술전쟁이고 또 하나는 무역과 통화가 중심이 되는 통합경제전쟁이다.

과학기술 패권전쟁

2018년 현재 양국은 무역전쟁에 열을 올리고 있다. 잠시 앞으로 돌아가보자. 미국이 가진 패권의 본질은 경제력에 있다고 앞서 언급했다. 그런데 경제력은 무엇을 의미할까? 그동안 우리는 GDP를 경제력, 더 나아가 국력으로 인식해왔다. 물론 맞는 말이다. 그러나 양적인 경제 규모도 중요하지만 향후에는 과학기술이 국력의 핵심 요소가 될 전망이다. 4차산업혁명이라는 역사적 전환으로 과학기술 수준은 한 국가의 모든 경쟁력을 규정하게 되었다.

현재의 국제질서는 한쪽에서 핵무기를 선제 타격하면first strike 상대 국가에서 더 강한 핵무기로 인구와 경제가 밀집된 지역에 보복하는second strike 것을 시스템화한 '공포의 균형' 체제다. 또한 날아오는 적국 핵무기를 요격하는 미사일 배치를 제한하는 협정(ABM 조약)까지 맺었다. 미국과 러시아(혹은 중국)는 상대방의 공격에 서로 무방비 상태를 유지해, 누구라도 선제공격 후 입을 보복공격의 피해(공포) 때문에 공격하지 못하는 매우 위험한 체제다. 이때 공격수단인 대륙간탄도미사일ICBM은 인공위성이나 레이더, 로켓 및 다양한 우주기술 없이는 불가능하다. 중국과 러시아는 기존 방어무기를 무력화시키는 극초음속 핵무기 운반체를 만들고 있다. 이에 맞서 미국은 2023년까지 이를 막을 우주군을 창설하겠다고 선언했다.

과학기술이 발전하면서 국제질서의 근본 체제인 '공포의 균형' 시스템이 유명무실해지고 있는 것이다. 향후 전투 로봇이 더 발전한다면 지상 전투의 승패는 로봇 기술력이 좌우할 것이다. 4차 산업혁명의 영향으로 이제 거의 모든 무기는 더 빠르고, 더 정확하고, 더 파괴력 있게 발전하고 있다. 따라서 4차산업혁명의 여러 분야에서 중국이 미국을 추월하게 되면 미국은 패권의 가장 중요한 부분인 군사력에서 밀리게 된다. 아직은 중국과 미국의 기술 격차가 크지만, 중국이 현재와 같은 빠른 속도로 4차산업혁명을 추진할 경우, 군사력에서 미국과 어깨를 나란히 하는 건 시간문제다.

제조 2025 계획이 핵심 전선

미국은 많은 영역에서 중국에 밀릴 수 있지만, 특히 과학기술 영역에서 밀리면 회복이 불가능할 것이다. 그래서 미국은 과학기술전쟁을 치열하게 전개할 것으로 예상한다. 최근 벌어지고 있는 미-중 무역전쟁을 자세히 살펴보면 미국은 중국이 선진국을 목표로 추진하는 '제조 2025' 계획을 집중적으로 견제하는 데 힘을 모으고 있다. 2015년 시작된 '제조 2025'는 중국의 제조업이 선진국 진입을 위해 추진하는 30년짜리 산업고도화 전략이다. '제조 2025'는 기술혁신, 녹색성장 등을 통해 핵심 부품과 자재의 국산화율을 2020

[표 2-4] 중국의 제조 2025

10대 산업	세부 분야	내용
1. 차세대 정보기술	반도체	• 반도체 설계 수준 향상: 지적재산권IP을 보유한 핵심 설계 설비 확대 • 전자제품산업 발전에 필요한 핵심 칩 국산화 및 사용 확대
	정보통신	• 신형 PC, 첨단 메모리 등의 핵심 기술 개선 • 5G, 첨단 라우팅, 대용량 메모리 등의 발전
	OS/산업용SW	• 보안 관련 OSA 등 산업용 SW 개발 • 스마트 디자인, 시뮬레이션 설비 등 첨단산업용 SW 기술 발전
2. 고정밀 수치제어 /로봇	정밀 수치제어	• 고효율 수치제어, 기초 생산설비 및 통합 생산 시스템 개발 • 고정밀 수치제어 등을 활용한 첨단기술 및 설비 R&D 강화
	로봇	• 자동차, 기계 등 산업용 로봇/교육, EM 등 특수용 로봇 신제품 개발
3. 항공우주 장비	항공장비	• 대형 항공기 및 기체 확장형 기종 연구 • 중형 헬기 생산을 위한 국제협력 강화 • 무인기 등의 상용화 도모
	우주장비	• 우주비행산업 경쟁력 제고 • 초고속 인터넷망 구축을 통해 원격탐사위성 등 항공정보 역량 강화
4. 해양장비/첨단 선박		• 심해 탐사, 자원 개발, 해양 안전장비 및 시스템 발전 추진 • 해양 플랜트 설비 테스트, 모니터링, 검증 역량 개발, 이용 수준 제고
5. 선진 궤도 교통설비		• 에너지 절감 및 환경보호, 디지털 및 스마트 네트워크 기술의 발전 • 궤도 교통사업을 세계적 수준으로 육성
6. 에너지 절약 및 신에너지 자동차		• 전기자동차, 연료전지자동차를 지속적으로 발전 • 자동차의 저탄소, 정보화, 스마트화 기술 보유 • 동력전지, 모터드라이브, 스마트 제어 등 핵심 기술 상용화 추진
7. 전력설비		• 대규모 고효율, 청정 화력발전의 상용화 및 시범 운용 추진 • 대규모 수력발전, 원자력발전, 중형 가스터빈 제조 수준 제고 • 핵심 소재 및 부품의 응용 기술을 향상시키고 상용화 추진
8. 농업기계 장비		• 경제작물(곡물 등)의 주요 생산과정에서 쓰이는 농업기계장비를 발전 • 농업기계장비에 대한 정보 수집, 의사결정, 정밀작업 역량 강화 • 농업 생산성 증대를 위한 정책 마련
9. 신소재		• 특수금속 기능성 소재, 고성능 구조재료, 기능성 고분자 소재, 특수무기질 비금속 재료, 첨단복합 소재를 중점적으로 발전 • 신소재 생산에 필요한 기술 및 설비 개발, 기초 연구 기반 강화 및 상용화 • 군/민용 특수신소재 개발. 상호 기술이전 추진 → 신소재산업의 군/민 융합 발전 추진
10. 바이오의약 및 고성능 의료기기		• 화학의약품, 중의약품, 바이오의약품 개발 • 의료기기 혁신성 및 상용화 수준 제고: 고부가가치 의료용 소모품 개발 • 모바일 의료 서비스에 필요한 제품 개발

자료: KIET

년까지 40퍼센트로 끌어올리고, 2025년에는 70퍼센트까지 달성하면서 [표 2-4]에 있는 10대 핵심 산업에서 세계 최고 수준에 도달하겠다는 것을 목표로 삼고 있다. '양적 성장'에 치우쳤던 중국이 '질적 성장'으로 전환해 기술적 자립을 이루겠다는 계획으로 보면 될 듯하다. 특히 기존 제조업과 4차산업혁명의 융복합을 강조하는데, 제조 2025 계획을 통해 중국의 과학기술이 세계 최고 수준에 도달하면, 군사력을 포함한 모든 분야에서 미국을 압도할 수 있다. 중국은 이미 제조 2025에 속하는 첨단산업 수출의 비중이 28퍼센트에 달하는데 주로 선진국이 대상이다.

4세대 통신에 비해 속도가 20~100배 빠른 차세대 이동통신 기술인 5G에 사용되는 각종 장비의 경쟁력은 중국의 화웨이가 독보적이다. 기술도 세계 최고 수준이지만 가격은 경쟁사인 에릭슨, 노키아, 삼성전자에 비해 30퍼센트 이상 싸다. 전 세계 통신망이 중국의 손에 들어갈 가능성이 높아진 것이다. 상황이 이러하자 미국이나 한국 정부는 화웨이 장비 사용을 거부하기 시작했다. 최근에는 호주, 영국, 캐나다, 일본까지 화웨이 통신장비에 대해 제재를 가하고 있다. 현재 미국, 호주, 영국, 캐나다, 뉴질랜드는 정보공동체인 '파이브 아이(five eyes)'를 통해 안보 정보를 공유하고 있다. 이런 상황에서 화웨이의 5G 장비를 미국의 동맹국이 사용한다면 어떤 일이 벌어질까? 또한 보안에 취약한 중국의 CCTV가 무분별하게 팔려나가자 미국과 호주는 자국의 공공기관에 중국산 CCTV 설치를 제한하기 시작했다. 화웨이의 통신장비나 중국의 CCTV 장비 사용으로 중요한 안보정보가 중국으로 유출될 위험이 매우 높아졌다.

5G는 궁극적으로 IOT를 위한 네트워크다. 5G는 1제곱킬로미터당 100만 개의 기기와 연결이 가능하기 때문에 보안 이슈가 매

우 중요하다. 전 세계 수조 개의 IOT 기기가 화웨이 장비를 통해 가동될 때 모든 정보가 중국으로 향하는 것을 사전에 예방할 필요가 생긴 것이다. 최근 화웨이는 자신들이 만든 통신장비와 영상장비에 백도어 프로그램을 설치했다는 의혹을 받고 있다. 백도어란 허가받지 않은 사용자가 컴퓨터에 접속할 수 있도록 몰래 설치된 통신 기능을 뜻한다. 실제로 중국이 미국 주요 정보기술 업체가 사용하는 서버에 감시용 마이크로 칩을 비밀리에 삽입했다는 주장이 제기되기도 했다. 언론 보도에 따르면 중국의 '슈퍼마이크로 컴퓨터'라는 회사는 자신들이 만드는 PC용 마더보드에 정보 감시용 칩을 부착해서 판매하다가 적발되었다고 한다. 슈퍼마이크로는 서버용 마더보드 분야에서 세계 최대 기업 중 하나다. 해당 업체 서버는 애플과 아마존을 포함해 30여 개의 미국 IT 기업에 판매된 것으로 파악되었다. 또한 미국의 GE항공으로부터 항공기 엔진 기술을 훔치려고 한 산업 스파이가 검거되기도 했다. 그동안의 우려가 점점 현실화되고 있는 것이다.

네트워크 패권국인 미국 입장에서는 5G 기술을 놓고 벌어지는 과학기술전쟁으로 구글, 애플, 페이스북을 통한 네트워크 지배가 일거에 사라질 수도 있기 때문에 섬뜩하고 다급할 것이다. 단지 하나의 사례지만, 본격화되고 있는 중국의 과학기술 차원의 위협과 이에 선제적으로 대응하려는 미국의 전략은 미-중 과학기술전쟁의 단면을 보여준다. 과학기술전쟁에서 패배하면 19세기 후반부터 유지된 미국의 패권이 뿌리부터 흔들리게 된다.

전선을 '제조 2025'로 좁힐 경우 더 많은 전투가 예상된다. 미국은 기술을 훔치려는 중국을 견제하기 위해 다양한 조치를 취할 것이다. 미국의 정보기관인 FBI의 보고서에 따르면 중국 군대에는 약 3만 명의 사이버 스파이가 있는데, 이들의 목적은 미국의 군사 기술을 훔쳐오는 것이다. 민간 분야는 더 많아 15만 명 정도로 추산하고 있다. 그 결과 미국은 해마다 3천억 달러 정도의 손실을 입는다고 밝혔다. 3천억 달러는 미국이 중국과 무역에서 발생하는 무역적자 3,756억 달러에 육박하는 금액이다. 미국의 강경한 조치가 이해되는 어마어마한 금액이다. 이런 상황을 감안하면 미국은 30만 명에 달하는 중국 유학생과 미국 기업의 종업원 중 기술 스파이를 가려내기 위해 어떤 조치도 마다하지 않을 것이다. 중국의 인터넷 통제로 고전 중인 구글의 전 회장 에릭 슈미츠는 2028년쯤 되면 인터넷이 두 개로 쪼개질 것으로 전망했다. 기존 인터넷은 미국 중심으로 유지되고, 중국은 일대일로에 참여하는 60여 개국을 묶어 새로운 인터넷 세상을 만들 것으로 내다봤다. 그만큼 정보전쟁이 치열해질 것이라는 의미다.

따라서 향후 무역전쟁은 1930년대 대공황 때나 1970~1980년대 관세전쟁과는 차원이 다를 전망이다. 당시에는 공산품의 생산 원가 차이를 관세 부과나 물량 조절로 관리해 미국 제품의 가격 경쟁력을 확보하려는 시도였다. 가격 차이가 큰 섬유, 철강, 자동차 등이 주요 보호 대상이었다. 그러나 현재 미국과 중국의 무역전쟁은 단순한 가격조정 차원을 넘어 패권과 결부되어 있다. 물가가 급등하거나 선거와 같은 정치적 목적에서 트럼프 대통령은 관세 부과 품목을 줄이거나 세율을 낮출 수 있다. 가전제품, 섬유류 등과 같은 경공업 제품, 그리고 인건비 비중이 높은 단순 조립산업은 언제든지 협상 대상이 될 것이다. 이런 제품들은 미국의 제조업 경쟁력 상실로 거의 생산하지 못하는 것이기 때문이다. 주요 곡물 생산 지역을 지지 기반으로 하고 있는 트럼프 행정부로서는 중국의 곡물 수입 축소와 맞바꿀 수도 있다. 농산물 등 1차 상품과 기술 수준이 낮은 산업은 시간문제일 뿐 결국 협상 대상이 될 것이다.

그러나 '제조 2025'에 속한 품목은 협상 대상에서 제외되거나 미국의 엄중한 감시 아래 제한적 협상이 예상된다. 또한 이 분야는 중국뿐 아니라 여타 국가에 대해서도 감시의 눈길을 놓지 않을 것이다. 설사 다음 대통령 선거에서 민주당으로 정권이 바뀌어도 미국은 과학기술을 철저히 보호할 것으로 예상된다. 여기서 미-중 G2 패권대결이 민주당의 오바마 정부부터 시작되었다는 점을 잊지 말아야 한다. 4차산업혁명이 확산될수록 미국의 파워엘리트들은 과학기술 패권을 점점 더 중요하게 생각하고 있다.

한국도 이런 큰 그림에 대비해야 한다. 과학기술전쟁은 중국이 주요 타깃이지만, 미국 이외 모든 국가를 대상으로 한다. 1990년대 이후 미국은 모든 영역에서 세계를 거의 방치하다시피 한 결과(세계화와 신자유주의) 한국도 꾸준히 성장할 수 있었다. 그러나 향후 미국은 세계경제의 모든 영역에 개입할 것이다. 혹시 한국이 꼼수를 부리거나, 중국에 첨단과학기술을 제공할 경우 미국의 강력한 대응을 초래할 수 있다. 특히 제조 2025산업 분야는 한국도 상당한 경쟁력을 갖춘 분야라서 미국은 한국의 제조업이 껄끄러울 수 있다. 과학기술 문제에서 미국이 매우 냉정해질 것에 대비해야 한다.

전방위 경제전쟁

2008년 전환형 복합위기가 발생했을 때 중국 위안화가 달러화를 대체해 기축통화가 될 것이라고 보는 시각이 일부 있었다. 주로 중국 쪽이었지만, 위기의 진원지가 미국이었기 때문에 그런 예상도 가능했다. 또한 중국이 가진 약 7조 달러의 달러 표시 자산을 매각하면 미국이 굴복할 수밖에 없다는 언론 보도는 요즘에도 자주 눈에 띈다. 나는 이런 견해를 세계경제구조를 잘 모르는 무지에서 비롯된 것으로 판단한다. 그럼에도 불구하고 이들의 주장대로 통화전쟁은 피할 수 없는 미-중 G2 패권대결의 중요한 전선이 될 것이다.

흔히 미-중 통화전쟁을 1985년 플라자 합의Plaza Agreement와 비교한다. 플라자 합의는 재정적자와 경상수지 적자에 허덕이던 미국이 경상수지 흑자국이었던 일본과 서독의 환율을 절상시켜(달러 가치 하락) 미국 경제의 어려움을 해소한 정책이었다. 당시 일본과 독일은 통화가치가 거의 2배로 오르면서 수출 경쟁력이 크게 악화되었다. 결과적으로 1990년대 이후 미국이 고성장한 요인 중 플라자 합의도 중요한 역할을 했다. 이런 경험 때문에 지금도 미국의 최대 무역흑자국인 중국의 위안화를 절상시키려는 새로운 형태의 플라자 합의에 대한 논의가 활발하다. 따라서 향후 미-중 통화전쟁은 플라자 합의와 유사한 형태로 진행될 가능성이 높지만, 상황이 변해 플라자 합의 당시와 크게 달라질 수 있다는 점에 유의해야 한다.

더 강해진 달러

통화전쟁을 얘기하기 전에 미국 경제와 달러화가 2008년 전환형 복합위기 이후 오히려 강력해졌다는 사실을 먼저 살펴야 할 것이다. 반면 미국에 대항할 만한 국가들의 경제는 더 나빠졌다. 유로화는 영국이 EU에서 탈퇴를 결정했듯이 점점 약화되고 있다. 독일, 프랑스를 제외한 거의 모든 유럽 국가의 경제 상황이 매우 어렵다. 일본은 무차별적인 돈 풀기(양적완화)로 엔화 약세를 유도해 최고치 대비 엔화 가치는 30퍼센트 정도 하락했다. 이런 상황 때문에 달러의 대항마로 고려할 만한 통화는 중국 위안화가 유일하다.

21세기 들어 미국의 패권이 약화되긴 했지만 여전히 각국 중앙은행의 준비금 중 달러의 비중은 매우 높고, 많은 국가의 대외 채무 중 달러 표시 채무는 증가 추세다. 이 결과 지난 20여 년간 논쟁의 중심에 있던 달러의 기축통화 상실 우려는 기우에 그치고 있다. 미국이 2015년부터 금리를 올리자 브라질, 터키, 인도네시아, 필리핀 등 후발개도국의 금융시장은 초토화되었고, 선진국에 해당하는 이탈리아 금융시장도 요동치고 있다. 미국의 금리 인상으로 미국 경기가 후퇴하는 것이 아니라, 불안정한 국가로부터 자금이 탈출해 미국으로 몰려들고 있다.

1944년 2차 세계대전 종전을 앞두고, 미국의 달러를 기축통화로 확정한 브레턴우즈Bretton Woods 협정이 체결되었다. 이후 세계적 차원의 경제위기가 나타나면 항상 미국 이외 지역의 자금은 달러를 피난처로 삼아왔다. 지금도 이런 현상이 나타나고 있다는 것은 달러가 유일한 기축통화이고 안전통화이면서 동시에 미국이 금융패권을 가지고 있다는 의미다.

사실 미국의 7가지 패권 중 여전히 강력한 것은 금융패권뿐이다. 따라서 미국 입장에서는 최후 보루로 금융패권을 사용할 것이다. 전 세계 금융자본은 영미계 자본, 좁게는 유대계 자본이 장악하고 있다. 일례로 유럽 최대 은행인 독일의 도이치방크는 독일 은행이 아니다. 외국인 지분이 무려 80퍼센트를 넘는데, 대부분 영미계 금융자본이다. 한국의 은행들도 외국인의 지분율이 70~80퍼센트에 달하는데, 미국계 자본 비중이 매우 높다. 글로벌 IB라고 하는 세계적 투자은행들도 영미계가 대부분 소유하고 있다. 이런 식으로 미국은 전 세계 금융을 직접 혹은 간접적으로 지배하고 있다.

미국은 2차 세계대전 이후 미국 이외 여러 지역에 다양한 방식으로 투자해왔다. 2017년 기준 미국의 GDP는 19조 5천억 달러지만, 대외투자 금액은 직접투자(제조업 등) 1조 5천억 달러, 금융투자 2조 5,300억 달러에 이른다. 그러나 조세 피난처 등을 포함하면 실제로는 훨씬 많을 것이다. 바로 이 거대한 자금이 투자 여건 변화에 따라 미국 안으로 들어왔다가 나가기를 반복하면서 세계의 환율과 금리가 결정된다. 그런데 이렇게 많은 자금이 미국 밖으로 빠져나가면 미국은 자금 부족으로 곤란해지는 것 아닌가? 그렇지 않다. 바로 글로벌 불균형이라고 하는 달러를 매개로 한 세계경제의 순환고리가 작동하기 때문이다. 따라서 통화전쟁을 살펴보기 전에 글로벌 불균형에 대한 이해가 선행되어야 한다.

신비로운 길: 글로벌 불균형

글로벌 불균형global imbalance은 미국이 경제력 이상으로 과소비를 하면서 제조업을 조기에 포기한 것이 원인이었다. 미국은 인구나 경제 규모에 비해 훨씬 많이 소비한다. OECD 선진국 중 미국 경제의 비중은 34퍼센트, 내수 소비는 36퍼센트를 차지한다. 수치로 계산해보면 미국은 경제력에 비해 약 1조 달러를 더 소비하고 있는 것이다. 그러나 앞서 살펴보았듯이 미국은 제조업이 유명무실해지면서 생활용품을 거의 생산하지 않는다. 따라서 자연스럽게 해외에서(중국, 한국 등 주로 동아시아) 제품을 사와야 한다. 부족한 구입비용은 달러를 찍어서 지불하면 된다. 2차 세계대전 이후 정확히는 미국이 금金 태환을 금지시킨 1971년 닉슨 쇼크Nixon shock 이후, 미국은 전 세계에 달러를 뿌려대기 시작했다. 전 세계 금융시장에서 달러는 미국이 보장하는 안전한 세계의 화폐가 된 것이다.

반대로 미국과의 무역에서 무역흑자가 발생한 동아시아 국가는 수출대금으로 받은 달러를 그냥 가지고 있을 수 없다. 무역수지 흑자만큼 해외로 자금을 보내지 않으면 환율이 크게 절상되어 수출 경쟁력이 약화되기 때문이다. 결국 수출로 벌어들인 자금을 자국 화폐가 아닌 다른 화폐로 바꿔놓는 것이 환율을 안정적으로 유지하는 유일한 방책인 것이다. 이때 선택 가능한 화폐 중 가장 안전한 것이 바로 달러다. 함축해서 보면 미국의 자금은 해외로 나가 글로벌 금융시장을 지배하고, 미국 내에서 부족한 자금은 미국에 공산품이나 원자재를 수출하는 국가가 메꿔주는 구조가 바로 글로벌 불균형이다. 미국 입장에서는 '꿩 먹고(과잉소비), 알 먹는(글로벌 금융시장 지배)' 상황인데, 금융패권을 가진 국가만 가능한 신비로운 현상이다.

이렇게 미국과 미국에 수출하는 국가의 관계는 글로벌 불균형을 통해 상호의존적이면서 동시에 제로섬 관계를 형성하고 있다. 이때 환율은 미국과 미국에 수출하는 국가 간 상호 이해를 규정한다. 예를 들어 달러가 약세면 중국 위안화는 당연히 강세가 된다. 이런 상황이 되면 미국은 수입 물가가 오르면서 경기가 하강하고 상품 수입이 줄어든다. 이때 중국은 수출 물량이 줄어들면서 기업의 이익이 감소하게 된다. 환율이 양국 간 경제를 자동 조정하는 것이다. 따라서 무역전쟁과 통화전쟁은 분리되어 진행되지 않는다. 통화전쟁을 얘기할 때 글로벌 불균형을 감안하지 않으면 의미가 없는 이유이기도 하다.

무역전쟁으로만 시각을 좁혀 살펴보자. 무역전쟁은 2017년 기준 중국의 대미 흑자 3,752억 달러(홍콩 포함)를 줄이는 것이 핵심이다. 미국 입장에서 무역적자를 줄이는 방법은 중국에 더 많이 수출하거나, 중국으로부터의 수입품에 관세를 부과하는 것이다. 그런데 문제는 중국이 미국에서 수입할 게 별로 없다는 점이다. 첨단산업이나 서비스업, 농산물 등이 주종인데, 앞서 과학기술전쟁에서 살펴보았듯이 미국은 첨단산업 수출을 오히려 줄이려 한다. 그렇다면 서비스업이나 농산물 정도에 불과하다. 특히 구글 등 미국의 네트워크 기업이 중국 내에서 자유롭게 사업을 벌이면, 정권 안보에 금이 갈 수 있어 개방하기도 어렵다. 따라서 무역역조를 해소하는 유일한 방법은 중국 제품에 관세를 물리는 것뿐이다. 이런 한계 속에서 미국이 관세율을 인상하고 관세 부과 품목을 확대하자 중국은 다시 미국에서 수입하는 농산물에 관세를 올리거나 수입 지역을 다변화하면서 상황이 악화되고 있다.

무역전쟁을 더 깊게 살펴보면, 미국은 중국에 후발개도국이 산업화 과정에서 통상적으로 취하는 경제정책을 포기하고 선진국 기준에 맞추기를 요구하고 있다. 예를 들어 기업에 대한 각종 보조금 지급 축소, 철강·알루미늄산업의 과잉생산능력을 줄이는 구조조정, 미국 기업에 대한 기술이전 요구 중단과 같은 정책은 중국 입장에서 장기 성장을 좌우할 정도로 중요하다. 미-중 관계가 더 악화되어 이런 조치가 실행되면 중국은 보호무역의 피해를 넘어 성장잠재력 자체를 잃을지도 모른다. 따라서 중국은 적절한 선에서 타협을 원하지만, 중국의 속내를 잘 아는 미국은 중국을 코너로 몰아붙이고 있다.

그러나 미국의 상황도 녹록지 않다. 휴대전화가 대중 무역적자에서 가장 큰 비중을 차지하는 이유는 애플이 중국에서 아이폰을 만들기 때문이다. 애플과 마찬가지로 중국이 수출하는 공산품은 미국 기업의 중국 자회사 제품이거나 미국의 제조업 쇠퇴로 만들 수 없는 제품의 비중이 매우 높다. TV, 세탁기, PC 등 백색가전의 미국 내 생산 비중은 극히 미미하다. 다양한 섬유제품이나 장난감 같은 소비재 역시 마찬가지다. 만일 중국에 대해 과도한 관세 부과로 미국에서 물가가 올라간다면 트럼프 대통령은 연임이 어렵다. 따라서 철강 등 주요 소재산업, 생활용품, 농산물 등과 관련된 무역전쟁은 장기적으로 볼 때 전면전으로 치닫기 어려워 보인다.

이런 제품들에 대해 미-중 양국은 결국 협상에 나설 것으로 예상된다. 이는 시간문제일 뿐이다.

앞서 살펴보았듯이 과학기술전쟁은 경제전쟁과 결합되어 새로운 차원에서 계속될 것으로 보인다. 또한 일본, 독일 등 여러 선진국도 중국에 대한 과학기술전쟁과 복합경제전쟁에 동참할 가능성이 높아 보인다.

두 가지 유혹: 플라자 합의, 부채 폭발

지금 벌어지고 있는 무역전쟁이 극단적인 상황으로까지 치닫지 않으리란 점은 미국도 잘 알고 있을 것이다. 미국에서 소비재산업을 다시 세우기 위해서는 많은 시간과 노력이 필요하다. 불가능할 수도 있다. 그렇다면 남은 것은 환율 조정밖에 없다. 사실 미-중 무역전쟁이 시작되면서 가장 우려한 부분은 통화전쟁, 즉 환율전쟁이다. 이미 1985년 플라자 합의를 통해 일본과 독일을 대상으로 사용해본 경험도 있다. 당시 일본과 서독의 통화가치가 2배 이상 절상된 후 5년 정도 지나자 양국은 큰 경제적 어려움을 겪었다. 기술이 뛰어난 일부 기업들은 어느 정도 경쟁력을 유지할 수 있었지만, 수출 중심 국가였던 양국은 환율 절상의 직격탄을 피할 수 없었다.

이때 일본은 다양한 부동산 개발이나 소비를 늘리려는 정책을 시행하면서 플라자 합의 후 5년간 역사적 수준의 자산가격 버블이 나타났다. 결국 1990년 초 이 버블이 붕괴되면서 일본은 잃어버린 30년을 향해 지금도 가고 있다. 여기서 주목할 점은 플라자 합의

후 일본이 구조적인 저성장 국면에 안착하면서 미국에 대한 종속이 심화되었다는 것이다. 환율 조정을 통해 일본의 군기를 확실히 잡은 것이다. 서독은 내수부양보다는 경제를 둘러싼 사회구조 전반의 개혁에 힘썼지만 별 소득이 없었다. 이런 상황에서 1989년 동독과 통일한다. 이후 독일은 10퍼센트 대의 실업률, 증가하는 범죄, 과도한 사회복지 부담, 통독 후유증과 같은 '독일병'이라는 비효율적 체제가 1990년대 내내 지속되었다. 플라자 합의의 성공 경험으로 미국은 새로운 통화전쟁에 대한 유혹을 떨치기 어려워 보인다.

그렇다면 새로운 형태의 플라자 합의에 대한 미국의 생각은 어떨까? 중국 경제도 일본, 독일만큼 높은 수출 의존도를 보이고 있다. 1985년 일본의 GDP 대비 수출 비중은 14퍼센트였고, 서독은 23퍼센트였지만, 현재 중국의 수출 비중은 20퍼센트 정도다. 그러나 중국 경제의 전체 규모가 당시의 일본, 독일보다 훨씬 큰 점을 감안하면 실질적으로 중국의 무역의존도는 매우 높은 수준이다. 또한 앞서 살펴본 대로 사회적자본이 당시의 양국에 비해 터무니없이 빈약하다. 현재의 중국보다 사회적자본이 풍부했던 일본이나 독일은 플라자 합의 5년 후 문제가 발생했지만, 중국에서는 더 빨리, 그리고 강하게 경제구조가 붕괴될 수 있다고 여기는 눈치다. 그리고 당시 일본과 독일의 기업들은 환율 절상에 맞춰 기술개발, 선진형 기업문화 등을 마련했지만 중국 기업들은 여전히 저가 물량 중심의 수출 비중이 높다. 수출품의 기술력과 부가가치 창출이 낮기 때문에 위안화가 절상되어 수출가격이 올라가면 중국 제품의 경쟁력이 낮아진다. 인도, 베트남, 인도네시아 등을 대체 수입

시장으로 활용할 수도 있다. 물론 아직 이들 국가 제품은 조악한 수준이지만, 5년 이상 장기적으로 생각해보면 생활용품은 중국 제품을 충분히 따라갈 것이다. 미국으로서는 이런 상황을 전혀 마다할 이유가 없으니 수시로 통화전쟁을 거론하면서 중국을 위협하고 있는 것이다.

길게 보면 통화전쟁의 가능성은 항상 열려 있다. 그러나 짧게 보면 통화전쟁은 쉽게 점화되기 어렵다. 2017년을 고비로 중국 비관론이 확산되면서 글로벌 자금은 위안화를 기피하고, 미-중 무역 갈등이 심화될 경우 대부분 중국이 패배할 것이라고 예상한다. 반면 미국 경제가 2차 세계대전 후 거의 최장기간 호황을 보이자, 달러 가치가 강세를 보이면서 미국 이외 지역에 투자했던 글로벌 자금이 미국으로 집중되고 있다. 여전히 달러를 가장 안전한 자산으로 여긴다는 의미다. 더군다나 미국의 경기 호조로 금리마저 오르니 달러 자산에 투자하면 이자도 많이 받을 수 있다. 바로 이 점이 플라자 합의 때와 근본적으로 다른 점이다. 당시 미국은 가누기 어려울 정도로 경제가 어려운 상황이어서 달러 약세가 가능했다. 반대로 지금은 미국이 여타 국가에 비해 너무 강하기 때문에 통화전쟁이 불발될 수도 있다는 얘기다.

또한 통화전쟁은 상대방이 받아들여야만 가능하다. 플라자 합의 당시 세계경제는 2차 오일쇼크가 끝나고 상승 전환하던 팽창사회였다. 일본과 독일이 미국의 요구로 환율을 절상시킨 것은 팽창사회 기반하에서 미국 경제를 구하려는 동맹국의 노력이라는 측면도 간과할 수 없다. 또한 소련의 몰락과 미국의 독주가 예상되던 시기여서 미국의 요구를 무시할 수도 없었다. 무엇보다 중요한 것은 일본과 독일은 경제력 등 모든 분야에서 미국에 상대가 되지 못했다는 점이다.

그러나 지금의 중국은 국제정치나 경제적 영향력 측면에서 당시 소련이나 일본, 독일보다 훨씬 강하다. 중국은 버틸 힘이 있기 때문에 위안화 절상에 쉽게 동의하지 않을 것이다. 위안화 절상으로 중국의 수출 경쟁력이 떨어지면 지금도 거품이 낀 중국 경제는 심각한 손상을 입을 것이다. 또한 경제성장이 멈추면 공산당 일당독재나 시진핑 체제가 끝장날 수 있기 때문에 중국은 최대한 버틸 것이다. 따라서 중국이 자발적으로 제2의 플라자 합의를 받아들이지 않는다면 그 효과는 제한적일 수밖에 없다. 중국을 환율 조작국으로 지정해봐야 빠져나갈 구멍은 매우 많다. 환율 조작국으로 지정되면 미국 기업의 투자가 제한되고, 미국의 조달시장에 진입하지 못하는 수준에 그친다. 결론적으로 큰 폭의 위안화 절상이 예상되지 않는다.

반대 상황도 가능하다. 만일 글로벌 부채위기가 통화전쟁 이전에 발생하면 상황이 좀 더 복잡해진다. 지금과 같이 미국이 계속 금리를 올리면서 달러 가치를 강하게 가져갈 경우, 부채가 급증하고 있는 중국은 국가 전체적으로 금융위기에 처할 가능성이 높다. 2018년 10월 중국 위안화의 약세와 경제적 충격은 바로 이런 상황에서 발생했다. 중국도 큰 그림에서 보면 이탈리아나 터키와 별반 다르지 않다는 점을 보여준 셈이다. 만일 중국의 부채위기가 터져 한국의 IMF 외환위기 당시와 유사한 상황이 벌어진다면 어떻게 될까? 위기가 임박하면 글로벌 자금은 경제가 취약한 국가에서 강력한 국가로 이동한다. 이때 미국은 글로벌 자금을 지휘할 것이다. 중국에 투자했던 많은 자금이 탈출하면서 위안화가 절하되면, 중국은 물가와 금리가 동반 상승하면서 거대한 혼란에 빠질 수 있다. 물론 중국 정부도 최대한 방어에 나서겠지만 엄청난 내상이 불가피하다. 미국 입장에서는 플라자 합의 방식이나 부채위기를 터뜨리는 방식 모두 중국에 큰 피해를 준다는 측면에서 고려해볼 만하다.

향후 미-중 경제전쟁은 환율뿐 아니라 경기, 부채, 금리, 국제자본 흐름 등 모든 영역에서 발생하는 복합적인 경제전쟁 형태가 될 것이다. 특정 금융 변수의 조정만으로 상대방을 제압하기는 어렵기 때문이다. 결론적으로 당장 미국과 중국의 경제전쟁이 벌어진다면 승자는 미국이 될 것이다. 지금까지 기축통화를 가진 국가는 경제 특히 금융전쟁에서 모두 승리했다.

시간이 없다!

영국의 역사학자이며 로마제국 연구자인 에드워드 기번Edward Gibbon은 "로마의 쇠퇴는 거대함에서 비롯된 자연스럽고 불가피한 일이었다. 번영이 쇠퇴의 원리를 무르익게 한 것이다. 쇠퇴하는 제국의 재정 문제는 흥미롭다"라면서 국가재정을 강조했다. 정치학자인 폴 케네디Paul Kennedy도 군사와 재정적 과잉팽창overstretch이 경제적 패권 상실로 이어질 수 있다고 경고했으며, 경제철학자인 니얼 퍼거슨Niall Ferguson은 재정악화가 미국 패권 종결의 트리거가 될 것이라고 예언했다. 이들의 예상과 같이 미국의 재정적자 누계는 GDP의 103퍼센트에 이를 정도로 심각하다. 하지만 미국은 패권국가이고 기축통화인 달러를 사용하기 때문에 앞으로도 상당 기간 버틸 수 있다. 그러나 미국이 1960년대 말 월남전의 전쟁비용으로 재정이 어려워졌을 때, 1980년대 중반 군비경쟁과 미국 산업의 쇠퇴로 재정적자와 경상수지 적자가 쌓였을 때, 미국의 패권이 약화되면서 사회 전체가 위기를 겪은 경험이 있다.

현재 트럼프 행정부는 재정수지를 악화시키는 정책을 강력하게 실행하고 있다. 1980년대 미국은 래퍼 이론Laffer theory을 기반으로, 세금을 내리면 경제가 활성화되어 재차 세수가 늘어난다는 낙수효과를 기초 경제정책으로 사용했다. 이 이론에 따라 레이건 행정부는 1980년대 최대 40퍼센트포인트에 달하는 대규모 감세정책을 실시했지만, 미국의 재정은 개선되지 않았다. 오히려 1990년대 초 부시 행정부가 증세를 선택하면서 래퍼 이론은 거의 폐기되었다. 그럼에도 불구하고 트럼프 행정부는 감세정책을 매우 파격적으로 진행하고 있다. 트럼프 행정부의 감세 첫해인 2018년에는 세수가 무려 3,300억 달러나 줄어들 전망이다.

현재 미국의 호경기는 기축통화 보유국이라는 기초 조건과 4차산업혁명으로 경기가 호전되는 상황, 그리고 대규모 감세가 맞물린 결과다. 그런데 재정을 주로 국방 예산에 투입하면서 환경, 노동, 복지 예산을 줄이고 있다. 이 결과 장기적으로 양극화와 고령화에 따른 저항이 늘어나면서 수축사회를 앞당기는 요인이 될 수 있다. 트럼프 정부의 감세정책으로 미국의 GDP 대비 재정적자는 2017년에 −3.4퍼센트에서 2020년에 −4.8퍼센트로 늘어날 것으로 예상된다(2015년 4,385억 달러, 2018년 7,800억 달러). 상황이 이렇자 트럼프 대통령은 국방 예산을 제외한 모든 예산을 5퍼센트 감축하라고 지시하기도 했다. 그러나 향후에도 재정적자가 계속 늘어난다면 과연 미국은 감세를 철회할까? 아니면 국방비를 줄여 복지에 사용하고 미국 패권을 완화시킬까? 바로 이 문제가 다음 미국 대통령 선거의 핵심 주제가 될 듯하다. 지금은 경기 호황을 즐기고 있지만, 앞으로 미국의 재정 문제는 미-중 G2 패권대결에서도 중요한 요소가 될 것이다. 확실한 것은 국방비를 높은 수준으로 계속 유지하기는 어렵다는 점이다.

단기적으로는 금리를 올려 부채위기가 터지면 자산가격에 거품이 낀 미국도 상당한 피해를 볼 수 있다. 미국의 실질 잠재성장률과 물가 타깃이 공히 2퍼센트라는 점에서, 2퍼센트를 초과하는 금리 수준은 미국 경기에 부담이 될 수 있다. 거의 모든 전문가들이 미국의 장기 균형 연방금리를 3퍼센트 정도로 보는 것은, 이제 미국은 3퍼센트 이상의 금리를 감당하기 어렵다고 여긴다는 반증이다. 또한 미국이 2018년 9월 2.25퍼센트로 기준금리를 올리면서 한국보다 무려 0.75퍼센트나 기준금리가 높아졌지만, 글로벌 자금이 한국에서 대규모로 탈출하는 모습은 목격되지 않았다. 한국이 강해져서라기보다는 3퍼센트 이상 금리에서는 미국이 버티기 어렵다고 판단하는 듯하다.

2018년을 고비로 미-중 G2 패권대결에서 미국의 우세를 예상하는 경향이 강해진 것은 지금까지 살펴본 양국의 여러 정황 때문이다. 전반적 상황은 중국보다 미국이 나은 것이 사실이지만, 시간이 지날수록 공세를 지속하기 어렵기 때문에 미국은 지원군을 결집하고 있다. NAFTA를 대체하는 미국·멕시코·캐나다 협정USMCA은 미국의 이해를 극대화하는 방향으로 결론 났다. 미국은 홀로 전 세계와 대적하기 어렵기 때문에 이 협정을 통해 캐나다와 멕시코를 완전 제압한 후, 양국을 실질적으로 지배하려는 포석으로 보인다.

향후 미국과 중국의 대결에서 미국은 캐나다와 멕시코를 통합한 전투력을 가질지도 모른다. 또한 추가적인 움직임에도 주목해야 한다. 미국은 USMCA 체결 후 EU, 영국, 일본과 유사한 무역협정을 맺을 계획이라고 밝혔는데, 래리 커들로 백악관 국가경제위원장은 2018년 10월 "중국에 맞설 의지의 무역연합을 향해 움직이고 있다"면서 EU, 일본과 다시 대화하고 있다고 밝혔다. 중국을 완전히 고립시킬 수 있다는 위협이지만, 미국도 혼자 감당하기 어려워졌다는 의미로도 볼 수 있다.

중국은 여러 분야에서 선제공격을 할 수 없는 여건이기 때문에 치열한 양국 간의 전투는 예상보다 긴 시간이 지난 후 결행되거나, 혹은 발생하지 않을 수도 있다. 따라서 통화전쟁에 대한 언론, 학자, 정책 당국자들의 요란한 말잔치에 너무 현혹될 필요는 없어 보인다.

결국 가장 중요한 요인은 중국의 미래다. 미국과 중국 간에 많은 전선이 있지만, 핵심적인 과학기술전쟁과 경제전쟁에서 중국은 매우 취약하다. 만일 미국의 공세에 굴복해서 패권 쟁취를 포기하면 중국은 완만한 경제성장을 추구할 수밖에 없다. 이때 중요한 변수는 공산당과 시진핑 체제의 안정성이다. 성장이 멈추면 폭발하는 중국에서 경제성장을 낮추는 것은 매우 위험하다. 반대로 미국과의 극한 대결로 가기에는 아직 역부족이다. 중국은 너무 일찍 칼을 뽑은 것일까? 애초에 뽑지 않을 수는 없었을까? 사회적자본을 축적할 때까지 시진핑 주석에게는 시간이 별로 없다. 미국이나 중국 모두 시간이 없다는 점이 결국 미-중 G2 패권대결을 바라보는 핵심이다.

소결: 향후 세계 전망

수축사회 현상이 전 세계적으로 확산되면서 한 치 앞도 내다보기 어려운 상황이 지속되고 있다. 2부에서는 수축사회로 진입하는 여러 장면을 살펴보았지만, 당장 큰 변고가 생기지는 않을 것이다. 통상 대부분의 전망은 극단적이지만 그 전망이 현실화되기까지는 많은 시간이 걸리거나 틀리는 경우가 많다. 이는 전망 자체가 잘못된 경우도 있지만, 전망이 맞는다고 하더라도 대응책을 감안하지 않기 때문이다. 모든 변화에는 이에 맞서려는 반작용이 필연적으로 나타난다. 수축사회도 마찬가지다. 각국은 세계가 어디로 가는지 자세히는 모르지만, 분명히 과거와 달리 어려워지고 있다는 점만은 인식하고 있다.

이런 분위기 때문에 체계적이지는 않지만 다양한 대책을 통해 증상을 완화하려 노력하고 있다. 수축사회에 진입하는 모습을 장마철 기상에 비유할 수 있을 것이다. 지루하게 흐린 날이 이어지면서, 가끔 비가 내리는 장마철 날씨와 같이 '가랑비에 옷 젖는' 상황처럼 보인다. 그러나 가랑비도 오래 맞으면 감기에 걸린다. 감기에 걸리면 각국은 어떤 식으로든 대응책을 마련하겠지만 상황을 되돌리기에는 역부족일 듯하다. 이렇게 상황이 악화(감기)되면서 이에 대한 제한적 대응이 반복되면 결국 수축사회로 한 계단씩 내려갈 수밖에 없다. 물론 가장 시급한 문제인 부채위기가 터지면 2008년 전환형 복합위기와 비슷한 상황이 발생할 수도 있을 것이다. 그러나 그때가 되어도 사용할 수단은 몇 가지 남아 있다. 금리를 추가로 낮출 여력이 남아 있고, 국가재정을 더 투입하면서 돈을 더 찍어댈 것이다. 이것은 부채를 추가로 늘리는 나쁜 조치지만, 당장의 부채위기를 봉합할 수는 있을 것이다.

일본 서민들의 삶을 보자. 전체 인구의 20퍼센트가 70세를 넘기고 국가재정은 파탄 났지만, 국가는 그런대로 굴러간다. 아직 수축사회가 본격화되지 않아서일까? 일본의 세계적 기업들이 여전히 해외에서 돈을 벌어오기 때문일까? 물론 두 가지 모두 맞다. 그러나 본질적인 것은 일본 국민들이 수축사회를 무의식적으로 받아들이고 있기 때문이다. 철저하게 절약하고, 타인과 공동체보다는 오직 본인의 생존에만 집중하고 있다. 임금이 낮아도 생활비만 나오면 그냥 직장에 다닌다. 정부가 제국주의로 가든, 미투Me Too 운동이 일어나든, 환경 문제가 심각해지든 이들은 자신에게만 집중한다. 인간의 이성理性보다는 생존 지향의 본능에 충실한 것이다. 국가 간의 여건 차이 때문에 수축사회에 진입하는 여타 국가들이 일본을 닮아갈 가능성은 낮아 보인다. 그러나 큰 그림으로 보면 일본의 서민들과 같은 생존방식은 세계적 차원에서 (특히 현재 선진국에서) 일반화될 가능성이 높아 보인다.

성숙사회(成熟社會, mature society)라는 개념이 있다. 데니스 가보르Dennis Gabor가 저서 《성숙사회》에서 개념화한 용어다. 그는 양적 확대만을 추구하는 경제성장이나 대량소비 사회는 종말을 고했고, 대신 높은 수준의 물질문명이 정신적인 풍요와 생활의 질적 향상을 최우선하는 평화롭고 자유로운 사회를 제시했다. 그러나 이것이 가능하려면 사회 모든 분야에서 사회적자본이 충만하고 특히 정치권이 정의로워야 한다. 그래서 나는 가보르가 바라보는 미래보다는 좋게 말해 '일본형 변종 성숙사회'를 예상한다.

　일본형 변종 성숙사회에서 가보르가 제시한 성숙사회로 간다는 것은 수축사회에서 탈출한다는 것과 같은 의미다. 이것이 현실적으로 가능할까? 일본을 예로 들어보자. 우선 일본은 GDP의 250퍼센트에 달하는 국가부채부터 탕감해야 한다. 중앙은행이 모든 국가채권을 사들여 소각하면 되는데, 이것의 결과는 GDP의 2.5배나 되는 돈을 일거에 시중에 뿌리는 것과 동일하다. 이렇게 되면 돈의 가치가 떨어지면서 물가가 급등할 것이다. 개인의 생존에만 집착하는 일본의 서민들이 물가가 오르면 어떻게 할까? 이렇게 국가부채라는 단 하나의 문제도 해결하기 어려운 것이 수축사회의 비극이다. 이때 포퓰리즘 성향의 정치인이 등장하면서 나름 수축사회의 해법을 제시할 것이다. 그러나 포퓰리즘은 오히려 수축사회 진입을 앞당기는 요인이 된다.

　수축사회가 발생시킬 이런 위험한 미래에 대한 두려움으로 미-중 G2 패권대결이나 다양한 국가 간 분쟁 역시 예상보다 천천히 나타날 것이다. 미국은 선거로 정권이 바뀌고 중국은 국내 문제가 발목을 잡고 있다. 양국 모두 극단적 선택을 하기 어려운 상황이다. 세계적 차원의 전쟁은 과학기술의 발달로 그 피해가 상상을 초월할 것이다. 특히 잘못된 전쟁은 국가, 정권, 통치자의 생존조차 보장할 수 없는 위험한 선택이 된다. 어수선한 대결 구도가 지구촌 곳곳에서 발생하겠지만 결국 제한적인 국지전 수준에 그칠 것으로 예상된다.

향후 세계는 가랑비에 옷 젖듯이 수축사회에 끌려들어갈 것이다. 기존 인식과 대응으로는 진입을 막을 수 없다. 그러므로 전혀 새로운 차원의 접근이 필요하다.

2부에서는 수축사회로 진입하고 있는 각국의 모습과 가장 중요한 4가지 변수(세계경제, 4차산업혁명, 중국, 미-중 G2 패권대결)를 살펴보았다. 이 4가지 변수는 독립된 것이 아니라 서로 영향을 주고받으면서 수축사회를 강화시키거나 가끔은 완화시킬 수도 있다. 상호의존적이기 때문에 이 변수들은 고정된 것이 아니라 유동적이다. 따라서 전체로서의 변화를 살피는 것이 중요하다. 물론 그 외에도 더 많은 변수가 있을 것이다. 그러나 수축사회에 진입하는 지금, 국가나 산업, 기업, 개인까지 미래의 변화는 4가지 변수에 종속될 것으로 판단된다. 이어지는 3부에서는 수축사회에서의 보편적 대응방식에 대해 살펴볼 것이다.

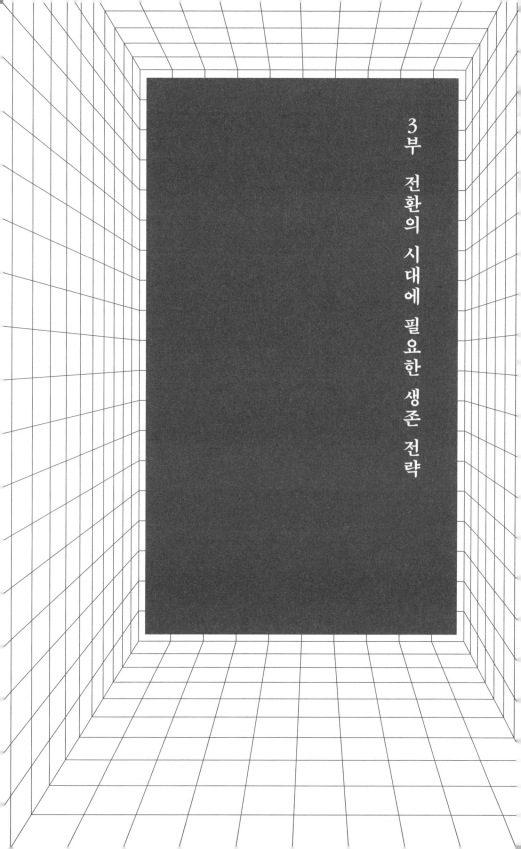

3부

전환의 시대에 필요한 생존 전략

수축사회를 극복하는 방법은 팽창사회로 되돌아가는 것밖에 없다. 사람의 사고방식이 모두 바뀌거나 세상의 모든 질서가 수축사회에 맞도록 전환되면 가능하다. 인간은 이기적 존재이기 때문에 절대가치보다는 상대가치에 집착하는 경향이 강해 본성이 쉽게 바뀌지 않는다. 만일 확실한 해법이 있었다면 수축사회는 발생하지도 않았을 것이다. 따라서 인간이 과연 바뀔 것인지가 핵심이다. 이미 수십 년 전부터 세계 석학들은 인류 문명의 대전환이라는 차원에서 이런 논의를 거듭해왔다.

나는 수축사회의 해법으로 공동체 전체의 번영을 위한 이타주의와 세계적 차원의 도덕혁명을 제시하고 싶다. 이기주의에 기반한 모든 이데올로기, 생활방식 등은 더 이상 유지하기 어려워졌다. 세계 석학들도 다른 용어와 표현을 쓰긴 했지만 결론은 수축사회를 피할 수 없으므로 인류는 살아가는 방식을 모두 바꿔 선善한 공동체로 거듭나야 한다고 주장한다. 그동안 우리가 위기 때마다 사용했던 방식으로는 수축사회를 치유할 수 없다.

그런데 관습의 동물인 인간이 생각과 행동방식을 갑자기 바꿀 수 있을까? 인류의 유전자 깊숙한 곳에 자리 잡은 소유와 우월 욕망을 제거할 수 있을까? 인간의 의식은 잘 변하지 않기 때문에 수축사회를 인식하고 치유하려면 적어도 2세대 이상은 필요할 듯하다.

8장

수축사회를 돌파하는
5가지 기본 원칙

세계적 석학 자크 아탈리Jacques Attali는 최근 저서《미래 대예측》에서 "이 세상의 모든 이타주의적 주체들, 즉 다음 세대의 행복을 고려하는 사람들이 나타나서 번영하고, 이들이 우세를 점하지 않는다면, 그러기 위해 필요한 세계적 차원의 법규가 수립되지 않는다면, 결국 인류는 파괴적인 폭발을 거듭 경험하게 될 것이다. 오늘날 우리가 경험하는 것들은 바로 이 폭발의 작은 전조일 뿐이다"라면서 자신의 행복이 다른 이들의 행복에 달려 있음을 강조했다. 미국의 경제학자 폴 새뮤얼슨Paul Samuelson은 사회적 부가 축소되는 시기에는 소유와 성취를 일정 부분 제한할 필요가 있다면서 욕망과 탐욕을 줄이자는 행복 방정식을 제시하기도 했다. 유발 하라리도 최근 저서《21세기를 위한 21가지 제언》에서 거의 유사한 주장을 하고 있다.

사회적자본이 궁극적인 지향점

석학들의 주장을 종합해 나는 '사회적자본'이라고 부르려 한다. 사회적자본이란 사람들이 공통의 목적을 위해 조직 내에서 함께 일할 수 있는 능력으로 요약할 수 있다. 제임스 콜먼James Coleman이 처음 언급한 뒤, 프랜시스 후쿠야마가《트러스트》에서 집중적으로 다룬 개념이다. 사회적자본이 충만한 사회는 사회적 신뢰가 높아 자유롭게 정보를 공유하면서 권력과 부의 집중을 방지하는 공정한 열린사회를 지향한다. 여기서 키워드는 개방, 자율, 반독점, 협업 등과 같은 가치가 사회의 모든 분야에서 가동되는 기초적인 문화적 환경이다.

사회적자본이 강한 국가는 자발적인 공동체정신이 국민들의 유전자에 각인될 정도로 자율적 성향이 강하다. 공장 노동자는 감시자 없이 주어진 과업을 충실히 최선을 다해 실행한다. 길거리에 휴지를 버릴 때 누가 보지 않아도 쓰레기통을 찾으며 자영업자의 비중이 높은 산업에는 대기업이 스스로 진출하지 않는 행동이 상식화되어 있다. 감시자 없이 공동체를 위해 의사결정을 하는 것은 자신이 속한 사회의 주인처럼 행동한다는 의미다. 사회가 복잡해지면서 수축사회에 진입하자 파이의 배분을 놓고 다양한 규제가 연일 쏟아져나온다. 그러나 법률과 규제로는 사회의 발전 속도를 쫓아갈 수 없다. 새로운 변화에 대해 사회와 그 구성원이 합리적인 의사결정을 내리고, 이 결정을 사회가 존중해주면 오히려 갈등과 혼란을 사전에 예방할 수 있다.

사회적자본이 미약한 국가에서 규제가 강해지면 그 구성원들이 경직되고 규제 범위 내에서만 행동하는 경향이 강해진다. 강제된 규칙에 맞춰 사회 구성원들이 아날로그 로봇과 유사한 행동을 하면, 그 사회는 발전이 불가능하다. 바로 이런 현상이 요즘 한국에서 발생하고 있다. 사회적 문제가 되고 있는 유치원 CCTV 설치 문제를 보자. 물론 일부 유치원에서는 착취와 학대를 예방할 수 있겠지만, 아마 대부분의 유치원 선생님들은 매뉴얼 범위 내에서만 아이들을 대할 것이다. 부모와 떨어진 아이에게 가장 필요한 것은 선생님의 따뜻한 눈길과 사랑일 텐데 말이다. 한국의 공교육이나 직장은 물론 군대도 규칙에 따라서만 전투하도록 교육받고 있다. 사람이 로봇처럼 행동하면 그 사회가 발전할 수 있을까? 그 구성원들은 행복할까? 인간사회에서는 성문화成文化된 규칙 이상의 자발성이 필요한 것이다.

후쿠야마는 성공한 서구형 문화(특히 미국)를 사회적자본과 신뢰로 풀어간다. 그러나 그가 이런 주장을 했을 때는 팽창사회였다. 그의 주장은 역사적 경험의 차이가 사회적자본의 크기를 결정한다는 환경적 요인을 강조하기 때문에, 소극적이고 수동적 측면이 강해 보인다. 그러나 지금은 그가 바라보던 세상과 완전히 다른 수축사회다. 파이가 줄어들면서 갈등이 충돌하는 제로섬게임이 전방위로 나타나고 있다. 공동선共同善을 추구하던 자발적인 사회조직은 이익집단화되고 있다. 따라서 이제는 개인의 행위양식과 사회 전체의 작동 기반으로 사회적자본이 더 필요해졌다. 제도나 경제적 해법만으로는 수축사회를 돌파할 수 없기 때문에 근본적인 관점의 대전환이 요청되는 것이다. 이 책에서 사회적자본을 강조하는 이유는 지속 가능한 사회로 가기 위한 대전환의 출발에 앞서, 정신과 문화적 차원에서 사회를 새롭게 재편해보자는 의도다.

크고 넓게, 그리고 멀리 보자

먼저 대전환에 대한 인식이 선행되어야 한다. 사회의 리더 그룹뿐 아니라 일반 개인들도 지금 세계가 여전히 팽창사회인 것으로 오인하는 경우가 많다. 우리가 더 노력한다면 현재의 전투를 끝내고 조만간 팽창사회로 되돌아갈 것이라고 생각하는 사람, 한국만의 현상이라고 생각하는 사람, 혹은 정치 문제로 돌리는 사람 등 수축사회를 인식하는 방식은 각양각색이다. 매년 수천 권 이상 발간되는 자기계발서, 리더십, 조직관리 책들을 단순화시켜보면 치열한 경쟁에서 승리하는 방법을 알려주는 것이 주요 내용이다. 그러나 그것들은 파이가 커지는 팽창사회에서나 통용되는 원칙들이기 때문에 수축사회에서는 거의 도움이 안 된다.

수축사회에서는 탈출이 어렵다는 현실을 정확하고 객관적으로 인식하지 않으면 해법을 찾을 수 없다. 현재의 갈등은 전 세계 모든 국가, 모든 사회와 산업에서 나타나고 있다. 팽창사회를 기반으로 한 과거형 인식과 대응에서 우선 탈피해야 미래가 보일 것이다. 또한 특정 영역에서 벗어나 사회 전체를 바라보는 시각이 필요하다. 그동안 우리는 전문성을 강조하는 사회적 분위기 때문에 좁고 깊게 보는 데 익숙해 있다. 그러나 지금은 세상의 기초가 완전히 바뀌는 과도기이기 때문에 우선 폭넓게 많은 것을 살피고, 새로운 변화를 파악해야 한다. 나는 이런 시각을 인공위성을 타고 지구를 바라보는 것으로 표현하기도 한다. 인공위성은 스마트폰을 가진 모든 사람의 일거수일투족을 보고 있다. 이를 빅데이터로 분석하면 미래를 살필 수도 있다.

수축사회에서 팽창사회로의 대전환을 이룰 현실적 대안이 없기 때문에, 지금과 같은 혼돈은 세계와 한국의 기본적인 사회 여건이 될 것이다. 여기서 발전과 진보의 역사가 끝나는 것일까? 세계적 차원의 전쟁이 발생해 공급과잉을 파괴하거나, 사람의 마음에서 탐욕을 제거할 수 있을까? 물론 이런 것이 실현될 가능성이 전혀 없는 것은 아니지만, 생각하고 살아가는 방식을 일거에 바꿀 수는 없기 때문에 거의 불가능해 보인다. 통상 사람들은 강력한 외부 쇼크가 나타나 충분한 대가를 치른 후에나 변화하는 성향이 있다. 하지만 시간이 지날수록 위기에 떠밀려 조금씩 대안을 만들어가긴 할 것이다. 현재의 북유럽 선진국처럼 일부 국가나 기업, 개인은 수축사회를 극복하고 팽창사회로 나아갈 것이다. 어떤 위기 속에서도 새롭게 부와 권력을 쟁취하는 국가와 기업, 사람은 늘 있었다.

3부에서는 수축사회를 극복하기 위해 가져야 할 대략적인 원칙들을 제시하고자 한다. 확실한 해법은 없지만 수축사회의 특징을 근본적으로 개선하면 팽창사회가 되기 때문에, 1부에서 살펴본 수축사회의 5가지 특징을 반대로 극복하는 것에서부터 출발해보자. 물론 여기서 제시하는 5가지 개별적 사안은 독자들도 이미 알고 있을 것이다. 그러나 수축사회라는 특징을 전제로 하고 다시 한번 현재와 미래를 살펴보자고 제안한다. 국가나 기업, 그리고 개인들이 추구해야 할 방안은 비슷하다. 그럼 수축시대의 생존법을 살펴보자.

원칙을 세우고 지켜라

수축사회에서의 경쟁은 제로섬전쟁 성격이 강하기 때문에 수단과 방법을 가리지 않는 총력전 형태를 띤다. 벼랑 끝에 몰린 상황이기 때문에 전투 과정에서의 공정한 원칙보다 결과로서의 승리에 집중하는 것은 어쩌면 당연해 보인다. 특히 국가 간 전쟁이라면 승리가 목표이기 때문에 원칙을 지키기 어렵다. 그러나 전쟁 이외 영역에서는 전투 원칙을 지키는 것이 오히려 승리의 요인이 되기도 한다. 수축사회에 진입하더라도 원칙을 잘 세우고 오히려 강화해야한다.

원칙은 상식이다

수축사회에서는 피해자를 구제하기 위해 새로운 법규나 규제가 신설되거나 강화된다. 따라서 어느 국가에서나 규제가 늘어나는 것이다. 게임의 원칙이 많아지는 것은 그만큼 구제해야 할 패배자가 많다는 의미이기도 하고, 승자가 모든 결실을 가져가는 것을 사회가 용인하지 않는다는 뜻이기도 하다. 모든 정책과 사회의 작동원리가 이런 성향으로 진행되기 때문에 원칙을 지키지 않으면 심판자(정부)에 의해 경기장에서 밀려날 수도 있다. 또한 4차산업혁명의 영향으로 게임 과정이 투명하게 공개되기 때문에, 원칙을 어기면 다시는 일어서지 못할 수도 있다. 축구나 야구 등 많은 스포츠에서 비디오 판독이 늘어나면서 과거보다 훨씬 공정해졌다. 수축사회가 본격화될수록 감시가 늘어나면서 공정성에 대한 시비는 더욱 거세질 것이다.

과거에는 원칙을 피하는 것이 오히려 승리에 도움이 되었다. 일단 잘 적발되지 않았고, 파이가 커지는 팽창사회 분위기 때문에 원칙을 어겨도 시간이 지나면 잊히곤 했다. 또한 상대방이 꼼수를 부려 패배하더라도 약간의 파이를 가져갈 수 있었다. 팽창사회에서는 원칙을 지키지 않을 때 오히려 더 큰 이익을 얻을 수 있었기 때문에 정경유착과 같은 각종 비리가 나타났다. 그러나 상황이 완전히 역전되어, 원칙을 지키지 않으면 기업이나 개인의 생존이 어려워지기 시작했다. 지금 한국은 거의 해체 수준에 이를 정도로 기업주나 권력자의 '갑질'이 여과 없이 드러나고 있다. 갑질에 연루된 기업은 엄청난 비난과 강력한 제재를 받기도 한다. 원칙을 어긴 많은 정치인이나 기업인이 연일 뉴스에 나오는 것은 과거보다 원칙을 지키는 것이 중요하다는 증거로 봐야 한다. 개인뿐 아니라 기업, 학교, 동호회 등 다양한 사회에서 원칙을 지키는 것은 과거에도 그랬지만 수축사회에서는 확실히 가장 중요한 상식이 될 것이다.

원칙은 국가 간의 관계에서도 중요하다. 한국의 외교를 원칙 중심으로 예상해보자. 4대 강국으로 둘러싸인 한국이 자주독립성을 유지하기는 매우 어렵다. 국내적으로도 이미 친미파와 친중국

파로 나뉘어 다투는 모습이 자주 목격된다. 만일 한국이 글로벌 보편 규범을 준수하고, 약자를 보호하며, 인권과 평화를 강조하는 국가로서 꾸준히 제 목소리를 내어 원칙을 지키는 국가로 인식되면 어떨까? 지금부터라도 다른 국가의 재난이나 구제에 더 많은 지원금과 구호물자를 지원해보자. 심지어 원칙을 어기는 주변 4대 강국의 행보에 대해 인류 전체의 편에서 목소리를 내보자. 이렇게 원칙에 입각해서 정책을 펴고 국민들도 생활 속에서 실천한다면, 아마 많은 국가에서 한국은 원칙주의 국가라는 평가를 받을 것이다. 원칙을 준수하는 국가는 국격國格이 올라간다. 국격이 올라가면 한국의 브랜드 가치도 높아지고 해외관광객도 증가할 것이다. 해외에 있는 한국 국민들이 제대로 대접받게 될 것이다. 물론 경제성장도 촉진될 것이다. 유럽의 스위스와 같은 대접을 받도록 노력해보자는 것이다.

이런 제안에 순진하다고 비난할 수도 있다. 4대 강국의 간섭이 거세고 수출중심 경제에 악영향을 미칠 것이라는 우려가 있을 수도 있다. 물론 이런 주장이 지금 당장은 맞지만, 길게 보면 꼭 그렇지만은 않다. 한국은 주변 4대 강국 그 어느 나라도 완전히 차지할 수 없는 전략적 요충지다. 따라서 한국이 원칙을 지키는 국가로 인정받으면 중립적 위치에 서는 것도 가능해질 수 있다. 나는 10년 이상 지나면 미국이나 중국 모두 수축사회에 진입하면서 국내 문제로 골치를 앓을 것으로 본다. 물론 미-중 G2 패권대결에서 미국이나 중국 중 한 국가가 승리하면 당연히 승전국 진영에 들어가야 한다.

그러나 미-중 G2 패권대결은 2부에서 살펴보았듯이 10년 뒤에도 쉽게 결판나지 않을 것이다. 또한 이때 중국이나 미국 모두 일방적으로 한국을 차지할 수 없는 상황이 된다면, 반대로 누구도 차지하지 못하게 하는 정책에 동의할 수 있다. 바로 이 시점이 되면 한국은 독자노선을 추구하면서 남북통일을 이루는 기반을 갖출 수 있다. 그러나 이런 기회는 거저 주어지지 않는다. 국제사회에서 영세중립국 수준의 사회적자본, 특히 원칙을 지키는 국가라는 신뢰를 얻어야만 가능하다. 궁극적으로 추구하는 바를 정하고, 원칙을 지켜나갈 때만 진정한 승리를 얻을 수 있는 것이다. 지금과 같은 어설픈 등거리 외교, 정권에 따라 수시로 바뀌는 단기적 관점의 외교로는 4대 강국의 속박에서 영원히 벗어날 수 없다.

투자자 국가소송ISDS이라는 것이 있다. 해외투자가가 체결한 협정을 현지 정부가 어겼을 때 소송을 거는 제도다. 통상적으로 투자협정 등은 선언적 의미에 그치는 경우가 많기 때문에 구체적인 실행 과정에서 협정 내용과 달라지는 경우가 종종 있다. 그런데 최근 해외투자가들이 ISD를 이용해 투자한 국가의 협정 위반 같은 불공정 행위에 소송을 거는 일이 증가하기 시작했다. 이 과정에서 많은 국가가 패소하면서 국가적 부담이 커지고 있다. 한국도 일부 재벌 그룹의 소송 과정에 정부가 개입한 것을 두고 해외투자가들이 소송을 걸어오고 있다. 이런 식으로 선진국들은 투자한 국가의 정부를 옭아매면서 원칙을 강요한다. 국가도 이제 국내 문제를 처리할 때 세심하게 원칙을 세우고 반드시 지켜야 한다.

아직도 많은 사람이 팽창사회식 방법으로 수축사회에서 살아가려고 한다. 물론 수축사회의 전반적인 모습과 행동방식을 완전히 이해한 사람은 아직 없을 것이다. 팽창사회 방식과 수축사회 방식이 혼재되어 나타나기도 한다. 체제가 전환하는 과도기에는 전문가의 조언이나 경쟁자의 대응이 잘못될 가능성이 높다. 아마 이들도 엄청난 혼란에 빠져 어찌할 바 모를 것이다. 결국 경쟁자를 너무 의식하지 말아야 한다. 전환의 큰 방향을 숙지한 후, 다양한 가능성을 열어놓고 상황 변화에 따라 조금씩 전략을 수정하면 된다. 즉, 수축사회에 대해 깊이 성찰한 후 원칙을 만들고 지켜나가면 승산이 높다.

누군가 당신을 보고 있다!

행정자치부에 따르면 공공기관 CCTV는 2016년 기준 84만 5천 대나 되고, 차량용 블랙박스는 200만 개가 팔렸다고 한다. 여기에 민간의 CCTV, 소셜 미디어, 스마트폰 등까지 감안하면 우리의 모든 일거수일투족이 기록되고 감시되고 있다고 해도 과언이 아니다. 살인과 강도사건 검거율은 거의 100퍼센트를 기록하고 있다. 이제는 공적 영역의 정치나 사회적 행위뿐 아니라 사생활까지 모두 기록된다. 단지 드러나는 데 시간이 걸릴 뿐이다. 최근 사회적으로 물의를 일으키는 많은 사람의 공통점은 이런 디지털 사회에 대해 전혀 모른다는 것이다. '권력과 지위를 이용한 부정, 억압, 인권유린, 이권취득은 항상 존재해왔는데 왜 나만 문제냐? 재수없이…'라고 생각할 것이다. 이때 부정한 일을 저지른 사람은 과거 방식으로 편법과 권력을 동원해 부정을 덮으려 시도하기도 한다. 그러나 그 어떤 방법도 이제는 디지털 기술을 이길 수 없다.

디지털 기술은 인간의 모든 행위를 기록하고 있다. 아무리 애써도 감출 수 없고, 어딘가에 존재한다. 향후에는 77억 명에 달하는 인류의 모든 역사가 기록될 것이다. 마이크로소프트의 수석과학자 고든 벨Gordon Bell은 저서《디지털 혁명의 미래》에서 이러한 관점을 제시했다. 2009년에 출간된 이 책은 모든 것이 기록되는 시대에 대해 이야기한다. 당시 나는 이 책을 읽으면서 모든 것이 기록되면 인간이 과연 행복해질까?, 사회가 정의로워질까? 하는 의문이 들었다. 나의 모든 행동과 생각을 타인이 알게 된다면 범죄가 사라지지 않을까? 하는 생각도 해보았다. 기술의 발전이 아직 그가 예상한 수준까지 도달하지는 않았지만, 불가능한 일은 아닐 것이다.

정치 영역에서도 투명성이 크게 높아졌다. 문재인 대통령은 남북정상회담을 앞두고 모든 남북 접촉을 투명하게 진행하겠다고 천명했다. 그동안 밀실에서 진행된 남북 접촉은 정권이 바뀔 때마다 남북 대화가 단절되는 원인이 되기도 했다. 어차피 시간이 지나면 다 알려질 것이라는 판단도 작용했을 것이다. 물론 모든 남북 접촉이 공개되면 반통일론자들의 공격이 심해질 것이다. 그러나 투명한 남북대화로 인해 정권교체 후 발생할 논란이 사전에 차단되고, 남북관계의 연속성도 확보할 수 있게 되었다. 과학기술이 발달한 수축사회에서는 모든 것이 투명하게 드러나기 때문에 정직하게 원칙을 지키는 것이 더 필요해진 것이다.

원칙이 중요한 또 다른 이유는 현실적인 문제에 있다. 수축사회에서 발생하는 치열한 제로섬전쟁을 관리하기 위해서는 공정성이 절대적으로 필요하다. 생존을 놓고 극한 대결을 벌이는 게임일수록 플레이어는 게임의 룰을 정확히 지켜야 한다. 룰을 지키지 않으면 플레이어의 의지와 관계없이 디지털 기술에 의해 즉시 공개되어 게임 결과에 상관없이 패배한다. 향후 수축사회가 진행될수록 전투의 패배자나 중상을 입은 계층이 늘어나면서 빈부 격차는 더욱 확대될 것이다. 이때 정치와 정책은 전적으로 패배자 편에 설 것이다. 따라서 전투의 공정성에 대해 사회적 관심이 증대되면서 게임의 룰을 어긴 측은 강한 제재를 받을 수밖에 없다.

ESG로 정직한 사회성을 높여라

수축사회에서 승자는 적어지는 파이를 많이 취한 만큼 처신하기도 어렵다. 설사 게임에서 공정하게 파이를 차지한 승자일지라도 사회 공헌을 늘려야 한다. 이런 것이 선순환되기 시작하면 투명하고 정당한 방법으로 전투를 벌이고 사회 공헌에 최선을 다할수록 소비자들은 해당 기업의 제품을 선호할 것이다. 또한 소비자 단체의 영향력이 커지면서 사회적 기여가 적은 기업의 제품을 불매운동하는 사례도 늘어날 것이다. 최근 경영진의 무능과 갑질, 증여 문제로 도마에 오른 한국의 항공사는 앞으로 경영 성과가 좋을 리 없다. 승자가 사회성을 높여야 하는 것은 이제 시대적 소명이다.

착한 기업을 정량적 지표로 평가하는 방법 중 하나로 ESG라는 것이 있다. ESG는 재무 외적 요소인 환경environment, 사회적 책임social responsibility, 지배구조governance의 약칭인데, 사회 환원·복지·배당정책 등으로 평가한다. 어느 국가에서나 ESG 등급이 높은 기업은 경영성과가 좋았다. 글로벌 지속가능투자연합GSIA의 최근 자료에 따르면, 전 세계 ESG 투자총액은 2016년 말 기준 약 23조 달러에 달할 정도로 규모가 커졌다. 스튜어드십 코드stewardship code 란 연기금과 자산운용사 등 주요 기관투자가들이 투자한 기업의 의사결정에 적극 참여해 주주로서의 역할을 충실히 수행하는 것을 총칭한다. 2010년 영국에서 처음 도입된 뒤 네덜란드, 캐나다, 스위스, 이탈리아 등 10여 개국에서 도입해 운용 중이다. 아시아 국가 중에는 일본, 말레이시아, 홍콩, 대만 등에서 운용하고 있는데, 한국에서도 도입이 늘어나는 추세다.

ESG와 스튜어드십 코드는 기업 경영의 투명성을 사회적으로 감시하는 규범이다. 이 두 제도가 정착되면서 기업의 역할과 책무가 단지 이익을 많이 내는 것에서 사회와의 관계를 중시하는 것으로 바뀌고 있다는 점을 인지해야 한다. 기업뿐 아니라 개인 간, 혹은 국가 간의 관계에서도 투명하게 원칙을 지키는 것이 수축사회를 극복하는 기반이 된다.

미래에 집중하라

요즘 베트남어 학습 열기가 거세다. 베트남의 경제발전 속도가 빨라지면서 한국 기업들의 진출이 활발해졌기 때문이다. 중국이 고성장하면서 베트남의 성장 가능성은 이미 1990년 초반부터 논의되었다. 그럼에도 불구하고 최근까지 베트남어과는 비인기학과여서 영어과, 일어과, 중국어과에 비해 입학하기가 수월했다. 그러나 삼성전자가 베트남 수출의 20퍼센트(계열사 포함 25%, 일자리 16만 개)를 차지하자 지금은 베트남어를 구사하면서 중위권 대학에서 경영학을 공부한 학생에 대한 수요가 크게 늘어났다. 영어, 중국어, 일어 능통자는 공급과잉인 반면, 베트남어 능통자는 늘 수요가 초과하기 때문이다. 베트남어과에 입학하기 위해서는 수능 2등급 정도가 되어야 한다고 한다. 반면 20여 년 전 카자흐스탄 등 중앙아시아에서 사업을 하던 유명한 7080 가수는 2017년 고액 상습체납자 명단에 이름을 올렸다. 망해가는 중앙아시아에 운명을 걸었기 때문이다.

앞으로 미래를 전망할 때는 두 가지를 유의해야 한다. 사람의 모든 의사결정과 행동은 미래의 변화를 전제로 한다. 국가와 기업의 투자나 정책도 그러하고, 개인도 마찬가지다. 따라서 의사결정은 미래를 얼마나 치열하고 깊이 생각했느냐가 승패를 가른다. 여기까지는 과거와 차이가 없다. 그러나 대전환을 고려하지 않고 과거 방식대로 미래를 예측하면 모두 실패할 것이다. 전장의 '판'이 바뀐 것을 감안해야 한다. 통상 전투가 치열할수록 눈앞의 전투에만 집착한다. 그러나 전투의 승패를 가늠하는 것은 눈앞의 전투가 아니라 사회 전체의 모습이다. 이제는 전 세계가 수축사회로 변하고 있어 팽창사회의 잣대로 미래를 예측하는 것은 의미가 없다. 따라서 첫 번째로 유의할 점은 수축사회를 기초로 예측해야 한다는 것이다.

멀리 보는 새가 독식한다!

두 번째로 유의할 점은 가까운 미래보다는 아주 먼 미래를 보는 것이다. 경쟁자들보다 조금이라도 더 멀리 보려는 노력을 기울여야한다. 애플의 스티브 잡스는 MP3인 아이팟을 만들면서 스마트폰기능을 가진 아이폰 개발까지 내다봤다. 당시로서는 꽤 먼 미래였다. 다른 경쟁자들은 통신기능의 향상에만 매달렸으나, 스티브 잡스는 휴대전화에서 인터넷을 연결하고 앱을 통해 수익을 얻는 모델까지 생각했다. 통신기술의 발달과 사람들의 욕구 변화라는 먼미래를 감안해서 제품을 만들었던 것이다. 그는 먼 미래를 바라보고 이런 개발과 투자를 진행했지만, 알다시피 그가 꿈꾸던 세상은바로 현실이 되었다. 예를 들어 어린이 대상 보습학원을 경영하는사람이라면 온라인 교육 확대, 입시교육에서 전인교육으로의 전환 등 구조적인 전환에 관심을 두어야 한다. 단지 임대료 상승 같은(비용) 문제에만 집중하면 살아남을 수 없다.

문재인 정부의 경제정책인 소득주도성장을 좀 더 멀리 바라보자. 당장은 인건비 상승으로 자영업 등의 경영이 악화된다. 지금은 이 문제에만 집중해서 논쟁이 한창이지만, 5년쯤 후를 상상해보자. 소득주도성장은 52시간 근로, 최저임금 인상, 공정한 경영등이 어우러진 정책이다. 이런 것들이 사회의 보편적 상황으로 굳어지면 노동에 대한 재평가가 이루어질 것이다. 대부분의 직장에서 점심시간은 12시부터 1시까지다. 그러나 실제로는 11시 40분에서 1시 20~30분까지를 점심시간으로 사용한다. 서둘러 식사를 한후 근처 커피 전문점에서 차 한 잔 하는 것이 일상적이다. 그러나

52시간 근로로 점심시간이 타이트하게 지켜질 경우, 차 마실 시간이 짧아지거나 아예 없어질 수도 있다. 이렇게 되면 오피스빌딩이 밀집한 지역의 커피 전문점은 아르바이트 직원의 인건비 상승보다는 아예 차 마실 손님이 줄어들어 폐업할 가능성도 예측해볼 수 있다.

다양한 서비스에 대해서도 정당한 비용을 지불해야 할 것이다. 소득주도성장은 단순히 저소득자의 임금을 올리는 것만이 아니라 살아가는 방식을 선진국형에 가까워지도록 만드는 정책이다. 일본과 같이 파트타임 일자리를 몇 개씩 가진 소위 프리터족(free arbeiter, 일정한 직업 없이 아르바이트로 살아가는 사람)이 늘어나면 고용의 유연성이 다소 높아질 수도 있다. 따라서 소득주도성장을 서두를 것이 아니라, 사회 전체의 비용과 소비구조를 선진국형으로 바꾸려는 정책으로 판단해 단계적으로 실시한다면 궁극적으로 경제에 도움이 될 것이다.

소위 FAANG(페이스북, 아마존, 애플, 네플릭스, 구글)이라 불리는 기업들의 경쟁 영역은 누가 더 먼 미래를 보는가에 달려 있다. 이 기업들은 황당해 보이는 새로운 시도를 끊임없이 하고 있다. 왜냐하면 AI 등 4차산업혁명이 더 발전했을 때 어떤 현상이 벌어질지 모르기 때문이다. 따라서 미래에 통용될 가능성이 엿보이는 기술이라면 자체 개발하거나 가격 불문하고 관련 기술을 가진 기업을 매입하기도 한다. 반면 중국의 샤오미Xiaomi, 오포Oppo, 비보Vivo 등 저가 스마트폰 업체들은 눈앞의 전투에서는 승리하고 있지만, 10년 후에도 이들이 생존할지는 불투명해 보인다.

수축사회

지금까지는 일찍 일어나는 새가 먹이를 많이 먹는 시대였지만, 앞으로는 가장 먼 미래를 보는 새가 모든 것을 가져간다. 이런 측면에서 보면 국가는 적어도 30년 이상을 내다보는 장기 계획을 세워야 하고, 기업은 주력 업종의 구조적 변화를 글로벌 차원에서 항상 살펴야 한다. 또한 개인도 수축사회에서 필요한 역량을 지금부터 확보해야 한다.

정책을 예측하라

재벌 3세들이 빵집을 운영해 동네 빵집들이 경영난을 겪은 적이 있다. 이때 정부는 빵집 간 거리를 제한하는 정책을 마련해 사실상 재벌가의 빵집 경영이 불가능하도록 했다. 최근에는 공급과잉인 동네 마트도 거리 제한을 둬야 한다는 논의가 활발하다. 기존 편의점 80미터 이내에는 신규 출점이 제한되는 방향으로 정책이 정해질 듯하다. 고속도로 휴게소의 주유소는 알뜰 주유소로 바뀌었고, 대형마트는 영업시간과 휴무일이 지정되었다. 자본주의와 민주주의 사회에서는 모든 의사결정과 행위가 자유롭지만, 이제는 사회적으로 제한받기 시작했다. 경쟁이 치열하고 소상공인이 영위하는 사업일수록 대기업의 신규 진출이 규제될 것이다.

세계적 투자가인 조지 소로스George Soros는 1992년 고평가된 영국의 파운드화를 공격했다. '투기적 공격speculative attack'이라 명명된 파운드화에 대한 매도 공세로 영국중앙은행BOE은 항복하는 굴욕을 당했다. 그리고 2016년 초에 그는 중국 위안화에 대한 공격을 감행했다. 모순투성이의 중국 경제에 대한 선전포고였다. 당시 나는 이 공격이 실패할 것으로 예측했다. 왜냐하면 영국과 중국은 큰 차이가 있기 때문이다. 그는 중국 경제의 문제점만 보았지 대응에 대해서는 거의 무시했다. 또한 중국의 경제 규모는 영국보다 훨씬 크고 국가재정도 안정적이다. 외환보유고는 무려 3조 달러에 달한다. 가장 큰 차이는, 영국은 완전한 개방경제이기 때문에 국가가 개입하는 데 한계가 있지만 중국은 국가가 모든 분야, 특히 외환시장을 강력히 통제한다는 점이다. 결국 소로스는 중국 전체와 싸워야만 했다. 소로스의 공격이 있자 중국은 정부의 지휘하에 일사불란하게 대응해 결국 소로스를 패배시켰다. 통제사회인 중국을 바라보는 기본적인 시각이 부족해서 중국 정부의 적극적인 정책 대응을 예측하지 못했던 것이다.

각국 정부와 정치권은 수축사회를 치유하기 위해 그 어느 때보다 다양한 정책을 내놓고 있다. 정책 변화는 전투 중인 플레이어의 승패를 좌우할 정도로 중요하다. 따라서 정책을 예측할 수 있다면 당연히 진행 중인 전투에서 승률이 높아진다. 수축사회 현상을 면밀히 살피고 깊게 고민하면 정부의 정책을 예측할 수 있다.

수축사회를 돌파하기 위한 정책에는 많은 돈이 들어간다. 그런데 이미 각국 정부의 재정은 메말라가고 있다. 재정위기를 겪고 있는 그리스 등 남유럽은 새로운 정책을 펴려면 다른 분야에서 사용하던 재정을 끌어와야 한다. 재정이 부족한 국가일수록 정책 간에 제로섬 관계가 형성되고 있는 것이다. 재원 부족과 더불어 논의한 정책이 실제로 시행되기 어려운 측면도 많다. 정책이 특정 분야에 치우칠 경우 수혜를 입는 측이 있으면 반대로 피해를 보는 측도 있다. 예를 들어 차량 공유 서비스인 우버Uber 도입 정책은 개인택시 기사들의 반대로 시행하기 어렵다. 숙박 공유 서비스는 관련 법규가 미비하지만, 공급과잉인 호텔업은 마진율 하락을 우려해 반대 목소리를 높일 것이다. 빅데이터 분야는 개인 정보 보호 문제 때문에 쉽지 않다.

수축사회에서는 파이가 줄어들기 때문에 이익집단들은 각자 생존형 제로섬전투에 나선다. 이런 극한 전투 때문에 선거에서 표를 얻어야 하는 정치권은 정책 아이디어를 남발하지만 실행 가능성은 낮아지고 있다. 사회의 기본 구조와 더불어 정치인과 관료들의 판단, 이익집단의 저항과 로비 등 과거보다 훨씬 많은 요소를 감안해야 정책을 예측할 수 있다.

연결해야 보인다!

사회 모든 현상은 상호 연결되어 있기 때문에 저절로 발생하는 사건은 없다. 그래서 나비효과는 역사상 어느 시기에나, 그리고 모든 영역에서 발생했다. 나비효과는 지금과 같이 팽창사회에서 수축사회로 전환하는 과정에서 더욱 중요해진다. 팽창사회의 파괴와 수축사회의 생성이 동시대에 거의 모든 영역에서 발생하고 있기 때문이다. 아주 소소한 변화일지라도 수축사회로의 전환을 담고 있다. 작지만 희미하게 연결된 많은 영역의 변화를 종합해서 보면, 전체로서의 전환을 더 빠르게 이해하고 대응할 수 있다. 사회 각 영역은 서로 다른 속도와 방향성을 가지고 있다. 따라서 언뜻 보면 불연속적인 듯하다. 그러나 전체가 지향하는 방향은 수축사회로의 전환이다. 작은 전환의 결과를 전체 맥락에서 파악할 때 수축사회의 모자이크를 완성하게 된다.

서울대 이정동 교수는《축적의 길》이라는 책에서 '개념설계'를 주장한다. 개념설계를 자동차산업에 응용해보자. 이 교수는 자동차에 영향을 주는 모든 영역의 흐름을 인과관계로 이해해야만 기술혁신도 이루고 경쟁에서 승리할 수 있다고 주장한다. 자동차 디자이너는 소비자의 취향뿐 아니라 소재의 내구성이나 세라믹 기술, 자동차 제조기술의 발전 등 자동차에 관한 모든 것을 우선 파악해야 한다. 그런 다음 경제 상황, 차량 구입 세대의 정서적 특성까지 감안해야 한다. 복잡한 자동차뿐 아니라 특정 부품이나 단순한 조립가공을 하는 기업도 전체 맥락을 모두 연결해서 산업이나 자신의 일을 파악해야 한다.

10여 년 전부터 통섭(統攝, consilience)이란 말이 화두로 떠오르고 있다. 인문·사회과학과 자연과학을 통합해 새로운 것을 만들어내는 범학문적 연구를 일컫는 용어다. LG, 삼성과 같은 대기업들은 IT산업을 벗어나 인문학, 심리학 등을 자사 제품에 응용하기 위해 통섭 개념을 도입하고 있다. 다양한 학문 간 상호작용과 연결성에 주목해야 하는 사회적 요구를 반영한 것이다. 특히 한국인은 연결성을 중심으로 사회현상을 보는 데 취약하다. 오랜 기간 입시 중심 교육에 매달려왔고, 가장 격렬한 팽창사회를 경험했기 때문에 과거의 성공에 대한 신념이 너무 강하다. 파이가 커지니 눈길을 다른 곳으로 돌릴 필요가 없었던 것이다. 자신의 영역만 열심히 탐구하면 성공할 수 있었다. 우물 안에서도 충분히 잘살 수 있는데, 굳이 우물 밖에 강이 있는지 날씨가 어떤지 알 필요가 없었던 것이다.

예를 들어 서울 명동에서 화장품 소매업을 하는 자영업자가 매장을 키울지 여부를 결정하는 과정을 연결성을 기반으로 생각해보자. 2016년부터 미국의 금리가 꾸준히 오르고 있다. 제로 수준이었던 미국의 기준금리가 2018년 9월 2퍼센트를 넘겼고, 10년 만기 국채수익률은 3퍼센트를 넘나들고 있다. 앞서 살펴보았듯이 중국이 해외에서 자본을 조달하는 창구인 홍콩과 미국은 환율이 거의 고정되어(PEG제) 있어 홍콩의 금리는 미국과 비슷하다. 따라서 중국 은행들은 미국이나 홍콩을 통해 외자를 들여다 중국의 기업이나 부동산에 대출해주고 있다. 이 결과 중국 금융시장은 미국의 기준금리와 달러 가치에 크게 의존한다. 이런 상황 때문에 미국 금리가 상승하면 홍콩 금리가 상승하고, 이에 따라 중국 내 금리까지 상승하는 결과를 가져온다. 달러로 자금을 빌려왔는데 달러 강세로 빚이 더 증가하면서 금리가 추가로 상승하는 것이다. 중국의 금리가 오르면 내수 소비나 부동산시장이 타격을 받는다. 이럴 경우 중국인들은 소득 감소로 해외여행을 줄이고 해외여행을 가도 고가 사치품보다는 생필품 위주로 쇼핑할 것이다. 이 영향으로 한국을 방문하는 중국 관광객의 절대 인원이나 씀씀이도 줄어들게 된다. 결국 명동의 화장품 매출도 타격을 입을 것이 불가피하다. 그렇다면 매장 확장을 일단 보류하는 것이 좋다. 2018년 8월 터키의 외환위기도 미국의 금리 인상과 달러 강세 때문이다. 그렇다면 터키의 리라화가 약세를 보이니 터키 여행을 싸게 다녀올 기회가 될 수 있다. 이런 식으로 세계의 움직임이 개인의 삶과 생활에 가장 중요한 변수가 되고 있다.

　연결성을 이해하고 활용하기 위해서는 다양성에 대한 인정이 선행되어야 한다. 흔히 얘기하는 '틀림'과 '다름'의 차이를 명확히 해야 한다. 다른 것을 많이 느끼고 경험하고 인정하면서 생활에 반영하는 것이 일상화되었을 때, 수축사회를 탈출할 심리적 기초가 만들어진다. 그런 다음 '다른' 것들 간의 상호관계를 깊이 생각하면 미래가 좀 더 또렷하게 보일 것이다. 상호의존적 도미노 현상이란 바로 이런 의미다. 폭넓은 연결성을 이용하는 의사결정이 습관화되면 AI만 구사하는 딥 러닝deep learning이 누구나 가능해진다. 결국 연결되어야만 전체를 볼 수 있다. 수축사회 진입 초기라는 시간적 특성을 감안할 때 작은 부분에 지나치게 함몰되면 몰락 속도만 높일 뿐이다. 물론 연결성에 대한 폭넓은 기초 지식은 본인이 숙지해야 한다. 수축사회에서 미래는 저절로 알 수 없다.

창의성이 답이다

칭기즈 칸 군대가 유럽까지 진출한 비결은 지정학적 요충지로만 전력을 집중했기 때문이다. 황무지나 주변에 영향력이 적은 지역은 그냥 지나치면서 철저하게 선택과 집중 전략을 펼쳤다. 21세기 초반 거의 재벌 반열에 올라섰다가 하차한 기업으로 STX그룹과 웅진그룹이 있다. 두 그룹은 1997년 외환위기 이후 갑자기 성장했다. STX그룹은 중공업 분야에, 웅진그룹은 가정용 렌탈 시장에 집중한 결과였다. 그러나 회사 규모가 커지자 STX그룹은 경쟁이 치열한 해운업과 중국발 공급과잉이 심각한 조선업에 공격적으로 진출했다. 웅진그룹도 마찬가지다. 성장이 정체된 건설업과 공급과잉인 태양광산업에 진출했다. 두 그룹은 자신들이 잘할 수 있는 사업에서 돈을 벌어 공급과잉이 심각한 수축사회형 산업에 깊은 고민 없이 진출했던 것이다.

우선은 선택과 집중

세계적 기업인 삼성그룹은 IT, 바이오산업에만 올인하고 있다. 화학, 중공업 등은 이미 매각했다. 삼성중공업은 매수자가 없기 때문에, 금융은 지배구조 때문에 보유하고 있는 것이다. LG그룹도 GS, LS, LIG 등으로 분할된 후 지금은 IT와 화학 분야에만 집중하고 있다. 두 그룹은 미래형 산업에 올인하는 선택과 집중 전략으로 치열한 글로벌 경쟁에서 승리하고 있다. 과거와 같이 전선을 무분별하게 확장할 경우에는 버티지 못할 것이라고 판단한 듯하다. 반면 삼성으로부터 방위산업과 화학산업을 사들인 한화그룹은 기초화학과 방산 분야에서 독과점적 위치에 올라 효율성이 높아졌다.

　파이가 줄어드는 수축사회에서는 다양한 영역으로 역량을 분산시키면 전력 손실을 입을 수 있다. 개인도 그렇지만 기업 경영에서 선택과 집중이 그 어느 때보다 중요해졌다. 수축사회에서는 모든 영역에서 전투가 벌어지기 때문에 내 손 안에 실탄(자금, 기술, 인재)이 떨어질 수 있다. 만일 당신이 고립무원의 전선에서 이런 상황에 처해 있다면 어떤 전략을 취하겠는가? 당연히 승산이 높아 보이는 곳에 화력을 집중해서 탈출할 것이다.

한국의 재벌은 이제 지주회사가 여러 자회사를 거느리는 지배구조로 경영된다. 이 결과 자회사 간 공동출자와 순환출자가 어려워졌다. 이런 상태에서 사업 영역을 확대하면 지주회사의 재무적 부담이 너무 커진다. 지주회사제도는 재벌의 팽창을 어렵게 만들어 경제력 집중현상을 완화하려는 정책인데, 이런 성격의 정책은 향후에도 계속 유지될 것이다. 따라서 이제는 재벌이 새로운 사업을 벌이기가 어려워졌다. 또한 투자를 하더라도 수축사회 진입으로 과거보다 성공 확률이 크게 낮아졌다. 따라서 재벌이 가진 자원의 한계성을 감안하면 선택과 집중 전략을 취할 수밖에 없다. 선택과 집중은 과거에도 중요했지만 수축사회에서는 기업의 생사를 좌우할 정도로 중요해질 것이다.

개인의 경우에도 마찬가지다. 여러 가지 재능보다는 한 가지 재능에 집중해도 성공 가능성이 낮지 않은가? 프로야구의 경우 지금까지 만능선수라는 칭호를 사용할 만한 선수는 투타를 겸업한 해태의 김성한 선수 정도다. 김성한 선수가 활약한 시대보다 지금은 구단 수와 선수가 많아졌지만, 오히려 만능선수는 사라졌다. 대중음악계에서도 작사, 작곡, 편곡, 노래를 겸하는 싱어송라이터가 사라지고 있다. 우리가 알 정도의 유명인은 모두 한 분야에 정통한 사람들이다. 결국 포기할 것은 포기하고 투자할 곳에는 과감하게 투자해야 한다. 가지 많은 나무에 바람 잘 날이 없다는데, 이젠 태풍이 불기 시작했다.

디자인과 브랜드가 핵심 무기다

요즘 한국 자동차의 뒷면을 보면 쉽게 구분이 안 된다. 독일의 BMW, 현대자동차의 신형 그랜저, 르노삼성의 SM6는 뒷모습이 거의 유사하다. 기아차의 뉴K9은 벤츠와 비슷하다. 독일 차는 2018년 BMW 차량 화재 사건에서 보듯이 이제 품질에서 국산차와 별 차이가 없는 듯하다. 그럼에도 가격 차이는 매우 크다. 그렇다면 왜 품질 차이가 좁혀졌을까? 바로 4차산업혁명으로 자동차 생산과정에 로봇이나 IT기기 사용 비중이 크게 늘어났기 때문이다. 어느 자동차 회사나 유사한 산업용 로봇을 사용한다. 따라서 새로운 산업용 로봇을 투입한 기업의 자동차가 가장 우수하다. 자동차뿐 아니라 로봇 사용 비중이 높은 공산품의 품질이 점점 더 비슷해지면서, 이제 어느 회사나 품질 좋은 제품을 만들 수 있게 되었다. 그렇다면 경쟁에서 승리하는 차별적 요소는 무엇일까? 바로 브랜드 가치나 디자인 같은 감성적 요소다. 경쟁 무기가 품질에서 디자인과 브랜드로 바뀐 것이다. 현대차와 벤츠의 엄청난 가격 차이는 브랜드와 디자인의 차이에서 기인한다.

수축사회에 진입하면서 생활이 어려워졌지만 명품의 인기는 더욱 거세지고 있다. 명품을 구입하는 사람들은 비록 생활이 어렵지만, 명품 한두 개 사용함으로써 다른 사람에게 자신이 능력 있음을 과시하고, 이를 통해 심리적 위안을 얻는다. 한국의 명품가방 시장 규모는 2017년 종주국인 프랑스를 제치고 세계 4위를 기록했다. 중국 등 외국인 관광객 수요도 있지만 기본적으로 내수 수요가 탄탄한 결과다. 세계 최고 기업인 애플에서 직종 간 연봉구조를 봐도 확연히 알 수 있다. 2014년 기준 애플 내에서 평균 연봉이 가장 높은 분야는 디자인industrial designer으로 평균 연봉이 20만 달러에 육박한다. 그러나 재무회계 담당자 등 단순 관리 영역은 10만 달러도 채 되지 않는다. 향후 수축사회가 깊어갈수록 브랜드와 디자인에 대한 탐닉은 더욱 늘어날 전망이다.

한국의 재벌 3세들이 경영에 입문할 때 브랜드나 디자인을 담당하는 경우가 많은 것도 바로 이런 이유 때문이다. 브랜드를 만들려면 엄청난 시간과 비용이 소요되기 때문에 오너 본인이나 자식들이 직접 담당하지 않으면 성과를 내기 어렵다. 롯데와 신세계의 백화점 전쟁의 무기는 브랜드다. 신세계가 연간 수십억 원의 적자를 감수하면서 강남 코엑스에 거대한 도서관을 운영하는 이유는, 신세계가 문화를 사랑하고 선도하는 기업임을 인식시키려는 고도의 브랜드 전략이다. 신세계에서 물건을 사면 고객의 문화적 수준도 올라간다는 심리를 노린 노력인 것이다.

여기에 4차산업혁명이라는 장외변수가 등장했다. 4차산업혁명으로 모방자의 혁신이 빨라지고 있다. 그동안 혁신적인 경제는 일본이 미국을, 한국은 일본을, 그리고 중국은 한국을 모방하면서 성장해왔다. 그런데 모방 시간이 짧아지고 있다. 예를 들어 한국이 일본 기술을 모방할 때는 10년이 걸렸지만, 지금 중국은 1~2년 내 바로 따라잡는다. 왜냐하면 4차산업혁명은 미국, 일본, 한국, 중국이 비슷한 선상에서 출발하고 있기 때문이다. 모방의 속도가 빨라졌지만 브랜드와 디자인은 모방이 불가능하다. 따라서 향후 경쟁의 본질은 브랜드와 디자인이 될 것이다.

창의성 전쟁

역사상 모든 전쟁에서의 승리는 적군이 예상 못한, 혹시 알더라도 모방할 수 없는 무기를 사용할 때 가능했다. 석기시대부터 청동기 시대, 철기시대를 거쳐 지금에 이르기까지 모든 전쟁은 신무기가 승패를 좌우했다. 임진왜란 당시 일본의 조총, 이순신 장군의 거북 선도 그러하다. 1차 세계대전 때는 탱크와 항공기, 2차 세계대전 때 는 잠수함과 로켓, 원자폭탄이 전쟁의 승패를 결정했다. 기존 무기 를 뛰어넘는 전혀 새로운 형태의 무기체계였다. 북한은 기존 재래 식 무기로는 한국과의 전쟁에서 승리할 수 없다고 판단해 1980년 대부터 핵무기와 그 운반체인 대륙간탄도탄ICBM을 개발하기 시작 했다. 그리고 북한이 핵개발을 끝내자 한국과 미국은 협상 외엔 대 응방안이 없는 상황이 되었다. 새로운 창의적 시각으로 전세를 역 전시킨 것이다. 북한 핵 보유는 한국에 매우 큰 위협이지만 북한 입 장에서는 전략적 승리로도 볼 수 있다.

　　수축사회에서는 팽창사회에서 사용한 무기를 재활용할 수 없다. 팽창사회에서 통용되던 무기는 적군도 이미 가지고 있다. 그 러니 완전히 다른 무기가 필요하다. 기업 입장에서는 선택과 집중 전략으로 제품을 선정한 후, 브랜드 가치를 높이고 디자인 강화에 몰두해야 한다. 적이 모방할 수 없는 나만의 무기가 필요해졌다. 그 무기는 바로 창의성이라는 말로 압축된다. 어느 시대나 창의성 은 모든 전투의 핵심이었다. 그러나 지금은 시장이 줄어드는 수축 사회다. 대중의 주목을 받지 못하면 몰락 속도가 2배, 3배로 빨라 진다. 그래서 순발력도 필요하다. 일단 지르듯이 속도전을 펴야 한다. 물론 무기는 창의성이다.

수축사회에서는 늘 전투가 치열하다. 상대방도 전투에서 이기기 위해 가능한 한 모든 수단을 사용한다. 따라서 자신이 잘할 수 있고, 수축사회에서도 성장할 수 있는 미래 분야에 확실한 선택과 집중이 필요하다. 또한 제품의 기능과 품질을 넘어서는 무형의 가치를 추구해야 한다. 끊임없이 색다른 디자인을 개발하고 브랜드 가치를 높이기 위해 시간과 자금, 그리고 다양한 비전투 무기에 많은 투자를 해야 한다. 즉, 소비자가 자기 회사의 제품에서 특별한 권위를 느끼도록 해야 한다. 이런 기업의 경영전략은 국가나 개인에게 적용해도 마찬가지다. 국격과 개인의 품격을 높이기 위해 창의적으로 접근해야 한다. 물론 이 전략은 과거에도 가장 중요한 요소였다. 그러나 수축사회에서는 이것이 생존과 직결되어 있다.

남다른 무기를 개발하라

수축사회에서의 경쟁은 팽창사회와 근본적으로 다르다. 물론 여전히 사람이 행위의 주체이기 때문에 기본 원칙은 유사하지만, 팽창사회와는 완전히 다른 전략이나 생각의 전환이 필요하다. 몇 가지 새로운 게임의 기술을 살펴보자.

정치적 감각을 키워라

선거철만 되면 선출직 공직자들은 유권자들에게 깍듯이 인사하고 불만사항도 잘 들어준다. 자존심이 없어 보일 정도로 유권자 중심으로 행동한다. 이들이 자세를 낮추는 것은 선거에서 자신에게 투표해달라는 이유지만, 자신의 평판을 관리해서 궁극적으로 지지 기반을 확산시키기 위해서다. 이런 행위는 정치적 감각으로 볼 수 있다. 수축사회에서의 행위양식은 이렇게 우군을 많이 만들어야 위기를 극복하기 쉬워진다.

전쟁에서 꼭 살상무기만 사용하는 것은 아니다. 여러 형태의 다양한 비전투 무기를 사용한다. 심리전, 여론전 등과 같이 사람의 감성에 호소하는 비전투 무기가 오히려 더 큰 효과를 발휘하기도 한다. 많은 기업이 자사 제품에 푹 빠진 마니아 계층을 만들려는 이유는 마니아층의 자발적 지원이나 홍보 등을 이용하기 위해서다. 개인도 마찬가지다. 수축사회에서는 전투에서 승리하기 위해 모두 가장 강력한 무기만 사용하지만, 무기보다 더 중요한 것은 사회적 우군이다. 자신을 소중하고 중요하게 생각하는 사람이 많아질수록 수축사회의 공포를 떨쳐낼 수 있다. 인간적인 매력, 공감능력 등 심리적 요인이 과거보다 매우 중요해졌다.

독점을 피하라

세계경제를 흔들던 페이스북과 구글이 여러 국가에서 타깃이 되고 있다. 시장점유율이 너무 높고, 특정 국가에서 발생한 이익을 세금도 제대로 내지 않고 본사로 보내기 때문이다. 한국에서도 구글은 우월적 지위를 이용해 독점적 위치에 서면서 구설수에 올랐다. 2017년 구글은 8조 원대인 한국 앱 시장에서 61퍼센트나 되는

4조 8천억 원을 수수료로 챙겼다. 구글의 독점이 거세지자, 2017년 EU는 구글에 3조 원의 벌금을 내라고 통보했다. 이후에도 구글에 대한 EU의 공세는 계속되어 지금까지 67억 유로(약 8조 6천억 원. 2017년 구글의 모기업인 알파벳의 순이익은 127억 달러)의 벌금을 부과한 상태다. 구글이 유럽 검색시장의 90퍼센트를 차지하면서 독점적 지위를 남용했다는 것이 이유다.

세기의 대부호였던 록펠러도 과도한 탐욕, 즉 독점을 추구한 결과 쇠락했다. 전력, 가스와 같은 기간산업을 제외한 민간 영역에서는 구조적인 독점이 용인되지 않는다. 때로는 제로섬전투에서 완전히 승리하면서 상대방의 몰락으로 자연스럽게 독점이 발생할 수도 있지만, 이런 상황까지는 의도적으로 피해야 한다. 수축사회에서 패배자는 완전히 몰락하기 때문에 더 이상 재기가 불가능하다. 따라서 독과점 상태에 진입하는 순간, 패배자로부터 비난과 시기가 집중되고, 사회적으로도 엄중한 감시를 받게 된다. 점점 많은 국가에서 대기업 경영에 규제가 강화되는 것은 그만큼 독과점이 심해지고 있기 때문이다. 많은 국가에서 이런 상황을 막기 위해 독과점 이익을 회수하려 하고 있다. 수축사회에서는 사회 여러 영역에서 양극화가 심화되기 때문에 독과점에 대한 시선이 더 싸늘해진다. 이제 제로섬전쟁의 승자가 모든 것을 독식할 수 없는 구조로 전환되고 있다.

○   한국의 대형마트는 이마트와 롯데마트가 양분하고 있다. 여기에 3위 홈플러스가 각축 중이다. 그런데 이마트와 롯데마트는

더 이상 점포를 내지 않는다. 지금까지의 페이스를 밀고 나가면 양강 구도를 유지하거나 완전한 승자가 될 수 있는 기회를 포기하는 것처럼 보인다. 이들은 홈플러스에 대한 공격을 완화하면서 자신들이 독과점 사업자에 오르는 것을 소극적으로 방어하고 있는 것으로 보인다.

○ 통신업계에서는 SKT와 KT의 양강 체제가 강해 후발자인 LG유플러스는 항상 밀려왔다. 만약 10여 년 전쯤 SKT와 KT가 LG를 적극 공격했으면 LG는 살아남기 어려웠을 것이다. 그러나 규제가 심한 이동통신 사업의 특성상 SKT와 KT는 독과점을 스스로 포기했을 것이다. 논외의 얘기지만 제3의 위치에 있던 LG는 매너리즘에 빠져 있던 SKT와 KT를 '창조적 방식'으로 추월하려는 기미마저 보이고 있다. 장기간 안정적인 시장점유율이 유지되자 양강이 현실에 안주한 탓이다.

○ CJ CGV는 베트남에서 극장 점유율을 60퍼센트까지 올리겠다고 발표했다. 베트남의 영화산업 성장률을 감안한 것이다. 그러나 이런 전략은 위험하다. 일단 출범은 가능하겠지만, 독과점적 지위에 오를 경우 베트남 정부의 규제를 예상해야 한다. 더군다나 베트남은 사회주의 유산이 많이 남아 있다. 동남아시아 등에서 독과점적 위치에 오른 일부 대기업의 경우 조만간 큰 위기에 처할 가능성이 높다. 이런 기업들은 합작 파트너를 찾아 일정 지분을 넘겨주는 것이 합리적이다. 또한 해외 진출 초기부터 다양

한 사회적 기여를 통해 질서와 규제 압력을 줄이려는 노력을 병행해야 한다.

수축사회에서는 탐욕에 일정한 족쇄를 끼운다. 적어지는 파이를 혼자 독식하면 사회의 안정성이 낮아지기 때문이다. 모두 어려우니 나눠야 하는 것이다. 팽창사회였던 과거에도 독과점적 탐욕은 쉽게 용인되지 않았던 점을 기억해야 한다. 결국 수축사회에서의 독과점은 스스로 무덤을 파는 것이다. 영역에 따라서는 제로섬적 시각에서 벗어나는 것이 오히려 유리할 수도 있다. 향후 독과점 영역에 올라선 기업은 사회성을 크게 높여야 한다. 앞서 살펴본 원칙 중심의 ESG 경영을 다른 기업보다 훨씬 강화해야 한다.

게임을 분할하라

수축사회로 향하는 과도기인 현시점에서는 팽팽한 접전이 벌어지는 제로섬전쟁이 일반적이다. 그러나 꾸준히 성장하면서 팽창사회 원리가 적용되는 분야도 있다. 따라서 참전한 전투가 어떤 영역에 있는지 사전에 파악한 후, 해당 영역에 맞는 전략을 사용해야 한다. 너무나 당연한 얘기지만 4차산업혁명 영역은 팽창사회 영역이다. 이 영역에 속한다면 공세적 전략을 펴도 무방하다. 그러나 4차산업혁명 이외 분야에도 팽창사회에 속하는 영역은 여전히 많다. 한류韓流는 전혀 새로운 대중예술 세계를 만들었고, 시장도 제로섬적인 한국을 넘어 세계로 향하기 때문에 팽창사회 원칙이 지배한다. 노인 돌봄 서비스, 의약시장, 간편식, 승강기 제조 등은 고령화와 1인 가구의 증가로 수요가 급속히 늘어나고 있다. 남자들이 외모에 신경 쓰기 시작하면서, 여성화장품시장의 10퍼센트에 불과한 남성화장품시장 역시 빠르게 성장하는 팽창사회다.

2016년 라면시장에서 트렌드를 선도한 것은 중국식 불맛을 느낄 수 있는 오뚜기의 진짬뽕이었다. 진짬뽕은 한때 농심 신라면을 제치고 라면시장에서 1위에 오르기도 했다. 당시 오뚜기는 진짬뽕 생산을 늘리기 위해 추가로 공장을 지을지 여부를 고민했지만 결국 포기했다. 한국의 라면시장은 더 이상 판매가 늘어나기 어려운 제로섬게임 영역이라고 판단한 것이다. 반면 허니버터칩으로 대성공한 해태제과는 대규모 공장을 증설했다. 그러나 유사 제품이 다수 쏟아지면서 곤욕을 치렀다. 저출산·고령화로 라면이나 과자시장은 이제 제로섬 영역임을 여실히 보여주고 있다. 제로섬 영역의 가장 큰 특성은 수요가 고정된 상태에서 공급자만 많다는 점이다. 고급 자동차시장은 국산 대형차와 수입차가 제로섬 관계를 형성하고 있다. 국산 맥주와 수입 맥주도 비슷한 관계다. 홍대입구부근의 임대료가 상승하자 건대역이나 성수동지역이 성장하는 것도 제로섬이다. 시각을 넓혀서 보면 다른 산업 간에도 제로섬전쟁이 발생한다.

게임을 분할할 때는 3가지를 유의해야 한다. 첫 번째로 유의할 점은 게임에도 생로병사가 존재한다는 것이다. 게임이 시작되는 시기에는 대부분 팽창사회 원칙이 지배한다. 기존에 존재하지 않던 영역일 경우에는 초기 성장세가 매우 빠르다. 그러나 시간이 흐르면서 게임 참여자가 늘어나다 수요가 충족하면 제로섬게임으로 바뀐다. 이후 제로섬게임이 지배하면서 패배자는 해당 영역에서 퇴출되고 승자는 영역 전체의 이익을 취한다. 이 순간을 넘어서면 독과점적 상품이나 서비스에 소비자들은 식상해한다. 이런 상황에서 또 다른 경쟁 상품이 나오면 비로소 수축사회의 룰이 지배하게 된다.

커피 전문점, 인형 뽑기방, 무인텔, 인터넷쇼핑의 초기 모습을 기억해보자. 우후죽순 격으로 비슷한 업체가 생겨나지만 대부분 매출이 늘어나고 이익도 난다. 그러나 시장 진입자가 많아지면서 공급과잉과 유사 대체상품들의 등장으로 제로섬게임을 거쳐 지금은 수축사회형 게임으로 진입하고 있다. 따라서 진출하고자 하는 영역이 어떤 게임의 룰이 통하는 시장인지 깊이 살펴야 한다. 정치인 안철수도 비슷한 과정을 겪고 있다. 초기에는 기존 정치에 식상한 유권자들의 폭발적인 지지를 받았다. 새로운 정치에 대한 국민들의 수요는 나날이 늘어갔다. 그러나 제로섬게임 원칙이 지배하는 선거에서 낙마하고 민주당에서 대안 인물이 늘어나자 안철수는 수축사회형 게임을 벌이고 있다. 향후 안철수가 정치적으로 재기할지 여부는 스스로 팽창형 게임으로 상황을 돌려놓는 길밖에 없어 보인다. 수요를 폭발시킬 새로운 콘텐츠가 필요하다는 의미다.

두 번째로 유의할 점은 팽창사회형 게임→제로섬게임→수축사회형 게임으로 전환하는 속도가 점점 단축되고 있는 것이다. 4차산업혁명 특히 통신의 발전으로, 많은 전투 상황이 실시간으로 알려지면서 게임의 전환 속도가 빨라지고 있다. 플레이어는 한시도 경계의 끈을 놓아서는 안 된다는 의미다. 승리한 후에도 팽창사회형 게임이 얼마나 지속될지, 새로운 기술이나 환경 변화는 없는지 등에 대해 살피느라 잠시도 쉴 틈이 없다.

세 번째로 유의할 것은 범위의 문제다. 향후에는 상품뿐 아니라 거의 모든 서비스가 국가 간 교역 대상이 될 것이다. 글로벌 게임이라는 의미다. 눈앞의 한국만 봐서는 성장은커녕 생존하기도 어렵다.

플레이어는 본인이 참전한 게임이 어느 영역에 있는지 대부분 알고 있다. 그러나 막상 실행에 들어가면 자기중심적으로 해석하면서, 자신의 성공 혹은 실패 경험을 기반으로 전략을 구사한다. 이것은 패배를 확정하고 게임에 나서는 것이나 마찬가지다. 따라서 새롭게 사업을 시작할 때나 수험생이 전공을 결정할 때도 팽창사회형 영역을 선택해야 한다. 반대로 자신이 이미 수축사회 영역에 있다면 상황을 냉정하게 파악하고 새로운 방식으로 돌파해야한다.

이는 당연한 얘기다. 많은 전문가가 유사한 지적을 했다. 그러나 실행하기에는 너무 어려운 것이 게임의 분할 같다. 그 이유는 거대한 세상의 대전환을 여전히 이해하지 못하고, 과거 지식에 함몰되어 살아가기 때문이다. 경영의 원칙 중 '곤충의 눈'을 통해 입체적으로 보고, '새의 눈'을 통해 높은 곳에서 보고, '물고기의 눈'을 통해 물결 즉 시대의 흐름을 알아야 한다는 원칙은 수축사회에서도 세상을 보는 중요한 잣대가 될 것이다.

반대 트렌드를 읽어라

하나의 추세가 있으면 반드시 반대 트렌드도 있다. 기존 트렌드가 성장할수록 반대 트렌드가 더 크게 발전하기도 한다. 양극화가 심해지니까 명품 열기가 나타나는 것과 마찬가지다. 몇 가지 반대 트렌드를 살펴보자.

○ 드론산업이 새로운 산업으로 각광받고 있다. TV 중계를 보면 드론을 띄워 입체적인 영상을 제공하기도 하고, 군사용이나 산업용, 농업용 등으로도 광범위하게 사용되고 있다. 전형적인 팽창사회형 산업이지만 개인의 사생활을 침해하는 단점이 있다. 따라서 나는 드론을 상용화하는 산업보다 드론을 막아내는 반드론Anti-Dron산업이 더 커질 것으로 본다. 가정의 창문, 공공장소, 군사용까지 드론의 침투를 방어하기 위한 다양한 시도가 향후 성장 산업이 될지도 모른다.

○ 치열한 제로섬전투가 벌어지는 도시를 떠나 귀농하는 인구가 늘고 있다. 수축사회라면 당연히 부가 집중된 도시로 사람이 모여들어야 한다. 그러나 제로섬경쟁을 회피하려는 사람들로 인해 2017년 기준 귀농·귀촌 인구는 누계로 51만 명이나 된다.

○ 편의점과 온라인쇼핑이 대세인 요즘, 한국야쿠르트는 방문판매를 강화하면서 좋은 경영성과를 내고 있다. 흔히 '야쿠르트 아줌마'로 불리는 방문판매원 1만 3천 명은 '코코(cold&cool의 줄임말)'라

는 전동 카트를 이용해, 기존 야쿠르트뿐 아니라 커피까지 판매하면서 매출이 급신장 중이다. 오리온, 롯데제과가 자사 상품의 대행판매를 요청할 정도로 성장했다.

기존 핵심 트렌드를 쫓아가기란 매우 어렵다. 그리고 대부분의 사람들은 이 핵심 트렌드에만 주목한다. 어떤 트렌드든 사회 전체가 100퍼센트 추종하는 경우는 없다. 따라서 반대 트렌드는 상대적으로 경쟁이 덜 치열하고 안정적일 수도 있다. 비록 수축사회라 할지라도 반대 트렌드는 공급자가 적은 팽창사회형인 경우가 종종 발견된다.

사람을 조심하라

천문현상을 제외하면 모든 위기는 사람이 만든다. 그리고 해결하는 것 또한 사람의 몫이다. 사람이 가장 중요하기 때문에 경영학의 절반 이상은 인사관리와 조직관리, 즉 사람과 관련되어 있다. 수축사회에서 조직을 관리하고 목표를 달성하는 인재는 팽창사회에서보다 더 중요해진다. 팽창사회에서는 우여곡절이 있을지라도 기본적인 파이 획득이 가능했다. 조직에서도 시간이 지나면 어느 정도까지 승진할 수 있었다. 그러나 수축사회에서는 패배자 숫자가 절대적으로 많다. 따라서 과거와 비교할 수 없는 능력과 마음가짐, 보다 강력한 실행력을 갖춘 인재가 요청된다. 미래의 인재상에 대해 2017년 출간된《인재 vs. 인재》의 내용 일부를 수축사회에 맞게 변형해보았다. 자세한 내용은 동 책자를 참조하기 바란다.

전문가는 없다

어떤 문제를 해결하기 위해서는 전문가가 필요하다. 전문가들은 정치권과 관료, 언론, 기업 등에 수시로 조언하면서 존중받아왔다. 대부분의 전문가들은 고시 출신, 박사, 교수 등과 같은 라이선스를 가지고 있다. 이들은 동일 전문가 집단 내에서 비슷한 정서를 가지고 있다. 그러나 어느 때부터인지 전문가들의 영향력이 줄고 있다. 그 이유는 이들이 좁은 전문성에 함몰된 채 오랜 기간 라이선스가 주는 편안함에 빠져 있었기 때문인 듯하다. 지금은 사회구조가 완전히 전환되는 시대다. 이들이 강점을 보였던 전문 영역도 수축사회를 맞아 빠르게 변화하고 있지만, 과거에 통용되던 전문성으로 조언하거나 전투에 참여하고 있는 것이다. 특히 전문가 집단은 라이선스라는 집단이해를 지키기 위해 점점 결속력이 강해지고 있는데, 이는 동종교배로 스스로 면역력을 약화시키는 생물학적 현상과 비슷해 보인다. 팽창사회를 전제로 한 전문성이 한계를 보이자 이들은 결속력을 강화하면서 이익집단으로 변모하고 있다.

한국의 기업이나 특정 조직에서 컨설팅 회사가 제시한 대로 실행하면 효과가 거의 없다. 사실 우리나라에서 컨설팅은 거의 기업의 오너나 CEO에게 필요한 말을 대신해주는 용도로 쓰인다. 그러나 이마저 과거형 전문가의 조언이기 때문에 더 이상 통하지 않는다. 또한 전문가들은 조언만 할 뿐 실행 가능성을 별로 고려하지 않는다. 조언에 그치다보니 다른 영역과의 갈등이나 사회적 요구 등을 반영하지 못한다. 장관 등 주요 정부조직에 진출한 교수 출신 전문가 중 성공한 사람이 희박한 이유이기도 하다. 1970년대 유신 시대에는 그 어느 때보다 교수 출신 장관이 많았다. 사회 환경이 비교적 안정적이었고, 정부(대통령)의 권한이 막강했기 때문이다. 장수하는 장관도 나왔지만, 2차 오일쇼크와 박정희 정권의 몰락을 막아내지는 못했다. 가짜 전문가였던 것이다.

최근 한국 사회에서 문제를 일으키는 직업군은 법조인과 같은 전문가 집단이다. 이들은 팽창사회의 전문가였다. 수축사회에 대한 인식, 실행 가능성, 조직문화 등을 감안하는 진짜 전문가 시대가 도래했지만 아직 눈에 띄지 않는다. 전문가 감별사가 필요한 걸까?

미래형 리더가 필요하다

통상 문제해결 능력을 중심으로 인재를 보는 경향이 많지만, 인재가 우선 추구해야 할 것은 뛰어난 리더가 되는 것이다. 리더와 관련해서 강조하고 싶은 것은 우리가 잘 알고 있는 전통적 리더십과 새롭게 등장한 수축사회 리더십의 통합이다. 전통적인 리더십은 한마디로 '솔선수범, 자기희생'을 기반으로 조직을 경영하면서 목표를 달성해나가는 것이다. 사람의 이기심을 조절하고 이용해서 조직의 목표를 이루어내는 것은 유사 이래 가장 어려운 일이었다. 팽창사회에서조차 솔선수범의 리더십 원칙 하나도 제대로 실행하기가 어려웠다. 그러나 수축사회에서는 위기에서 벗어나기 위한 리더의 역할이 팽창사회보다 훨씬 중요하다. 리더가 서 있는 환경이 어렵게, 그리고 완전히 바뀐 점부터 인정해야 한다.

수축사회를 앞두고 치열한 제로섬전투가 벌어지고 있지만, 전투력은 예전만 못하다. 외부의 전투지원은 미약한 데 반해, 적군은 사생결단의 각오로 공격해오고 있다. 만일 패배한다면 거의 모든 것을 잃는다. 그래도 리더는 제로섬전투를 지휘하고 궁극적으로 승리를 이끌어내야 한다. 그러려면 '솔선수범, 자기희생' 같은 전통적 리더십을 우선 강화해야 한다. 과거보다 두세 배 이상 더 솔선수범하고 자기희생을 각오해야 한다. 왜냐하면 수축사회에 진입하면서 모두가 겁에 질려 있고, 오직 자신의 생존에만 관심을 집중하기 때문이다.

통계청의 2017년 사회조사 결과 2015년에는 일이 가정보다 중요하다고 생각하는 응답자가 54퍼센트였으나 2017년에는 43퍼센트로 크게 줄어들었다. 둘 다 중요하다는 응답자는 34퍼센트에서 43퍼센트로 증가했다. 그동안 한국은 문제가 될 정도로 과도하게 직장(일)에 몰입해왔기 때문에 가정의 중요성이 커지는 것은 자연스러운 현상이다. 이 조사 결과는 조직보다 개인의 행복을 점점 더 중요하게 생각하고 있음을 보여준다. 일 중독자들과 근무하던 팽창사회의 리더가 가정이나 개인의 행복을 더 중요하게 생각하는 사람들을 지휘하려면 리더십도 완전히 달라져야 한다. 이런 상황은 적군도 마찬가지일 것이다. 잠들어 있고 이기적인 조직을 깨우는 특효약은 없다. 합리적인 방법으로 호소하고 모범을 보여야 한다. 따라서 수축사회에서도 전통적 리더십은 우선적으로 중요하다.

특히 한국 사회에서 미래형 리더의 중요성은 날로 커지고 있다. 한국은 근로시간 단축, 최저임금 인상, 김영란법, 미투 운동이 동시에 발생했다. 장기적으로 이 4가지는 한국의 사회적자본을 크게 향상시키겠지만, 오히려 향후 5년 정도는 혼란이 더 커질 것으로 보인다. 팽창시대 리더들은 '술 한 잔' 하면서 후배들을 자극하고, 리더의 속내를 보여주는 리더십이 일반적이었다. 이런 관행 때문에 비공식적인 연고 관계가 범람했다. 근무시간 이외에도 등산, 골프, 당구 등을 통해 리더십을 유지해왔다. 그러나 기존의 마당발, 마초, 말술, 큰형님 리더십은 4가지 조치로 더 이상 실행하기 어려워졌다. 마케팅(영업)도 비공식적 방법으로 진행되는 경우가 많았지만, 이제는 투명하고 객관적인 실력으로만 해야 한다. 이 4가지 중대한 변화는 '살아가는 방식의 완전한 전환'이므로, 리더는 새로운 전환을 기초로 해야 한다.

격이 다른 리더

UN 총회에서 감동적인 연설을 한 세계적 K-pop 스타 방탄소년단BTS은 모든 면에서 다른 아이돌 그룹과 차별된다. 그들의 출세작인 〈페이크 러브Fake Love〉의 가사를 살펴보자.

슬퍼도 기쁜 척할 수가 있었어
널 위해서라면 난
아파도 강한 척할 수가 있었어
사랑이 사랑만으로 완벽하길

내 모든 약점들은 다 숨겨지길

이뤄지지 않는 꿈속에서

피울 수 없는 꽃을 키웠어

　　일회용 인스턴트 사랑을 주제로 한 다른 K-pop 가사에 비해 단연 돋보인다. BTS에 몰입하는 자녀의 부모들이 이 가사를 듣고 함께 팬이 되었다고 한다. 삶의 철학과 깊은 사랑의 힘을 청소년들에게 들려준 격이 다른 가사다. 이 가사 덕분에 이들의 UN 총회 연설도 가능했을 것이다. BTS는 K-pop의 일반적인 방식을 한 차원 높은 품격으로 돌파한 것이다.

　　미래의 리더는 어떤 모습이어야 할까? 나는 BTS와 같이 한마디로 격格이 다른 리더라고 생각한다. 부하직원들이 리더를 볼 때 인품, 태도, 능력 등 모든 면에서 격이 다르다는 생각을 갖도록 하는 것이 중요하다. 격이 다른 리더는 어느 시대에나 훌륭한 인재였다. 그러나 제로섬전쟁 중인 지금은 그런 리더가 더욱 필요해졌다. 우선 조직 내 모든 구성원이 전투 중이기 때문에 흥분되어 있고 이기심이 극단적으로 높다. 이런 상태에서 팽창사회적 기법으로 조직을 경영하면 실패할 가능성이 높다. 격이 다른 리더는 조직 구성원들이 리더의 품격을 인정하기 때문에 신뢰받는다. 리더를 신뢰할 때 그 조직은 일사불란하고, 전투력이 상승한다. 반면 적군의 리더는 팽창사회형 리더라서 조직관리에 애를 먹고 있을 것이다. 싸우기도 전에 승리할 조건을 갖추는 것이다.

　　또한 4차산업혁명도 격이 다른 리더를 원한다. 과학기술의 발전으로 리더의 모든 행동과 말이 노출되고 기록된다. 마치 '어항 속의 금붕어' 신세가 된 것이다. 웬만한 경영전략은 적군도 금세 알아채기 때문에, 전투 현장에서 조직의 자율성과 순발력이 더욱 중요해졌다. 바로 이때 품격 있는 리더의 지시와 행동은 조직을 빠르게 변화시켜 수축사회의 늪에 빠진 적군을 일거에 궤멸시킬 수 있다. 또한 교육 수준이 높아지고, 스마트폰으로 인해 모든 정보를 실시간으로 접하면서 조직원들은 리더에게 자신보다 한두 단계 높은 품격을 요구하게 될 것이다.

미국 트럼프 대통령은 막말로 유명하다. 다소 격이 떨어지는 트럼프를 지지한 지역은 대부분 중산층 이하의 소외된 백인이나 소득이 낮은 사람들이 거주하는 지역이었다. 미국 전체로 보면 수축사회에서 적응하지 못하는 지역이다. 이탈리아, 터키, 중남미 등지에서 격이 떨어지는 포퓰리즘이 득세하는 이유는, 수축사회에 진입하는 상황에서 교육 수준이 낮고 개인주의 성향이 강하기 때문이다.

그러나 한국은 완전히 다르다. 한국의 대학 진학률은 세계에서 가장 높은 80퍼센트대에 이른다. 또한 대부분 홀로 자랐거나 형제가 있어도 한 명 정도라서 나름 다양한 교육을 받았다. 학력이 높고 섬세하면서 인간다운 대접을 원하지만, 마마보이 출신이라서 실행력이 떨어지고, 쉽게 지치는 특성이 있다는 뜻이다. 이런 조직 구성원을 '마초'형 리더십으로 지휘하면 통할 리가 없다. 한국의 일부 정치인들은 트럼프 대통령 흉내를 내면서 막말을 일삼고 있다. 그러나 격이 낮은 이들의 주장은 조롱받으면서 지지층 확산에 애를 먹고 있다. 정치, 기업 등 모든 사회의 리더는 품격 있게 조직을 경영해야만 하는 시대다.

조직문화가 곧 사회적자본이다

조직문화는 조직의 분위기를 의미한다. 긍정적인가, 부정적인가, 협조적인가, 공세적인가 등 조직의 분위기는 수축사회에서 승패를 결정하는 중요한 요인이다. 조직문화는 AI와 같은 기계가 전혀 개입할 수 없는 영역이다. 역사적으로 추앙받는 전쟁 영웅이 승리한 주요인은 뛰어난 전략과 조직의 높은 '사기'였다. 사기가 높으면 성과도 높아진다. '로사다 비율Losada ratio'이라는 것이 있다. 미국 노스캐롤라이나 대학교 로사다 교수 팀은 미국 60개 기업의 회의록을 꼼꼼히 분석했다. 이때 긍정적 단어와 부정적 단어의 비율이 2.9대 1 이상인 기업은 성장했지만, 2.9대 1 미만인 기업은 쇠퇴한 것으로 드러났다. 이를 '로사다 비율'이라고 한다. 조직의 성과와 긍정적인 조직문화 사이에 높은 상관관계가 있음을 알 수 있다.

혁신 기업의 아이콘인 테슬라의 일론 머스크Elon Musk는 혁신적 조직문화를 만들기보다는 자신의 천재성에 의존하는 편이다. 그는 종업원들을 압박하고 멸시하기도 한다. 그 결과 내부 고발이나 이직 등 예상치 못한 부작용에 시달리고 있다. 나는 그를 혁신적인 천재라고 여기지만 뛰어난 경영자라고 생각하지는 않는다. 테슬라, 우버 같은 신생 기업들은 단순한 아이디어로 세계적 기업이 되었지만, 합리적이고 긍정적인 조직문화를 만들지 못한 것으로 보인다.

한국의 벤처기업들도 마찬가지다. 창업주의 개인기로만 빠르게 성장한 벤처기업들 중 상당수는 기업문화가 아예 없다. 나는 긍정적 문화가 없는 조직을 식물형 기업이라고 한다. 스스로 아무것도 할 수 없는 조직인 것이다. 이런 기업들은 사업 영역이 수축사회로 진입할 경우, 이전의 성장 속도보다 더 빠르게 몰락할 것이다. 결론적으로 훌륭한 조직문화가 있다는 것은 그 기업의 사회적자본이 잘 축적되어 있다는 의미다.

사람들이 모두 이타적 인간으로 변하지 않는 한 수축사회를 돌파할 확실한 대안은 없지만, 그래도 수축사회에서 성장하는 국가나 기업, 그리고 개인은 있을 것이다. 제시된 5가지 핵심원칙을 중심으로 대응한다면, 그래도 승리할 가능성이 높을 것이다.

다음 4부에서는 2부에서 살펴본 세계가 수축사회에 들어가는 모습과 3부의 주제인 수축사회를 돌파하는 방법을 토대로 한국을 집중 조명해보려고 한다.

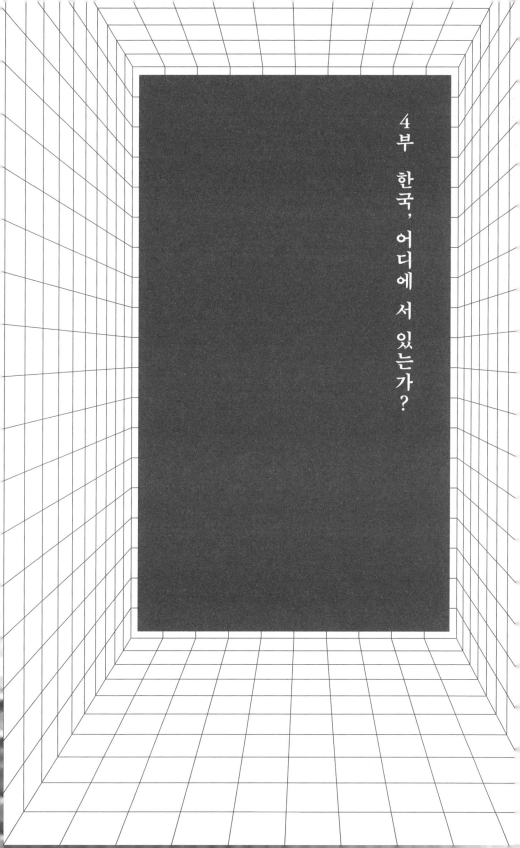

4부

한국, 어디에 서 있는가?

2017년 초 회사를 그만두면서 교통과 문화의 중심지인 광화문에 공부방을 마련했다. 그런데 날씨가 풀리면서 창문을 열어놓으니 광화문광장의 소음이 고스란히 들렸다. 노동운동 집회, 촛불 집회, 태극기 집회, 지방선거를 앞두고는 정치 집회, 지역 축제, 최근에는 미투 집회까지…. 정치사회적 집회가 많지만 종교단체 집회, 보신탕 금지 집회 같은 문화적 시위도 종종 눈에 띈다. 일요일에는 소상공인들을 위한 장터까지 개설돼 주말 광화문에서는 한국의 모든 갈등과 미래의 모습이 집약적으로 나타난다. 바로 수축사회로의 전환을 알리는 함성이다.

한국은 그 어느 국가보다 빠르게 팽창사회에서 수축사회로 전환되고 있다. 과거 한국의 팽창 속도는 세계 최고 수준이었다. 그러나 1997년 IMF 외환위기를 겪으면서 1차로 성장속도가 줄어든 뒤, 2008년 전환형 복합위기 이후 감속이 본격화되었다. 1960년대부터 한국은 세계 최고의 성장세를 이어와 거의 10퍼센트대 경제성장을 해왔으나 지금은 3퍼센트 성장도 버거운 상황이다. 현재 한국의 모든 문제는 경제성장 속도의 급격한 하락에서 출발한다. 갑자기 저성장 사회로 전환하면서 급브레이크를 밟으니 고성장 사회의 관성과 중력이 충돌하면서 크게 흔들리고 있는 것이다.

한국은 수축사회의 모든 특징이 녹아 있다. 경제성장률 하락에서 문제가 출발하지만 이는 결과일 뿐, 사실은 사회 모든 영역에서 수축사회의 기운을 잉태하고 있다. 4부에서는 한국이 수축사회에 진입하는 원인과 그에 대한 나름의 해법을 제시하고자 한다. 사회 모든 영역을 다룰 수는 없어 갈등이 가장 첨예한 부분만 대상으로 삼았다.

9장
수축사회에 진입 중인 한국

흔히 카레이싱을 '0.025초의 승부'라고 한다. 곡선도로를 대략 시속 300킬로미터 달리는 동안 경쟁 자동차와의 간격, 수온, 유압 등 수십가지 정보를 동시에 봐야 하지만, 변속기는 수동이다. 더군다나 모든 의사결정이 0.025초 내에 이루어져야 한다. 잘못된 결정을 하면 죽음에 이를 수 있고, 100억 원 넘는 경주용 차량을 잃을 수도 있다. 카레이서는 시속 300킬로미터로 달리면서 0.025초 내에 내린 의사결정에 목숨을 걸어야 하기 때문에 거액의 보상이 뒤따른다. 한국은 바로 이런 속도로 팽창해오면서 경제성장이라는 큰 보상을 받아왔다.

인구 5천만 명의 한국은 사회 모든 분야가 맹렬하게 달려온 '질주하는 기관차' 그 자체였다. 그런데 왜 빠르게 수축사회에 진입하고 있을까? 나는 그 이유를 구한말부터 근대화에 뒤처진 역사, 그리고 이를 빠른 시간에 추월하려고 노력한 결과 나타난 필연적인 귀결이라고 본다. 서구는 중세에서 르네상스시대와 산업혁명을 거친 후 근대성을 함양하면서 현대로 들어왔다. 그러나 서구형 발전 모델을 채택한 한국은 거의 중세적 상황에서 단번에 현대로 넘어오니 챙기지 못한 것이 한두 가지가 아니다.

사회적자본 부족

그렇다면 한국은 서구에 비해 무엇이 부족했을까? 앞서 중국이나 후발개도국 문제에서 언급했던 근대성과 사회적자본을 축적하지 못한 것이 핵심 원인이다. 정도의 차이는 있지만 후발개도국과 마찬가지로 한국은 기본적으로 근대성 수준이 낮았다. 서구형 시장경제에 맞는 사회 시스템과 의식이 미비한 상태에서 너무 빠르게 성장해 경제 수준과 사회적자본 간에 괴리가 커진 것이다. 사회 전체적으로 적폐가 깔려 있는 상태에서 성장률이 감속하자, 온 사회가 한꺼번에 흔들리기 시작한 것으로도 볼 수 있다.

사회적자본과 관련해 KDI의 김희삼 연구위원이 세계가치관조사World Value Survey를 분석한 결과 수축사회에서 사회적자본이 매우 중요한 요인으로 나타났다. 김 연구위원에 따르면 '대부분의 사람을 믿을 수 있다'는 항목에 1981~1984년에는 한국인의 38퍼센트가 동의했는데, 2010~2014년에는 27퍼센트만 동의해 11퍼센트포인트 줄어든 것으로 조사되었다. 스웨덴은 같은 기간 57퍼센트에서 62퍼센트로, 독일은 31퍼센트에서 45퍼센트로 상승했다([표 4-1] 참조). 연구 보고서에서는 언급하지 않았지만, 특이한 점은 경제가 장기침체 중인 일본, 사회주의에서 시장경제로 체제를 전환한 동유럽, 양극화가 극심한 미국, 각종 사회문제가 터져나오는

[표 4-1] '대부분의 사람을 믿을 수 있다'에 대한 동의

	1981~84	1989~93	1994~98	1999~2004	2005~09	2010~14
한국	38	34	30	27	28	27
일본	41	42	42	43	39	39
중국	-	60	52	55	53	63
홍콩	-	-	-	-	41	48
미국	43	52	36	36	39	35
이탈리아	25	34	-	33	30	-
독일	31	35	-	35	39	45
스웨덴	57	66	60	66	69	62
노르웨이	61	65	65	-	74	-
핀란드	57	63	49	58	62	-

주: 'Most people can be trusted'와 'Can't be too careful' 중 전자를 선택한 응답자의 비율. 소수 무응답, 판단 불가 제외.

자료: World Values Survey(http://www.worldvaluessurvey.org/WVSOnline.jsp)를 이용하여 KDI 작성.

중국 등은 한국과 비슷하게 줄어들거나 제자리걸음을 했다는 것이다.

김 연구위원이 연구한 다른 조사에서도 이와 비슷한 결과가 나왔다. 2017년에 한국, 중국, 일본, 미국의 대학생 각 1천 명을 대상으로 고등학교 이미지를 비교했다. 이 조사에 따르면 한국 대학생들은 다른 나라 대학생들보다 압도적인 비율(81%)로 고등학교의 이미지를 '사활을 건 전장'(좋은 대학을 목표로 높은 등수를 차지하기 위해 치열한 경쟁이 일어나는 곳)에 가깝다고 생각했다. 같은 질문에 미국은 40퍼센트, 중국은 43퍼센트, 일본은 14퍼센트만 고등학교를 전장

으로 판단했다. 간단한 조사지만 한국의 갈등, 양극화, 사회적자본 수준 등을 적나라하게 보여준다. 경제성장률 하락을 떠나 이미 한국이 수축사회에 진입했다는 중요한 사회적 증거로 볼 수 있다.

계급의 탄생: 양극화

경제개발이 시작된 이후 1997년 IMF 외환위기까지, 한국은 소득분배가 상당히 안정적인 국가였다. 경제개발 초기라는 시간적 특성과 개발독재 정권이 정권안정을 위해 누진세, 공정거래법 등을 도입해 소득분배를 관리했기 때문이다. 그러나 IMF 외환위기를 거치면서 당시 전 세계적으로 신자유주의가 중심 이데올로기로 떠올랐고, 동시에 국내시장을 해외에 완전 개방하는 세계화 현상이 사회의 기초 여건으로 자리 잡았다. 신자유주의 기반의 세계화와 한국의 압축성장을 이끌던 대기업 중심 경제구조가 결합되자 부富가 대기업과 상류층으로 집중되는 양극화가 본격화되었다. 그나마 2008년까지 중국 등 BRICs의 성장으로 수출 중심(주로 제조업) 경제가 유지되면서 전반적 상황은 여전히 팽창사회에 가까웠다.

그러나 2008년 전환형 복합위기가 닥치자 한국은 수축사회로 향하기 시작했다. 경제적 차원에서만 문제가 되었던 양극화는 이명박 정부의 팽창형 보수주의로 인해 정치적, 사회적 양극화로 확산되었다. 또 하나 중요한 사실은 이때부터 양극화 문제뿐 아니라 고령화 문제가 본격화되었지만, 정부와 사회 주류층의 무관심

[표 4-2] 주요국 상위 계층의 소득 집중도

(연도)	상위 0.1%		상위 1%		상위 10%	
	2010	2012	2010	2012	2010	2012
미국	7.5	8.4	17.5	19.0	46.4	46.8
영국	4.7	4.6	12.6	12.7	38.1	39.1
프랑스		2.9	8.1	8.1	32.3	32.3
일본	2.5		9.5		40.5	
한국	4.2	4.4	11.8	12.3	43.3	44.9
(수정)	4.5		13.0		48.1	

주1: 한국은 4천만 원 미만 이자배당 소득, 임대소득 제외.
주2: 수정은 4천만 원 미만 금융소득 포함.

자료: WTID, 동국대학교 김낙연, 〈한국의 개인소득분포: 소득세 자료에 의한 접근〉

으로 양극화가 다양한 영역에서 확대 재생산되기 시작한 점이다. 이후 수축사회가 진전되면서 양극화는 소득, 세대, 지역, 기업과 중소상공인, 대기업과 중소기업 등으로 확산되었다.

　핵심적 사안인 한국의 소득분배에 대해 살펴보자. [표 4-2]를 보면 소득 상위 1퍼센트까지는 여타 국가와 비슷하다. 그러나 상위 10퍼센트의 소득 집중도는 45퍼센트를 넘겨 미국에 이어 세계 2위권이다. 여기에 금융소득을 포함하면 무려 48퍼센트나 된다. 문제는 시간이 지날수록 더 많은 소득이 상류층으로 집중된다는 점이다. 위 자료는 소득세를 기반으로 했기 때문에 유의해서 살펴봐야 한다. 한국은 부자일수록 부동산을 통한 부의 증식이 일반적이기 때문에 실제 상위 10퍼센트의 소득 집중도는 훨씬 높을 것이다. 상위 10퍼센트가 거의 절반 이상의 소득을 가져가는 사회는 더 이상 유지되기 어렵다.

외동으로 자란 부유층 집안의 자녀가 비슷한 조건의 배우자를 골라 결혼하는 경우를 생각해보자. 이 자녀들이 결혼 후 부모로부터 재산을 물려받고 상속세를 50퍼센트 내면 결국 부모세대의 부는 자녀 부부에게 온전히 이전된다. 부자일수록 부자끼리 결혼해야만 부를 보존할 수 있는 이상한 상황이 된 것이다. 이제 한국은 세계에서 유일하게 상속자본주의를 걱정하기 시작했다. 반면 상위 10퍼센트 이하의 중산층이나 그 아래 서민층은 상속이나 증여는 고사하고 생존 자체도 버거운 것이 현실이다. OECD의 〈사회적 엘리베이터는 무너졌는가?〉란 보고서에 따르면 한국에서 2015년 기준 소득 하위 10퍼센트가 중산층으로 도약하기 위해서는 무려 다섯 세대가 걸린다고 한다. 헝가리, 인도, 중국, 브라질, 남아프리카공화국 등과 같이 사회적 기반이 약한 국가들은 한국보다 더 오랜 시간이 걸린다. 이 분석은 계층이 고착화되면서 본격적인 계급이 탄생했음을 알린다. 상위 계급일수록 건강관리, 교육 수준, 글로벌 감각 등에서 앞서가기 때문에 사회적으로 성공할 가능성이 높아졌다.

계급이 고착화되기 시작하자 중산층은 다음과 같은 3가지 행태를 보인다. 먼저, 성공 가능성은 거의 없지만 전투에 적극적으로 참여해 본인도 늑대가 되는 것이다. 기업을 창업하거나 자영업에 나서는 방식이다. 그러나 모두 알고 있듯이 수축사회에서는 주류 사회로 진출하기가 매우 어렵다. 오히려 중상을 입을 가능성이 높다. 둘째, 자녀들을 상류층으로 도약시키기 위해 자녀교육에 올인하는 것이다. 이를 위해 개인적인 삶을 포기하고 직장에서 기계처럼 일하는 것이다. 아마 중장년층 중 가장 많은 사람이 이런 삶을 살아갈 것이다. 조직의 부속품에 만족하면서 눈앞의 작은 이해에만 연연해서 살아가는 방법이다. 셋째, '소확행'으로 상층부로의 신분상승을 포기하고 눈앞의 행복만 추구하는 것이다. 주로 젊은 세대에서 많이 발견된다. 이 3가지 행태가 겹쳐서 나타나는 것이 바로 현재 한국 사회의 모습이다.

촛불혁명의 본질도 바로 여기에 있다. 표면적으로는 박근혜 정부의 어이없는 실정에 대한 저항 같지만, 깊이 생각해보면 사회 양극화에 대한 집단적인 저항이라고 할 수 있다. 따라서 촛불혁명 정신을 계승하는 것을 목표로 한 문재인 정부의 가장 큰 과제는 양극화 해소다. 세계 최고 수준인 상위 10퍼센트의 소득을 일본이나 영국 수준(약 40퍼센트 대)으로 낮추는 것이 모든 정책의 목표가 될 수밖에 없다. 그러나 양극화 해소에 대한 종합적 접근은 상당히 미흡해 보인다. 단기적인 경제성장률이나 일자리 문제에 집착하기보다는 장기적이고 근본적인 대책이 필요하다.

미래 실종, 생존본능에만 집착

한국이 수축사회로 가고 있다는 증거는 너무 많다. 가장 중요한 인구 감소는 예상이 아니라 현실이다. 생산(공급)과 소비(수요)는 인구 수가 가장 중요하기 때문에 인구가 줄어들면 경제성장률이 하락한다. 이런 상황에서 그나마 한국 경제가 3퍼센트 정도 성장하는 것은 두 가지 요인에 근거한다. 먼저 생산은 4차산업혁명에 따라

기계로 대체하고, 외국인 근로자를 활용할 수도 있다. 부족한 수요는 수출로 어느 정도 해결할 수 있다. 이런 상황이 당분간 계속 이어질 것으로 본다면, 문제의 본질은 국내 수요 감소와 고령화에 따른 사회적 부양능력의 상실이다. '역피라미드형 인구구조'는 역사상 단 한 번도 존재하지 않았기 때문에, 피라미드형 인구구조를 전제로 한 모든 시스템은 이제 지속될 수 없다. 특히 세대 간 분업을 기초로 한 사회복지 시스템은 존립 기반 자체가 흔들리고 있다. 보통 가정에서 돈 버는 사람보다 돈 쓰는 사람이 많을 경우, 처음에는 빚으로 충당하다가 이런 상태가 장기화되면 신용불량자가 되어 결국 파산하는 이치와 같다.

교육 시스템도 마찬가지다. 학생 수가 줄어들면서 이제 고교 학급당 인원이 20명 내외인 곳이 증가하고 있다. 조만간 대학의 입학정원이 고교 졸업생보다 많아질 것이다. 어린 학생이 줄면서 태권도장, 어린이 영어교실, 보습학원, 어린이 스포츠클럽이 문을 닫고 있다. 2018년에 교육 서비스 분야 일자리가 무려 10만 명이나 줄어든 것은 바로 이런 구조적 요인 때문이다. 여기에 4차산업혁명과 중국 등 후발국의 추격이 빨라지자 기업들도 미래에 대한 고민이 깊어지고 있다. 스마트 팩토리가 진전되면서 수출은 늘지만 제조업 일자리는 줄어들고, 서비스업에서도 점차 기계가 사람을 대체하기 시작했다. 생산성이 비약적으로 높아지면서 이제 공급과잉이 아닌 영역이 없다. 개인들의 삶도 치열해졌다. 비싼 아파트를 마련하느라 가계부채가 눈덩이처럼 커졌다. 점점 살길이 막막해지고 있는 것이다.

이런 구조적 변화와 미래 모습을 세계에서 가장 똑똑한 한국인들은 잘 느끼고 있는 듯하다. 미래에 대한 막연한 불안감이 밀려오자 결국 나만 잘살면 된다는 동물적 생존 본성에 충실해 공동체보다는 철저히 개인 중심으로 세상을 바라보게 된 것이다. 그럼에도 사회 리더 그룹들은 과거 팽창사회적 시각으로 단기정책만 남발하고 있다.

한국을 앞서 살펴본 수축사회의 여러 특성으로 비교해보자. 거의 모든 영역에서 원칙이 잘 지켜지지 않는 제로섬전쟁이 벌어지고 있다. 국민연금 논란은 건강보험이나 고령화와 직접 관계된다. 고령화 문제는 저출산 때문이고, 저출산은 양극화, 부동산 가격 상승, 경제성장률 하락과 관련된다. 소득 양극화는 자영업자들에게 타격을 주고 있는데, 52시간 근로와 최저임금 인상은 아무래도 부담이 된다. 이런 식으로 전투가 한창인 각각의 영역들은 서로 연결되어 부정적 영향을 강화시킨다. 상황이 이러하니 미래보다는 현재 중심의 단기적 시각으로만 판단한다. 정상적인 방식으로는 성취 욕구를 달성할 수 없자, 서로 늑대가 되어 파이를 차지하려는 제로섬적 태도가 강해지고 있는 것이다.

다양한 이익단체들은 국가와 사회가 아니라 자신들의 이해를 지키거나 유사한 이익단체의 파이를 빼앗기 위해 총력을 기울인다. 물론 이런 제로섬 형태의 갈등은 과거에도 존재했다. 문제는 팽창사회에서는 패배하더라도 다시 도전할 기회가 주어졌으나 수축사회에서는 전투에서 패배하면 그것으로 끝이라는 점이다.

갈등의 그물망

수축사회가 유발한 전투는 과거와 큰 차이가 있다. 우선 전장의 범위가 넓어지고 다양해졌다. 하나의 사안에 얼마나 많은 이해관계가 얽혀 있는지 원격진료를 통해 다시 한 번 자세히 살펴보자. 우선 원격진료를 하면 정상적인 오프라인 진료를 대체하기 때문에 의사들의 수입이 줄어든다. 온라인을 통해 환자 스스로 질병을 진단하면, 진료비용도 낮아지고 건강보험료 부담도 줄어드는 효과가 있다. 실손보험을 파는 보험사들은 의료비 감소로 보험금 지급이 줄어들기 때문에 원격진료를 반긴다. 군인이나 해외 건설현장에 파견된 근로자들은 원격진료를 받으면 혜택이 클 것이다. 또한 4차산업혁명의 중요한 영역인 원격진료는 4차산업혁명의 발전을 위해서도 필요하고, 주요 수출상품으로 성장할 수도 있다.

원격진료 문제는 의료계만의 갈등으로 보이지만 폭넓게 생각해보면 모든 국민이 관계되어 있다. 관련 정부 부처도 마찬가지다. 표면적으로는 보건복지부 소관 같지만, 산업통상자원부, 중소벤처기업부, 금융위원회, 국방부까지 여러 부처가 관계된다. 그렇기 때문에 행정부 내에서도 갈등이 불가피하다. 보건복지부 내에서는 관련 부서 간 충돌마저 발생한다. 원격진료를 시행하면 의사들의 수입은 줄어들지만, 보건복지부의 또 다른 영역인 건강보험 재정에는 도움이 된다. 행여 원격진료를 감행해 의사들이 파업에 나서면 정무직인 장관의 입장이 난처해진다. 원격진료 한 가지만 봐도 이렇게 복잡하고 갈등이 전방위적이다.

또한 경제나 기업의 관점에서도 갈등의 그물망이 넓어지면서 더 촘촘해지고 있다. 산업과 업종을 넘나드는 경쟁과 갈등이 일 상화되는 이유는 소비자의 선호 변화도 있지만, 기술의 발전으로 모든 산업에서 공급과잉이 발생하고 있기 때문이다.

O 현재 법조계는 전 세계 모든 판례를 이미 알고 있는 AI와의 전투에 돌입하는 한편, 외국계 로펌들이 몰려오는 이중고에 처해 있다. 부동산중개업은 공급과잉인 변호사들과 경쟁해야 한다. 로스쿨 출범으로 변호사가 넘쳐나기 때문에 공인중개사 영역을 변호사들이 넘보는 것이다

O 4캔에 1만 원인 수입 맥주와 다양한 인스턴트형 안주를 편의점 앞 파라솔 아래에서 즐기는 사람들이 늘어나고 있다. 치킨집은 인접한 치킨집뿐 아니라, 동네 편의점(일명 편의점 포차)과도 경쟁해야 한다.

또한 동종 업계 내에서도 과거에는 존재하지 않았던 갈등이 발생한다. 노동계는 정규직과 비정규직이 갈등하고 있다. 법조계는 진보 성향과 보수 성향으로 나뉘어 치열하게 전투 중이다. 법조계의 전투는 이데올로기 싸움으로 비치지만, 궁극적으로는 제한된 법률시장의 주도권을 놓고 제로섬전투에 돌입하는 모습이다. 이런 식으로 전투는 계속 확장되고 있다.

2017년 서민의 술인 소주의 연간 소비량은 131만 킬로리터로, 소주 한 병 용량(360ml)으로 환산해보면 36억 병 이상이 팔린 셈이

다. 소주 한 잔을 40밀리리터로 계산해보면 총 327억 잔을 마셨다는 계산이 나온다. 20세 이상 4,204만 명을 대입해보면, 한 사람당 1년에 87병, 잔수로는 779잔이니 하루 평균 2.1잔을 마신 셈이다. 나이가 들면 음주량이 줄어드는데 왜 한국에서는 술 소비가 줄지 않을까? 결론은 그만큼 살기 어렵다는 의미 아닐까? 소주 한 잔으로 하루를 잊고자 하는 사람들이 늘어나고 있는 것이다.

비슷한 사례는 얼마든지 있다. 2012년부터 2017년까지 이름을 개명한 사람이 85만 명에 이른다고 한다. 이름을 바꾸면 사주팔자가 고쳐질지 모른다는 생각 때문일 것이다. 젊은이의 거리인 홍대입구나 대학로에는 다양한 점집들이 무수히 많다. 명리학을 통해 언제쯤 자신의 형편이 나아질지 알고 싶어 하는 이들이 많다는 증거다. 또한 성폭력, 가정폭력, 데이트폭력, 술 먹고 행패 부리는 주폭까지, 다양한 형태의 폭력 사건이 뉴스를 장식한다.

대법관 퇴임 후 여수시의 '시골판사'를 자청해 화제가 된 박보영 전 대법관은, 해고 노동자들의 항의를 받으면서 여수시 법원에 첫 출근했다. 그는 과거형 조직인 대법원에서 나와 권위를 버리고 봉사하겠다는 용감한 마음으로 출근했지만, 수축사회는 대법관 출신조차 인정하지 않는다. 요즘 박 판사는 법정의 권위가 지켜지지 않는 지방법원에서 고군분투하고 있다고 한다. 박 판사가 요즘 어떤 생각을 할지 매우 궁금하다.

삼성경제연구소가 OECD 국가를 대상으로 분석한 사회갈등지수에 따르면 한국은 종교와 민족분쟁을 겪고 있는 터키에 이어 사회갈등이 두 번째로 심각하다. 2013년 기준 한국은 갈등비용으로 연간 82조~246조 원을 부담하고 있다. 사회갈등으로 1인당 최대 연간 900만 원꼴로 손해를 보는 셈이다. 한편 현대경제연구원은 사회적 갈등지수를 선진국인 G7 수준으로 낮출 경우 실질 국내총생산을 0.3퍼센트포인트 상승시킬 수 있다고 전망하기도 했다. 물론 나는 국가 간에 순위를 매기고 경제적 효과를 숫자로 산출하는 것을 크게 신뢰하지 않는다. 이런 유의 조사는 대부분 설문조사에 의존하고, 해당 국가의 역사와 사회적 맥락을 반영하지 못하기 때문이다. 다만 전체적인 방향성에서는 참고할 만하다.

사회갈등과 관련해서 두 가지 중요한 사실을 간과해서는 안된다. 우선 갈등 수준이 높은 국가들의 특성이다. 터키, 멕시코, 그리스, 칠레, 포르투갈, 폴란드, 에스토니아 등은 과거부터 늘 높은 수준이었다. 이들의 공통점은 사회적자본이 미성숙한 상황에서 경제개발을 서두르는 국가들이거나 냉전 종식 후 사회주의 진영에서 시장경제로 체제 전환을 단행한 국가들이라는 점이다. 빠른 사회변동 과정에서 갈등이 만연해진 것이다.

두 번째로 주목할 사실은 사회갈등이 강해지면 총체적으로 사회 기반이 무너져 내린다는 점이다. 삼성경제연구소가 분석한 사회갈등지수는 소득불균형 정도를 나타내는 '지니계수', 민주주의 성숙도를 나타내는 '민주주의지수', 세계은행이 측정하는 '정부효과성지수'의 산술평균값으로 산출된다. 따라서 소득 양극화 현상이 고착화되어 있고, 민주주의가 제대로 정착하지 못한 상태에서, 정부의 역할이 미약할 때 사회적 갈등이 커진다고 해석할 수 있다. 이 책에서 논의하는 수축사회의 많은 특징이 녹아 있는 것이다.

물론 수축사회는 전 세계적인 위기이기 때문에 이런 다양한 갈등이 한국만의 특수한 상황은 아니다. 비록 지금은 갈등 수준이 낮은 국가일지라도 조만간 갈등 수위가 올라갈 것이다. 결국 세계 모든 국가, 더 넓게 보면 지구 전체가 갈등의 그물망에 포위되어 있다는 전제하에서 한국을 바라봐야 한다.

세대갈등이 아니라 양극화

다양한 갈등의 그물망 중 최근 세대 간 갈등이 특히 심각해지고 있다. 세대갈등은 가정, 직장, 사회생활, 사회안전망 등 모든 분야에서 나타날 수 있기 때문에 장기적으로는 갈등의 뇌관이 될 수 있는 영역이다. 사실 인구구조가 피라미드형에서 역파라미드형으로 바뀌는 과정에서 세대갈등은 불가피한 측면이 없지 않다. 특히 한국은 가장 빠른 고령화 현상을 겪고 있어 세대갈등이 나타날 가능성이 그 어느 나라보다 높고, 나타날 경우 치명적 타격을 받을 수 있다. 선진국의 경우는 공적연금, 의료보험 같은 사회안전망 문제에서 누가 부담을 질 것인지 여부가 갈등의 중심 영역이다. 물론 한국도 이 문제가 서서히 부각될 예정이지만, 아직은 수면 아래에 잠재된 모습이다.

세대갈등은 중요한 미래형 이슈지만, 아직은 갈등을 조정할 시간적 여유가 있다. 한국은 세대갈등에 너무 관심이 커서 오히려 새로운 갈등을 조장하는 경향까지 보인다. 우리가 세대갈등이라 알고 있는 것을 조금 냉정하게 살펴보자. 손자세대의 행동거지를 두고 자식세대와 부모세대가 갈등하는 것은 가정교육 방식과 저출산에 기인한다. 정치적으로 노인세대의 보수주의적 성향과 젊은 층의 상대적 진보 성향은 국가와 시대 구분 없이 보편적으로 나타난다. 촛불 집회와 태극기 집회를 세대 간 갈등으로 보는 견해는 세대 간 갈등 가능성을 정치적으로 이용하려는 일부 세력의 의도가 아닐까? 이런 식으로 많은 사회 이슈를 세대 간 갈등으로 포장해서 해석하는 것이 더 큰 문제로 보인다.

그렇다면 세대 간 갈등의 본질은 무엇일까? 우선 전선을 분리해서 파악해야 한다. 주로 연장자인 고령자들이 60여 년간 이어진 경제성장의 과실을 모두 가져갔다는 주장은 처음부터 허구다. 노년층은 부동산으로 큰돈을 벌었는데 젊은 층은 집을 구하지 못해 결혼도 못한다고 하지만, 쪽방에서 홀로 생활하는 독거노인이 얼마나 많은가? 한국의 고령자 빈곤율이나 자살률은 단연 세계 최고 수준이다. 따라서 우리는 인식의 폭을 좀 더 넓혀야 한다.

서강대학교 전상진 교수는 최근 저서《세대전쟁》에서 한국의 세대갈등은 계급갈등을 덮고 세대갈등을 정치적으로 이용하려는 의도라고 강조했다. 또한 세대갈등의 프레임에 갇혀 정치적으로 이용당하는 사람들은 '시간의 실향민'이거나 '인지부조화'나 과거 시대에 대한 강력한 '향수'에 빠진 사람으로 봐야 한다고 주장했다. 기득권 쟁탈전을 세대갈등으로 포장하고 이용하고 있다는 것이다. 또한 세대갈등으로 포장된 많은 사안의 본질은 세대갈등이 아니라 미래를 위한 준비 부족에서 나왔다는 의미로 해석할 수도 있다. 나는 경제적 양극화를 수축사회의 가장 중요한 현상이라고 지속적으로 주장해왔다. 따라서 현 단계에서 세대갈등이라고 칭하는 것의 본질은 수축사회에 그 원인이 있다.

결론적으로, 문제의 본질이 사회 양극화에 있고, 이에 대한 저항을 세대갈등으로 포장하고 있다는 점을 인정해야만 한국에서의 갈등이 보인다. 한국의 GDP 대비 사회보장성 지출은 OECD 국가 중 매우 낮은 수준이다. 경제력을 감안하면 특히 더 낮다. 프랑스는 사회보장성 지출이 GDP의 31퍼센트나 된다. 독일은 25퍼센트이고, 일본과 영국, 미국도 20퍼센트 남짓 된다. 2014년 기준 한국의 일반 정부 지출과 사회보험 지출을 더한 공공사회복지 지출은 144조 원으로 GDP 대비 10퍼센트도 안 된다. 여기에 민간 부문 지출과 조세감면 등 모든 영역을 합산하면 13퍼센트 수준이다. OECD 평균이 22퍼센트임을 감안하면 한국의 사회보장성 지출은 턱없이 낮은 편이다. 이런 낮은 복지 수준에서 발생한 사회갈등을 세대갈등으로 낙인찍어서는 안 된다. 따라서 세대갈등으로 여기는 것들의 본질은 양극화에 있고, 또한 우리는 현재 이를 해소하기 어렵게 만드는 수축사회로 진입하고 있다고 이해해야 한다.

나는 전 교수의 견해에 대체로 동의하지만, 향후 한국에서 세대갈등을 계급갈등으로 완전히 치환할 수 있다고는 보지 않는다. 베이비부머들이 대거 은퇴하면서 고령자 비중이 크게 증가할 것으로 예상된다. [표 4-3]을 보면 2019년에 60세인 1959년생이 79만 명이나 된다. 65세인 1954년생은 57만 명이다. 이후 지속적으로 증가해 베이비부머의 마지막 세대인 1963년생은 2023년에 79만 명이 60세를 넘긴다. 이때 본격적인 베이비부머 시작 세대인 1958년생 72만 명이 65세에 진입하면서 고령화시대가 본격화될 것이다. 이

[표 4-3] 연도별 고령자 추이 예상

(단위: 천명)

연도	2019	2021	2023	2025	2027	2029
60세	789	888	792	800	794	866
63세	667	745	846	811	743	770
65세	571	659	726	855	802	735

자료: 조영태, 《정해진 미래 시장의 기회》, 북스톤, 2018

후에도 2차 베이비부머인 1974년생까지 고령자가 빠르게 늘어나 매년 65세 이상 고령자가 73만~80만 명 가까이 탄생할 것이다. 베이비부머 이후 세대는 이전 세대에 비해 사회참여 성향이 강하고, 발전된 한국에서 살아왔기 때문에 소비 수준도 높다. 베이비부머들이 60세를 넘겨 본격적인 고령사회에 진입한 후 조직화되어, 고령자의 이익 중심으로 사회를 이끌어간다면 세대갈등을 피할 수 없을 것이다.

'63년 똥파리'라는 말이 있다. 1963년에 태어나 1982년에 대학에 들어간 사람들을 지칭하는데, 인원이 매우 많다. 이들은 5공화국의 졸업정원제 혜택을 받아(81학번부터 실시) 대학 진학률이 높았다. 그리고 1980년대 말 사회에 나와 승승장구했다. IMF 외환위기 때는 기업의 중간관리자 위치여서 희망퇴직을 비켜갈 수 있었다. 이들의 대학 시절, 학교는 온통 반독재 투쟁의 장이었다. 대부분 독재 반대 데모에 심정적으로는 동의했지만, 직접 행동에 옮긴 사람은 많지 않았다. 그리고 취직해서 경제개발의 주역으로 일했다. 그러나 이들은 학창시절 민주화운동에 참여하지 못한 미안함으로, 이후 일어난 민주화운동을 뒤에서 지원해주었다. 즉, 한국 민주화운동의 숨은 조력자들이었던 셈이다. 이들은 약육강식의 신자유주의 사회에서 치열하게 살아오며 가족과 자신이 몸담은 기업을 위해 나름 열심히 일했다. 같은 베이비부머지만 똥파리세대와 그 유명한 '58년 개띠'는 확연히 차이가 난다. 58년 개띠와 그 이전 세대들은 경제성장 과실을 그런대로 취할 수 있었다. 부동산을 통해 어느 정도 재산도 모았고 자녀들도 거의 취업을 했거나 결혼했다. 그러나 불과 5년 늦은 똥파리 이후 세대들은 돈을 벌 기회가 별로 없었다. 자식들이 취업에 나서는 시점에서 수축사회에 진입하자 사회에서 밀려나고 있다.

본격적인 세대갈등이 나타난다면 아마 63년 똥파리들이 60세가 되고, 1958년생이 65세가 되는 2023년 근처가 될 것이다. 또한 그때는 사망자가 출생자보다 많아지면서 전체 인구가 줄어들기 시작할 것이다. 1958년생은 만 62세가 되는 2020년부터 국민연금을 수령한다. 이후 매년 80만 명 정도가 국민연금의 신규 수급자가 된다. 700만 명 이상이나 되는 베이비부머가 국민연금 부담률을 높이고, 늦게 그리고 적게 받는 국민연금 개정에 동의할까? 세대갈등을 예방하기 위한 시간이 이제 별로 없다.

최근 서울을 중심으로 남편만 출입이 가능한 산후조리원이 인기라고 한다. 산모의 안정과 외부로부터의 감염을 줄이려는 것이 표면적 이유지만, 시부모의 출입을 차단하려는 것이 진짜 이유라고 한다. 이런 산후조리원은 한국의 전통문화와 충돌하면서 세대갈등의 빌미가 되기도 한다. 한국에서 4가구 중 1가구는 1인가구다(2017년 기준 28%). KB금융지주 경영연구소가 2015년에 조사한 40대 이하 1인가구의 생활 모습을 분석한 결과(6개 광역시, 1,500명)에 따르면 혼자 사는 가장 큰 이유를 '직장이나 학교'(35.7%)로 꼽았다. 하지만 복수응답(두 개)을 고려하면 '혼자 사는 것이 편해서'라고 답한 사람이 가장 많았다 1인가구 10명 중 7명은 20대 때부터 혼자 살기 시작했다. 경제적 문제를 떠나 혼자 사는 것을 좋아하는 사람이 늘어나고 있는 것이다.

앞의 두 가지 사례는 살아가는 방식과 가치관에서 세대 간에 큰 차이가 있음을 보여준다. 전통적인 대가족 사회에서 성장한 고령자와 개인주의 성향이 강한 젊은 층은 사사건건 대립하면서 갈등을 키우고 있는 것이 사실이다. 이때 사회 양극화가 기름을 부으면 세대갈등은 악화될 가능성이 높다. 수축사회가 더 진행되면 영영 치유하기 힘들지도 모른다. 양극화 해소를 위한 사회 전체의 노력과 사회적자본을 확충하기 위한 관심이 절대적으로 필요해졌다.

권위의 상실: 교육, 법률, 종교

수축사회는 갈등사회이기 때문에 다양한 갈등을 중재하고 해소할 수 있도록 권위 있는 기관과 사람이 필요하다. 그동안 교육계, 법조계, 종교계 인사들은 사회갈등을 조정하고 사회통합의 윤활유 역할을 해왔다. 그러나 이들도 수축사회에 진입하면서 허우적대고 있다. 이 세 기관은 과거의 유산을 지키는 성격이 강하기 때문이다. 교육은 교과서 내용에 따라 가르치고, 법조계는 법에 의존해서 판단하고, 종교인들은 교리대로 행동하면서 과거의 권위를 유지한다. 이런 속성 때문에 갈등의 사회적 중재자로서 권위가 사라지고, 오히려 이들 스스로 제로섬전쟁에 참여하거나 새로운 갈등을 유발하기도 한다.

수축사회에서는 갈등이 치열해질 것이다. 갈등을 조정하는 것은 정치의 역할이지만, 사회적 신뢰를 바탕으로 사회 스스로 해결하는 것이 가장 바람직하다. 이때 특히 교육의 역할이 중요하다. 교육은 사회적자본을 축적하는 가장 중요한 기초 학습기관이다. 어려서부터 사회적자본의 중요성을 교육시키고, 패배자를 구제하는 이타적인 시민으로 살아가기 위한 소양을 키워줘야 한다. 또한 지금부터는 팽창시대의 유산이 아니라, 수축사회에 필요한 역량을 교육해야 한다. 4차산업혁명은 기존의 모든 직업과 사회의 가동방식을 바꿀 것이다. AI는 스스로 연결되어 거의 모든 정보를 실시간으로 업데이트한다. 이런 AI를 개발하고, 통제 관리할 수 있는 교육이 시급히 필요하다. 그러나 현실에서는 4차산업혁명 관련 교육을 전혀 찾아볼 수 없다. 무엇을 가르칠 것인가 하는 문제보다 교육자들이 어떻게 파이를 가져갈 것인가에 집중하면서, 수축사회를 극복하기보다는 진입을 앞당기는 모양새다. 극단의 이데올로기로 갈라진 교육계 갈등의 본질은 수축사회에서의 생존권 경쟁으로밖에 보이지 않는다.

법조계도 교육계와 별반 다르지 않다. 팽창사회에서 만들어진 법률은 사회의 기본 성격이 바뀐 수축시대에는 잘 통용되지 않는다. 오히려 반발만 거세진다. 새로운 법률체계를 만들어야 하지만 팽창시대에 임용된 법관들은 자신이 아니라 사회가 잘못되었다고 생각한다. 오히려 자신들의 기득권을 지키기 위해 강력하게 이익집단화되고 있다. 최근, 사건과 관련된 뉴스에 나오는 사람 중 법관 출신이 유독 많은 이유는 수축사회에 대한 법관들의 이해 수준이 낮기 때문이다. 달리 표현하면 '팽창사회의 법률로 수축사회를 심판'하면서 문제가 터져나오기 시작한 것이다. 이런 현상은 가장 공정해야 할 법 집행에 대한 불신감을 높이고, 갈등 해소가 아니라 오히려 갈등을 증폭시키는 역할을 하고 있다.

종교계는 수축사회의 가장 큰 피해자로 보인다. 4차산업혁명, 즉 생명공학 기술의 발달과 개인주의의 확산으로 종교의 설 자리가 점점 줄어들고 있다. 유발 하라리는《호모데우스》에서 향후 인간은 AI와 생명공학의 발달로 스스로 진화해서 신神에 도전할 것이라는 전망을 내놓기도 했다. 인간이 신이 되면 종교의 존재가치가 사라진다. 인류는 신의 피조물이 아니라 134억 년 우주 역사 속에서 파생된 존재라는 '빅히스토리'가 새로운 학문으로 자리 잡으면서 신의 절대성이 약화되고 있다. 우주 창조(빅뱅) 이외 모든 현상은 이제 해석이 가능해졌다. 논리적으로 종교의 존재가치가 그만큼 약화되었다는 의미다. 또한 종교인이 아니면서도 깊은 사색과 공부, 성찰로 종교인보다 고결한 정신적 가치를 지닌 사람들이 존경받기 시작했다.

수축사회에서의 생존 본능에 영향을 받아 종교인의 윤리성이 이제는 정치인에 버금갈 정도로 낮아지고 있다. 대형 교회의 교직 세습과 지나친 이데올로기 편향, 중앙 종회의 권력을 놓고 폭력을 행사하는 불교계, 교리에 과도하게 몰입하는 근본주의 등과 성직자의 비윤리적 행위도 종교에 대한 신뢰감을 낮추고 있다. 신도들도 비슷하다. 종교단체에는 종교적 모임 이외에 유사한 부류의 신도들이 결성한 모임이 늘어나고 있다. 이들은 자신들만의 이해를 위해 폐쇄적으로 활동한다. 이제 학연, 지연, 혈연이라는 한국만의 기괴한 연고주의에 종교에 의한 인연이라는 종연宗緣을 추가해야 할지도 모른다.

인구가 줄어들면 당연히 종교인도 줄어들지만, 통상 나이가 들수록 죽음에 대한 두려움으로 종교에 귀의하는 경우가 많다. 따라서 종교를 가진 사람이 늘어나야 하는데, 실제로는 줄어들고 있다. 이는 종교 자체에 근본적인 의문이 제기되고 있음을 뜻하기도 하지만, 이 책의 주제와 관련해서 보면 종교마다 존재가치를 유지하기 위해 수축사회형 전투에 참가하면서 신뢰를 상실했다고 도 할 수 있다. 현재의 종교는 개인을 넘어 사회 전체의 행복을 추구하는 본질적 의미를 잃고 있다. 사회적자본의 중요한 축인 종교가 본연의 역할을 버리고 제로섬전쟁에 열중한다면 사회적자본은 더욱 빠르게 고갈될 것이다.

저명한 사회학자 로버트 퍼트넘Robert D. Putnam은 1995년《나홀로 볼링》이라는 책에서 미국 시민사회의 붕괴를 경고했다. 그의 조사에 따르면 1960년대 중반 이후 시민들 간에 비공식적인 방문과 사교에 쓴 시간이 4분의 1이나 감소했다. 또한 사적 클럽이나 시민단체 조직에 참여하는 시간이 줄어들면서 혼자 볼링 치는 사람이 늘어났다. 과거에는 볼링장에서 맥주와 피자를 먹으면서 교류하고 공동체의 문제에 관해 이야기하는 사람들이 많았지만, 이런 사람들이 점점 줄어들면서 사회적자본이 약화된 것이다. 그의 주장을 현재에 적용해보면, 이때부터 미국은 사회적자본이 약화되면서 민주주의가 후퇴했고, 미국 우선주의가 일반화된 것으로 해석할 수도 있다.

도덕적 해이

직장을 그만둔 뒤 한 달간 거의 병원 신세를 졌다. 퇴임을 앞두고 실시한 건강검진 결과 검사할 것이 많다는 진단이 나왔다. 그리고 검진 결과를 설명해주는 자리에서 곧바로 자기 병원 소속 전문의에게 예약을 해주었다. 검사는 꼬리를 물고 이어졌다. 거의 10여 차례 병원을 방문해 다양한 검사를 한 결과 "다행입니다! 큰 문제는 발견되지 않았습니다. 혹시 모르니 내년에 다시 재검진하십시오"라면서 친절하게 1년 뒤 예약까지 잡아줬다. 문제가 있으면 검사를 받는 것이 당연하지만, 조직사기단에 걸린 것처럼 씁쓸했다. 비용과 시간도 아까웠지만 의료계의 현실이 더 안타까웠다.

고령자일수록 병원 출입이 잦다. 일부 고령자의 경우 지나친 건강염려증으로 여러 병원을 수시로 방문해 병을 만드는 경향(?)까지 있다. 이때 의사들은 고령자의 심리를 이용해 과도한 검사를 제안한다. 요즘은 병원 경영이 어렵기 때문에 의사가 관여하지 않는 검사는 병원의 중요한 수입원이다. 잘 알 수는 없지만 요양병원에서는 어떤 일이 벌어지고 있을까? 여타 사회복지 영역 또한 안 봐도 비디오 수준 아닐까?

의료계와 사회복지 영역에도 고령화와 건강보험의 재정 악화, 공급과잉에 따른 경쟁 심화 등 수축사회의 여러 모습이 녹아 있다. 그러나 인간의 생명과 생존권 관련 부문에서의 도덕적 해이는 사회적 신뢰도를 낮추고 서로를 믿지 못하게 만들면서 사회적자본을 갉아먹는다. 또한 엄청난 비용을 발생시킨다. 도덕적 해이에 따른 비용을 경제성장에 사용하고 추가적인 분배에 활용한다면 한국은 훨씬 더 성장할 것이다.

자신의 생존에만 집착하면 전체의 공익보다 개인의 이해를 추구하게 된다. 퍼트넘의 비유대로 혼자 볼링 치는 사람은 공동체나 다른 사람을 의식할 필요가 없다. 경험하지 못한 수축사회에 진입하면 인간의 동물적 본능인 생존에 대한 집착이 강해져 이기주의와 개인주의가 보다 강화된다. 바로 이때 도덕적 해이가 사회 저변에 확산된다. 단순히 범죄가 늘어나는 것 이상이다. 사회의 권위를 형성하는 교육계, 법조계, 종교계뿐 아니라 거의 모든 영역에서 도덕적 해이로 인한 문제가 경쟁적으로 발생하고 있다. 세월호 참사 이후 '적폐'라는 용어가 크게 부각되었는데, 이 용어는 문재인 정부 출범 후 과거의 잘못된 유산을 바꾸는 근거가 되었다.

지금까지 적폐 청산은 주로 이전 정권 시절 기득권 계층의 범죄와 낡은 관행을 청산하는 제한적 수단으로 쓰였다. 그러나 사회 전체에 만연한 모든 도덕적 해이를 지칭하는 것으로 의미를 확대할 필요가 있다. 누구나 인지하지만 문제 삼지 않는 아파트 관리사무소 운영 문제, 건설업체 간 담합, 납품 비리, 탈세, 지자체 공무원의 비리 등으로 대상을 확장해야 한다는 뜻이다. 2018년 국정감사에서 밝혀진 서울교통공사의 친인척 채용 비리와 노조의 갑질 및 경영진의 안일한 태도, 어린이집 부정 문제, 거의 모든 공공기관에서 자행되는 채용 비리 등 사회 모든 영역에서 유사한 일이 벌어지고 있는 것을 우리는 다 알지 않는가? 디지털 기술의 발전으로 물증 확보가 용이해진 점도 적폐 대상을 넓히고 근절하는 데 큰 몫을 한다.

많은 사회학자가 올바른 교육, 보편적 복지로 경제적 불평등을 해소하고, 사회적 동질성을 높이면서(사회 통합) 정부의 투명성이 증대될 때 사회적자본이 확충된다고 본다. 정부(정치권)의 투명성 증대는 부패를 방지하고 법치가 공정하게 이루어지는 기반이 된다. 따라서 정부의 투명성이 높아지면 리더 그룹의 사회 선도력을 정당화하는 기반이 강화되어, 궁극적으로는 갈등 조정을 용이하게 만들고 더불어 사회의 통합력도 높아진다.

한국의 인사청문회에 등장하는 핵심 공직자들은 부동산 투기, 학력 위조, 병역 기피에서 자유롭지 못하다. 보수 정권이나 진보 정권 모두 마찬가지다. 이런 현상은 한국에서 사회적자본을 생성하고 유지시켜야 할 중심부부터 도덕적 해이가 만연해 있음을 보여준다. 자신이 적폐인데 무슨 명분으로 적폐를 해소할 수 있겠는가? 도적적으로 우위에 있는 비정부기구도 불투명하게 운영된다. 최근 논란이 되고 있는 '미투' 운동만을 말하는 것이 아니다. 비정부기구에서도 다양한 형태의 도덕적 해이가 발견되고 있다. 보수와 진보 모두 도덕적 해이에서 자유롭지 못하자, 수축사회를 돌파할 리더십 부재 상황이 발생하고 있는 것이다. 균형 있고 빠른 적폐 청산만이 수축사회를 돌파해나가는 출발점이지만 이를 추진할 사람이 없다. 혹시 나도 늑대이고, 적폐세력 아닐까?

팽창사회적 해법

수축사회에 빠르게 진입하면서 사회 리더 그룹들도 손 놓고 있지만은 않았다. 2017년 말 기준 20대 국회가 발의한 법안 수가 1년 반만에 1만 건을 넘어섰다. 법령정보통계에 따르면 의원 발의 법령의 70퍼센트 이상이 폐기되는데, 새롭게 법령을 제정하는 것이 아니라 대부분 개정안이라는 측면이 흥미롭다. 이 조사 결과는 정치권이 나름 갈등의 그물망을 풀기 위해 나서고 있다는 점에서 긍정적 측면이 있다. 그러나 국회의원도 이해 당사자로서 제로섬전쟁에 참여하는 것이라는 다른 해석도 가능하다. 법령을 새롭게 제정하는 것은 미흡한 사회 관리망을 만드는 것이다. 그러나 기존 법령을 개정하는 것은 이해관계에 영향을 준다. 법령 때문에 불이익을 받던 세력들이 법령 개정으로 새로운 이익을 취하거나 자신들의 이익을 지킬 수 있다. 사실 규제라고 하는 것은 이미 시장에 자리 잡은 특정 집단의 이익을 공식화하는 성격이 짙거나, 다양한 사회갈등을 규제의 그물망으로 덮어 수축사회의 본질을 가리려는 시도인 경우가 상당하다.

21세기 들어 정권마다 나름 수축사회를 탈출하기 위한 대책을 내놓고 추진했다. 그러나 대부분의 정책들은 팽창사회를 가정한 과거형 대책이라서 별 효과가 없었고 예산만 낭비한 경우가 많았다. 팽창사회에서도 양극화 같은 사회적 과제가 심각한 상황이었지만, 당시에는 경제만 성장하면 모든 문제가 해결될 것으로 판단했다. 또한 전반적으로 정권의 안정성이 낮았기 때문에 갈등을 유발하는 장기적인 사회정책을 추진하기 어려운 한계도 있었다. 결국 근본적인 사회문제는 다음 정부로 넘기는 책임회피만 20여 년째 해오고 있는 것이다.

지금 한국은 수축사회를 맞아 혁명적 수준의 구조적인 대책이 필요한 시점이지만, 한방韓方적 대책보다는 돈을 풀기만 하는 땜방식 처방만 지속해왔다. 추가경정예산안은 '예상치 못한' 경제적·사회적 충격이 있을 때 한시적으로 예산을 추가 편성해서 경기를 부양하는 정책이다. 그러나 한국에서의 추가경정예산은 매년 실시하는 연례행사가 되었다. 중병에 걸려 있는 한국에 주기적으로 마약을 투여한 것이다. 그러다보니 이걸 먹어야 평상시 컨디션이 유지되는 난센스가 빚어지고 있다. 게다가 우습게도 추경을 편성하지 않으면 경기침체를 제대로 이해하지 못한 것으로 인식하는 경향까지 생겼다. 모든 정권은 저성장 구도에 빠진 한국을 정말 '모르고, 예상하지' 못했을까? 사회 전체를 망라하는 체계적이고 지속적인 정책은 아예 없었다.

리더가 문제다

수축사회를 완화시키면서 갈등의 그물망을 풀 방법은 없을까? 우선 수축사회에 대한 폭넓은 이해가 선행되어야 한다. 한국의 리더 그룹들은 여전히 우리 사회를 팽창사회라는 틀에서 이해한다. 수축사회로 진입한 지 상당한 시간이 흘렀음에도 팽창사회를 전제로 한 인식과 대응이 일반적이다. 사실 이 책을 출간하게 된 동기는 한국의 리더 그룹들에게 수축사회의 위험성을 제대로 알리고 싶어서였다. 결론부터 얘기하면 수축사회에서 벗어나게 할 묘책은 없다. 수축사회의 원인에서 살펴보았듯이 이를 역사적 필연으로 보기 때문이다. 그러나 수축사회에 대한 인식이 강해지면 수축사회 진입 속도를 늦추고, 경쟁국보다 상대적으로 우월한 위치에 설 수 있다. 따라서 수축사회에 대한 대책은 빠르고 과감할수록 좋다.

사회 문제에서 가장 중요한 관점은 역시 사회적자본을 확충하는 것이다. 이는 모두가 늑대인 수축사회에서 갈등 수준을 낮추면서 대안을 마련하고 실행할 수 있게 한다. 사회적자본은 민주주의를 기반으로 법치, 계약, 상호부조, 다양성 등이 상식으로 유지될 때 축적된다. 또한 개인의 영역을 넘어 전체로서의 사회를 조망해야 한다. 그러나 한국은 님비현상의 선진국이다. 정당한 법 절차라 하더라도 일단 반대하면 보상이 따르기 때문이다.

임차인이 집주인에게 망치를 휘두른 '궁중족발' 사건은 폭력을 행사한 임차인의 부분적 책임으로 종료되었지만, 한 번에 임대료를 4배나 올린 건물 소유주도 많은 비난을 받았다. 사회적자본이 강한 국가에서는 어떨까? 결코 임대료를 단번에 4배나 올리지 않는다. 예상 가능한 수준에서 올린다. 또한 임차인도 치명적 흉기인 망치를 휘두르지 않는다. 법률에 의하지 않고서도 사회적 통념에 따라 사회가 굴러갔더라면 이런 끔찍한 사건이 벌어지지 않았을 것이다. 물론 정책 당국은 임대차법을 강화해 임대차 보호기간을 늘려야 하지만 모든 문제를 법으로만 해결할 수는 없다. 서구 선진국에서는 어려서부터 공공성을 일깨우는 시민교육을 받는다. 어린 나이에 받은 공공성 교육을 몸으로 체득하면서 자연스럽게 국민들의 사회적 수준이 높아진다. 수축사회에서는 상호 치열한 분배 경쟁이 제로섬전투 양상을 띠기 때문에, 사회적자본이 강하면 전투가 완화되고 사회가 나서서 패배자를 구제할 수 있다.

최근 한국 사회에서도 촛불 혁명과 문재인정부 출범 후 사회 문제에 대한 인식이 높아졌다. 그러나 지금까지는 문제제기 수준에 그치고 있다. 상호의존적 연결성에 대한 인식은 더욱 부족하다. 예를 들어 국민연금 보험료 인상안을 제시했을 때 사회적 반대가 강력하자 논란만 거듭하면서 한 걸음도 나가지 못하고 있다. 국민연금 문제는 필연적으로 건강보험 문제와도 연결된다. 공무원연금, 사학연금, 군인연금뿐 아니라 고용보험과도 관련이 있다. 그러므로 돈을 내는 사람 입장에서 부담 능력이 얼마나 되는지 총체적 문제로 접근해야 한다. 지금이 아니라 20~30년 후까지 생각하면서 개혁에 나서야 한다. 자신의 수입에서 사회안전망 유지를 위해 얼마나 부담할 수 있는지 종합적으로 살피고 대안을 내놔야 한다.

결론적으로 고령화로 인해 향후 국민연금은 지속 가능하지 않다. 그렇다면 유일한 방책은 국가와 국민이 돈을 많이 버는 것이다. 즉, 경제성장을 어떻게 이끌 것인지 국민들에게 비전을 보여주고, 이 비전에 대해 국민들이 동의하고 자신감을 가지면 성공할 수 있다. 나는 20여 년 전부터 국민연금 개혁에 대해 문제를 제기해왔다. 10여 년 전 국민연금이 고갈될 것이라고 강의했다가 국민연금 직원에게 사죄(?)해야 하는 해프닝도 있었다. 한국 사회에서는 문제 제기조차 하기 어려운 이슈였다. 다행히 최근 국민연금 문제와 같은 핵심 이슈에 대한 이해도가 높아지기 시작한 점은 작지만 큰 성과다. 그러나 아직 멀었다. 여전히 팽창사회를 기반으로 미래를 보고 대응하려는 시각이 강하다. 나는 이런 사람들을 '과거형 인재 人災' 혹은 '꼰대'라고 부른다. 결국 리더가 문제다.

　아마 대부분의 독자는 내가 얘기하고자 하는 방향을 이미 이해하고 있을 것이다. 수축사회로 가면서 가장 중요한 것은 사회적 자본, 다른 말로는 근대성이다. 그리고 1장에서 살펴본 수축사회의 특징과 3장에서 논의한 수축사회의 대응방법을 한국 사회 전체에 적용하면 나름 괜찮은 대안이 나올 듯하다.

10장

정치, 과거의 늪에서 벗어나야 한다

한국만큼 정치에 관심이 많은 국가도 없을 것이다. 여러 가지 이유가 있겠지만 한국 사회가 역동적이라는 긍정적 측면과, 반대로 수축사회 진입 속도가 빨라지면서 갈등 수준이 올라가고 있다는 부정적 측면이 있다. 경제 현장에서 30여 년간 근무한 나는 현실 정치에 대해 잘 알지 못한다. 그러나 수축사회에 빠르게 진입하는 상황에서 정치의 역할이 과거보다 중요해진 점만은 강조하고 싶다. 특별히 여기서는 수축사회에서 필요한 정치의 역할에 대해서만 언급하고자 한다.

정치의 3가지 역할

정치는 국가와 사회의 방향성을 정하는 중요한 역할을 수행한다. 나는 정치의 역할을 3가지로 파악한다. 첫째, 국가 전체 차원에서 정책을 만들고 시행해야 한다. 사소한 정치적 행위조차 국가 전체 차원에서 살펴야 한다. 정치인이 특정한 이해관계에 함몰되면 이익집단과 구별하기 어려워진다. 정치인은 자기 전문 분야를 넘어 다양한 집단과의 관계에서 국가 전체의 이익을 추구해야 한다. 파이가 커지는 팽창사회에서는 누구나 노력하면 어느 정도 파이를 가져갈 수 있었기 때문에 정치인의 일탈이 용인되는 분위기였다. 그러나 지금은 특정인의 이익이 경쟁자의 이익을 항상 침해할 수밖에 없는 구조다. 성장은 사실상 멈췄다. 좀 더 상황이 나빠져 수축사회가 확연해지면, 전체 파이가 줄어들 것이다. 이때 정치가 국가 전체 차원에서 판단하고 의사결정을 내리지 못하면 피해는 더욱 확산될 것이다.

둘째, 갈등을 조정해야 한다. 수축사회는 기본적으로 갈등사회이기 때문에 다양한 갈등이 엄청나게 쏟아진다. 이때 정치는 갈등을 중재하고 해결하려는 노력을 기울여야 한다. 국회의원 등 정치인은 정년이 보장되는 행정부와 달리 선거를 통해 심판받기 때문에 갈등을 조정하기가 용이하다. 특히 국회의원은 개개인이 헌법기관이라서 갈등을 조정할 권위가 부여되어 있다. 따라서 정치는 사회갈등에 적극 개입해서 중재하거나, 해결방안을 마련한 뒤 선거를 통해 검증받아야 한다.

그러나 현실에서는 갈등 조정이 대부분 행정부의 책임에 머무는 경우가 많다. 공무원들은 근무 기간을 무탈하게 보낸 뒤 공무원연금을 받는 것이 일반적인 삶의 경로다. 설사 열심히 갈등 조정을 해도 성과에 대한 보상이 따르지 않는다. 고위직의 경우에는 기업으로 이동해서 추가적으로 직업을 갖거나 정치 입문에 대비해 갈등을 덮어버리려는 성향이 높다. 이들은 책임지지 않으려는 기본적인 속성이 있으며 해결책을 내더라도 자신의 미래를 위해 미봉책에 치우치는 경향이 있다. 선거에 출마하는 정치인들은 자신이 갈등의 그물망을 풀어보겠다고 나서지만, 현실에서는 무관심하고 회피하기까지 한다. 따라서 갈등 조정을 위해서는 국회의원이나 정무직인 장관 등이 적극적으로 나서야 한다.

수축사회는 갈등사회이기 때문에 정치권은 특히 사회통합에 신경 써야 한다. 사회가 여러 갈래로 분화되어 자신들의 이해를 놓고 서로 싸우기 때문에 사회 통합이 우선 필요하다. 따라서 정치의 가장 중요한 기능인 갈등 조정은 통합을 전제로 해야 한다. 수축사회에서 글로벌 공조가 중요해진 것도 각국의 상반된 이해를 조정하고 통합하는 기능이 과거보다 중요해졌기 때문이다.

셋째, 정치는 과거보다는 미래 변화에 적극적으로 대처해야 한다. 국가의 비전을 제시하고, 이에 부합하는 정책을 도입하는 등 사회 분위기를 이끌어야 한다. 한국에서 경륜經綸이라는 말이 듣기 어려워지고 있다. 특히 정치인 중 국가적 차원에서 '어른'으로 대접받는 사람은 거의 없다. 이런 현상은 정치인을 포함한 우리 사회 리더들의 생각이 팽창사회에 머물러 있기 때문이다. 그동안 꽤 이름 있는 정치인, 저명한 학자, 행정부 고위관료들의 강연을 듣거나 대화를 나눌 기회가 가끔 있었다. 이들의 얘기는 늘 팽창사회에서 통하는 과거형이었고, 상호의존적 연결성을 찾아볼 수 없었다.

일부 정치인들은 한국의 국가재정이 여타 선진국에 비해 안정적이니 대규모 복지정책을 실시해야 한다고 주장하기도 한다. 또한 많은 진보적 논의가 그러한 주장을 뒷받침한다. 관성적인 진보 담론은 한국 사회가 북유럽 사민주의 국가의 길, 적어도 독일식 조합주의 국가의 길을 가야 한다고 주장한다. 그러나 수축사회가 되면 경제성장률이 하락하면서 세수가 줄어든다. 복지는 늘고 세수가 줄어들면 그리스와 비슷해진다. 유럽 국가들 역시 팽창사회에서 수축사회로 바뀌는 전환의 길에서 과거의 제도를 고치기 시작했다. 지금 일본의 경우를 보자. 국가 부채가 GDP의 250퍼센트나 되어 외국인 투자가들은 거의 일본의 국채를 사지 않는다. 당장은 문제가 발생하지 않겠지만 얼마나 버틸 수 있을까? 규제, 법령 등을 만들고 투자를 할 때는 눈앞이 아니라 미래를 봐야 한다. 미래에 닥칠 수축사회를 극복하기 위한 방안을 만드는 데 정치가 선봉에 서야 한다.

전체적 시각, 갈등 조정, 미래 지향은 모두 연결되어 있다. 벌써 3년 이상 논의 중인 우버 택시를 도입하면 국가 전체로는 이익이다. 반면 많은 운수업 종사자가 일자리를 잃거나 수입이 줄어들 것이기 때문에 반대에 나서고 있다. 정치인 입장에서 보면 택시 운전자들의 강력한 입김 때문에 혹시 다음 선거에서 낙선할지 모른다는 우려가 있을 듯하다. 그러나 국가 전체 차원에서 보면 우버 택시 도입은 운송체계를 효율적으로 만든다. 다른 국가에서 우버 택시를 이용했던 관광객들도 손쉽게 이용할 수 있다. 개인이 독점적으로 사용하는 자가용보다는 대중교통을 편리하게 하는 것이 국가 전체적으로는 이익이다. 고령자가 사회의 대부분을 차지할 경우 현재와 같은 자가용 위주의 교통은 위험하다. 일부 국가에서는 고령자의 운전면허를 박탈하거나 정신건강을 검증해서 운전면허증을 유지하게 하려는 시도까지 한다는 점을 무시하면 안 된다. 이런 상황에서는 정치가 개입해서 갈등을 중재해야 한다.

조선업같이 세계적 차원에서 공급과잉이 발생한 산업의 구조조정은 불가피하다. 조선설비와 고용을 유지하기 위해 정부는 많은 자금을 지원하고 있다. 심정적으로는 조선 강국을 유지하고 싶지만 현실적으로는 매우 어려운 상황이다. 구조조정 자체를 악으로 보는 일부 진보주의자들은 조선업엔 주기가 있고 우리 조선업엔 경쟁력이 있으니 구조조정을 하지 말고 기다리는 게 답이라고 한다. 그러나 중국을 제치고 수주 1위를 회복했다 한들 여전히 과거의 파이를 중국과 나눈다는 대전제는 변하지 않는다. 길게 볼 때 구조적 사양 산업에 국가가 나서서 투자를 늘리는 것은 바람직하지 않다. 특히 조선업 근로자의 평균 연령이 50대 중반을 넘기고 있다. 몇 년만 지나면 은퇴가 불가피한 연령이다. 그렇다면 정치가 조선업 종사자와 국민들을 설득하고 대체 산업을 육성하는 방향으로 물꼬를 돌려야 한다. 조선소 인근을 개발해 지역경제를 살리려는 노력도 해봐야 한다. 이런 식으로 교육체계, 기업 구조조정, 원격진료 등 많은 사회적 갈등을 전체적 시각, 갈등 조정, 미래 지향이라는 3가지 원칙을 적용해서 정치적으로 해결해야 한다.

효과적인 효율성 지향

앞서 살펴본 3가지 원칙을 구체적으로 실행할 때 유의해야 할 것이 있다. 바로 효과성이다. 지난 신자유주의시대에서는 작은 정부가 유행이었다. 경제는 시장에서 '보이지 않는 손'에 의해 잘 운영되니 국가가 개입하지 말라는 뜻이다. 사실 경제성장률만 따지면 자유로운 시장경제는 가장 효율적이다. 오직 자본 논리로만 움직여 경제의 양적 성장이 빠르게 나타난다.

그러나 효율적이라고 해서 항상 결과가 좋은 것은 아니다. IMF 외환위기 이전까지 한국은 고성장을 지속했다. 1990년대 들어선 이후에도 해외에서 외자를 조달해 투자를 늘렸다. 그러나 그 결과는 국민 모두가 아픔을 겪은 IMF 외환위기였다. 2~3년간 경제성장률이 높아졌지만 한국 전체로 보면 효과적이지 않았던 것이다. 효율성이란 어떤 결과를 가져오는 과정에서 시간과 비용을 최소화해 최대 효용을 얻는 것이다. 확실히 지금은 효율성 중심 사회다. 그러나 효율성 중심 팽창사회에서 이제 수축사회로 전환되고 있다. 모든 과정에서 나타났던 효율성이 이제 막을 내리고 있는 것이다. 긴 안목으로 효과성을 추구하는 것이 경제뿐 아니라 사회 전체에 기초 원칙으로 자리 잡아야 한다.

효과성이란 사회 전체에 장기적으로 긍정적 영향을 주는 것이다. 또한 경제와 사회의 상호연관성까지 감안해서 대책을 마련하는 것이다. 한국은 지금 충분히 효율적인 나라다. 너무 효율성만 강조해 오히려 부작용이 클 정도다. 물론 일부 영역에서는 아직도 개인과 집단의 이기심 때문에 비효율과 갈등이 발생하기도 한다. 이런 분야에는 정치가 강력하게 개입해서 효율성을 높여야 한다.

수축사회

수축사회에서는 저성장, 저투자, 인구 감소로 국가재정이 어려워질 수밖에 없다. 이는 사회의 자원이 부족해진다는 뜻이다. 이때 정치는 과정의 효율성뿐 아니라 결과의 효과성에도 집중해야한다. 최근 핫이슈인 원전 폐기와 태양광을 비롯한 신재생에너지로의 전환을 사례로 살펴보자. 가격이 싼 원자력발전을 신재생에너지로 바꾸면 당연히 비효율적이다. 전기요금 상승으로 기업의국제경쟁력이 하락해 경제에도 악영향을 줄 수 있다. 효율성을 기반으로 생각하면 원전을 폐기하기 어렵다. 그렇다면 조금 큰 그림으로 보자. 우리는 이미 환경오염에 따른 비용을 가늠하기 어려울 정도로 부담한다. 폭염 등 기상재해에 따른 비용, 상시적인 미세먼지 저감비용만이 아니다. 장기간 공해에 노출되면서 사람들의 면역력이 약화되자 면역강화제와 건강보조식품에도 많은 비용을 지불한다.

만일 신재생에너지 사용 비중을 높이면 당장은 비용이 들어비효율적이겠지만 많은 시간이 흐른 뒤에는 결과적으로 국가 전체에 효과적일 것이다. 원전은 궁극적으로 안전 문제를 해결하지못하기 때문에 줄이는 방향으로 가는 것이 맞다. 물론 값싼 한국의전기요금으로 기업의 수출 경쟁력이 확보되고, 가계의 전기료 부담이 크지 않은 것도 사실이다. 따라서 향후 전기 수요가 급증하는4차산업혁명시대와 통일 이후까지 감안한다면, 현재의 원전은 안전 문제를 크게 강화하면서 50년 정도 계획을 세워 서서히 줄여나가는 것이 필요하다.

우선 공해 발생이 많은 석탄화력부터 신재생에너지로 점차 교체하면 어떨까? 현시점에서 모든 전력을 신재생에너지로 완전히 대체하기는 불가능하다. 신재생에너지 관련 기술의 발전 추이에 맞게 서서히 줄여도 큰 문제는 없을 것이다. 태양광을 전기에너지로 바꾸는 효율성은 기술 진보로 인해 향후 크게 높아질 것이다. 그때까지 시간을 버는 것도 중요하다. 따라서 원전을 가동하면서 얻는 편익을 에너지 절감, 에너지인터넷(IOE: Internet of Energy) 시스템, 스마트 그리드, 신재생에너지 개발 등으로 돌리면 효율성과 효과성을 모두 얻을 수 있지 않을까?

5천 년 역사속에서 한국의 인구구조는 항상 피라미드 형태였다. 그러나 지금은 역피라미드형으로 변하는 과도기로 40대 인구가 가장 많은 항아리형을 이루고 있다. 이는 전체 인구 중 돈을 버는 사람이나 돈을 쓰는 사람이 역사상 가장 많다는 의미다. 조만간 도래할 역피라미드 수축사회에서는 돈을 버는 사람이나 쓰는 사람이 줄어든다. 당연히 세금을 내는 사람도 줄어들게 되니 국가재정이 어려워진다. 태풍이 오기 전에 다리를 보수하듯이 사회를 튼튼하게 만들어야 한다. 이것이 바로 효과성이다. 물론 효과성을 추진하는 과정은 충분히 효율적이어야 한다. 건물을 짓거나 SOC 투자를 할 때, 혹은 특정한 제도를 도입할 때도 먼 미래를 생각하면서 효과성에 집중해야 한다. 강력한 태풍이 올라오는데 오늘 저녁 먹거리만 고민한다면 그 사회는 미래가 없다. 바로 이런 식의 전략과 담론을 정치가 일궈내야 한다. 관료나 이익단체들은 체질적으로 불가능하다.

이데올로기의 노예: 정치적 이상주의

일각에서는 한국을 정치과잉 국가라고 꼬집지만 사실은 정치가 부족해 보인다. 정치과잉이라고 할 때의 정치는 정치가 아니라 권력투쟁을 의미하는 것이다. 정치를 비난하는 사람들은 정권을 획득한 뒤 자신과 지지자들의 이권을 챙기는 것으로 정치를 좁게 규정하는 경향이 있다. 국가 전체적 차원에서 갈등의 조정, 미래 비전 제시라는 정치의 역할을 고려하지 않은 것이다. 한국의 정치는 이권 경쟁과 이데올로기 투쟁까지 가세해 매우 치열한 제로섬전투의 장이 되어왔다. 정치적 경쟁이 아니라 오직 권력투쟁으로 정치가 변질되면서 이원집정부제, 의원내각제, 대선거구제 등이 주기적으로 거론된다. 이제 보수와 진보 양측은 상대방을 함께할 수 없는 배제의 대상으로 여기는 모습이다.

수축사회에서는 강력한 리더십이 필요한데, 정치는 사회를 분열시키고 이권을 둘러싼 권력투쟁만 격화시키고 있다. 이 과정에서 한국 정치권의 강한 이데올로기 성향은 투쟁 강도를 높이는 촉매 역할을 하고 있다. 한국의 보수나 진보는 자신들의 정치 이데올로기를 절대적으로 여기는 이상주의 성향이 강하다. 보수 측에서는 여전히 낙수효과가 존재한다는 것을 전제로, 경제가 성장하면 분배와 복지 문제 같은 모든 문제가 저절로 해결될 것으로 본다. 반면 진보 측에서는 시장은 사악하니 국가가 개입해서 적극적인 복지에 나서야 한다고 생각한다. 중도가 존재할 수 없는 양극단의 이데올로기 편향성 때문에 한국 정치는 스스로 수축사회를 강화시키고 있다. 자신들의 이데올로기 틀을 기반으로, 국가 전체적 차원에서 갈등을 조정하고 미래 사회를 여는 정책을 제시하려니 한계가 많은 것이다. 행여 상대방이 미래형 정책을 제시하더라도 권력투쟁적 차원에서 무조건 반대만 한다.

이제는 바뀌어야 한다. 권위주의 세력이 친일독재 기득권 세력이기 때문에 적폐가 누적되었던 것이 아니다. 사실 한국의 권위주의 세력은 20세기에 유례없는 성공을 거두었다. 대한민국은 적폐의 나라가 아니라 성공 사례다. 이 점을 인정받지 못하니 상대방을 '반反대한민국 세력'이라고 공격한다. 민주화의 중요성을 인정하고, 팽창사회에서 익숙했던 사고방식을 바꾸어나가야 한다. 과정의 효율성보다 결과의 효과성을 보는 시선도 익혀야 한다.

시간 속의 미아迷兒

러시아 출신으로 귀화한 한국학 권위자 박노자는 이데올로기적으로 가장 왼쪽에 자리할 것이다. 그는 최근 저서《전환의 시대》에서 한국을 군사문화가 지배하는 병영사회, 여성이 제대로 살 수 없는 혐오사회, 재벌 중심의 노동지옥 국가로 묘사한다. 물론 한국의 기본 골격은 그의 주장과 유사하다. 그러나 그는 이런 현상이 과거로부터의 유산이고, 서서히 개선되고 있다는 점에는 아예 눈을 감고 있다. 그의 잠재의식 속에 있는 이상국가인 북유럽 국가들도 성장의 한계를 맞으면서 상황이 예전만 못하다. 특히 북유럽과 베네룩스 3국은 도시국가 형태의 적은 인구, 높은 시민의식, 오랜 산업화 등으로 제조업 중심 국가인 한국과 애초부터 비교 대상이 되지 않는다. 그의 주장을 한국사회에서 거의 반박하지 못하는 것은 진보 쪽의 한계다.

보수 쪽은 여전히 팽창사회라는 착각 속에 살면서 낙수효과가 없다는 점을 모른다. 미국에서 발생한 낙수효과는 최고 세율을 40퍼센트포인트 이상 내리고, 단일 패권을 적절히 사용하면서 때마침 불어온 세계화와 IT 혁명 때문이다. 향후 4차산업혁명으로 일자리가 더욱 줄어들 경우 미약한 낙수효과마저 없어질 것으로 보인다. 따라서 정부의 시장 개입이 불가피해졌다. 한마디로 양극단의 이상주의자들은 과거의 팽창시대에 사는 시간 속의 미아들이다.

정리하자면 한국 정치인들은 체계적으로는 잘 모르지만 상황이 나빠지고(수축사회 진입) 있다는 것을 어렴풋이 느끼는 듯하다. 그런데 예상하지 못한 현상이 나타나고 있다. 정치인으로서 국가 전체 차원에서 갈등을 조정하고 미래 비전을 제시하는 것이 아니라, 자신의 부와 권력에 이전보다 더 집착하게 된 것이다. 권력과 부를 차지하려는 기득권 전쟁터에 참전하는 정치인이 늘어나기 시작했다. 물론 선구적인 일부 정치인의 경우에는 몰라서 못하는 게 아닐 것이다. 한국 전체를 설득하기도, 대안을 마련하기도, 선거를 통해 책임지기도 싫어서 나서지 않는 듯하다.

국민들은 정치가 수축사회를 극복하는 선봉에 서주기를 희망한다. 2013년 소위 '안철수현상'에 많은 사람이 지지를 보낸 것은 그가 내세운 새정치가 수축사회를 극복하는 기제가 되기를 바랐기 때문이다. 정치는 수축사회에 대한 체계적인 이해가 가장 많이 요청되는 분야다. 이 책의 주요 논점 중 하나인 사회적자본 문제가 해결되면 수축사회의 많은 문제가 저절로 완화될 수 있다는 사실을 정치부터 알아야 한다.

핀셋 이데올로기

정치가 권력투쟁에만 몰입하면서 한국은 (본질적 의미의) 정치과잉이 아니라, 이데올로기라는 이름 아래 돈과 힘을 둘러싼 과잉경쟁에 놓이게 됐다. 그러나 앞서 살펴보았듯이 수축사회의 여러 현상은 정치가 서 있는 기본 가정을 허물고 있다.

적응이 가장 빠른 정치인은 프랑스의 마크롱 대통령인 것 같다. 그는 전임 좌파 정부에서 경제장관을 역임하다가 자신의 정치철학을 실현하기 위해 새로운 정당을 창당했다. 그리고 단번에 프랑스 정치판을 뒤집어버렸다. 마크롱의 철학을 한마디로 정의하면 '핀셋 이데올로기'라고 할 수 있다. 좌파정책이든 우파정책이든, 국가에 도움이 되면 뭐든 하겠다는 것이다. 반면 미국 부시(아들) 정부의 유명한 ABC정책을 상기해보자. ABC는 'Anything But Clinton'의 약자로, 모든 정책이 가능하지만 전임자인 클린턴이 추진한 정책만은 안 된다는 뜻이다. 어디서 많이 보지 않았는가? 벤처 육성, 녹색경제, 창조경제, 혁신경제 등 21세기 들어 각 정권이 추진한 성장 전략의 이름이다. 미래 산업을 중심으로 신성장 동력을 확보하자는 것이 주요 내용인데, 이전 정부에서 추진한 정책이기 때문에 이름만 바꿔 부른 것이다.

정치권의 격심한 이데올로기 갈등이 이제는 사회 전체로 확산되고 있다. '노사모'에서 시작된 ○○모임 형태나 '○○빠'라고 하는 극력 지지자들도 이데올로기 갈등에 참전하고 있다. 가정에서는 촛불과 태극기로, 직장에서는 노사 문제로, 형태만 다를 뿐 갈등은 늘 이데올로기를 기반으로 한다. 수축사회에서 중요한 것은 이데올로기가 아니라 생존 그 자체다. 그러나 생존을 위해서는 뭐든 해야 하는데 이데올로기에 함몰된 채 탈출할 의도도, 실행할 능력도 보이지 않는다. 향후 한국 정치가 핀셋 이데올로기를 기반으로 한 마크롱식 개혁정책을 추진하지 못한다면 미래는 매우 암담해질 것이다. 조지 오웰의《1984》에 나오는 폭력정치나 중남미형의 무질서 형태로 갈 가능성도 엿보인다.

몇몇 국가에서 이데올로기가 변질되는 모습을 살펴보자.

○ 수축사회 진입이 본격화된 유럽에서 나치형 정당들의 지지율이 꾸준히 오르고 있다. 2013년 창당한 극우 색채의 '독일을 위한 대안당AfD'은 그동안 단 1석도 얻지 못했지만 2017년 총선에서는 94석을 얻으며 원내 3당으로 약진했다.

○ 스웨덴 극우 정당인 스웨덴 민주당은 여론조사 결과, 2018년 8월 기준 지지율이 18.7퍼센트로 나타났다. 난민 문제가 핵심으로 보이지만, 전환형 복합위기가 발생한 2008년 이후 극우 정당의 지지율 상승은 유럽의 보편적 현상이다.

○ 어느 국가나 통상적으로 젊은 층은 진보적이다. 그러나 2018년

7월 치러진 일본의 중의원선거 출구조사 결과, 20대가 극우 정당인 자민당을 무려 40퍼센트나 지지한 것으로 나타났다. 이것은 70대의 지지율과 비슷했다. 또한 2018년 5월 일본의 최대 노조인 'JR히가시니혼東日本' 노조가 임금인상을 요구하며 파업 카드를 제시하자, 이후 3개월간 전체 노조원 4만 7천 명의 68퍼센트에 해당하는 3만 2천 명이 탈퇴했다.

○ 필리핀의 두테르테Rodrigo Duterte, 브라질의 보우소나루Jair Bolsonaro, 말레이시아의 마하티르Mahathir의 등장은 정부의 무능과 부패를 출현 배경으로 포장하고 있지만, 정치 이데올로기를 포기하고 생존을 선택한 것으로 볼 수도 있다. 2018년 11월 미국의 중간선거에서 논란의 중심에 섰던 트럼프의 공화당이 그런대로 선전한 것도 미국 중하류층의 절박한 생존 심리가 반영된 결과라고 볼 수 있다.

한국에서도 이런 상황이 조금씩 나타나고 있다. 의도적으로 극우 색깔을 내세우면서 보수층 표를 의식한 행보를 보이는 포퓰리즘형 정치인이 많아졌다. 또한 사회 저변에서는 보수 진영이 아니라 젊은 층에서 정규직 노동운동을 비판적으로 바라보는 시각이 나타나기 시작하는 점을 주목해야 한다.

프랑스 국민이 마크롱을 선택한 이유와 100년 전통의 사회주의 정당이 무너지고 극우 정당의 지지율이 올라가는 이유를 정확히 이해해야 한다. 미래가 암울해지면서 생존 위험을 느끼기 때문이다. 진보가 강조하는 사회복지를 위해서는 재원이 필요하다. 국가가 돈을 찍어서 나눠주는 데도 한계가 있다. 보수 쪽의 논리는 더 먹히지 않는다. 시장을 자유방임 상태로 두고 국가의 개입을 줄여 모두가 늑대인 사회에서는 살아갈 방도가 없어진다. 어떻게 하자는 것인가? 결국 파이를 키울 수 있다면 어떤 이데올로기라도 받아들여야 한다는 분위기가 전 세계적으로 퍼져나가고 있다.

한국형 이데올로기의 선택

파이를 키우는 방법은 크게 두 가지다. 먼저 다른 나라의 이익을 빼앗아오는 것이다. 이런 정책을 근린궁핍화정책(近隣窮乏化政策, beggar-my-neighbor policy)이라고 한다. 이것은 환율과 금리 조정, 정부의 보조금 지급 등으로 자국 기업의 대외 경쟁력을 높이는 정책이다. 오늘날 무역 갈등이 심해진 이유 중 하나라고 볼 수 있다. 근린궁핍화정책은 타국의 이익을 빼앗는 것이기 때문에 기본적으로 제로섬 전투 양상을 띤다. 그러나 미국, 중국 등 경제 규모가 크고 대외 영향력이 강한 국가에서나 이런 정책의 효과를 기대할 수 있다. 경제 규모나 외교적으로 상대 국가를 제압할 능력이 있어야만 성공 가능성이 높기 때문에, 한국에서 근린궁핍화정책을 사용하는 데는 한계가 많다.

다른 하나는 한국 스스로 경제성장을 이루는 것이다. 사실 모두가 원하지만 가장 어려운 방법이다. 바로 이 국면에서 마크롱식 개혁정책이 필요하다. 프랑스의 사회보장성 지출은 31퍼센트로, 독일과 재정위기를 겪고 있는 이탈리아나 그리스보다 높지만, 청년 실업률도 25퍼센트에 육박한다. 이런 상황에서 마크롱은 복지 확대와 신자유주의적 구조 개혁을 동시에 시행하면서 효율성과 효과성을 함께 추구하고 있다. 경제성장에 도움이 된다면 그는 뭐든지 한다. 이데올로기를 버리고 프랑스 전체를 대상으로 전투에 나서면서 지지율이 떨어지고 있지만, 마크롱은 핀셋 이데올로기 정책을 고수한다. 이제 한국 정치는 후퇴할 것인지 '진짜 정치'를 해서 미래를 향할 것인지 깊게 고민할 시점에 도달했다. 우선 이데올로기 노예에서 벗어나는 것부터 시작해야 한다.

통일, 새로운 기회

한반도를 전쟁위기로 몰아붙였던 북핵 문제가 평창올림픽을 계기로 점차 완화되면서 통일에 대한 기대가 커지고 있다. 그동안 통일은 정권 안보를 위한 형식적 차원에서만 다루었으나, 이제는 본격적으로 현실화되고 있다. 그러나 통일까지는 앞으로 많은 시간이 필요해 보인다.

　　통일 과정은 남북 간 경제력 차이로, 통일 후 북한 부양비용이 과도하게 발생할 것이라는 예측 때문에 험난해 보인다. [그림 4-1]을 보면 한국의 경제 규모는 북한의 51배에 달해, 서독과 동독 통합 당시 GDP 격차 9.7배보다 훨씬 차이가 있다. 경제력뿐 아니라 기대수명, 교육 수준 등에서도 극복하기 어려울 정도로 차이가 있다. 따라서 이런 상태에서는 통일해봤자 손해라는 인식이 큰 것도 사

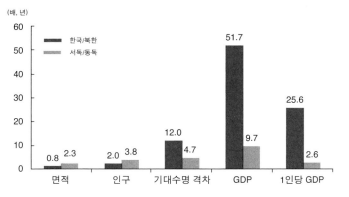

[그림 4-1] 통일 국면의 독일과 한국 비교

(배, 년)

■ 한국/북한
■ 서독/동독

	면적	인구	기대수명 격차	GDP	1인당 GDP
한국/북한	0.8	2.0	12.0	51.7	25.6
서독/동독	2.3	3.8	4.7	9.7	2.6

자료 : FT, CIA

실이다. 그러나 통일은 수축사회에 들어가는 한국에 매우 좋은 기
회다. 이데올로기 갈등에 함몰된 한국에서 사회통합을 이루는 계
기가 될 수도 있고, 궁극적으로는 중립국으로 전환해서 주변 4대
강국의 간섭에서 벗어날 수도 있다. 통일에 대해 꼼꼼히 그리고 깊
게 생각해보자.

　　통일 과정은 긴 시간에 걸친 전투로 봐야 한다. 단계별로 장기
간 밀당 게임이 지속될 것이다. 나는 통일을 총 다섯 단계로 예상
한다.

○　　1단계는 평화 체제를 구축하는 단계다. 주변 4대 강국이 한반도
　　비핵화에 합의하고 전쟁 위협을 낮추는 단계다. 바로 지금이 그
　　런 단계다.

○ 2단계는 신뢰를 강화하는 국면이다. 이 국면이 가장 어려울 것이다. 일단 비핵화를 어떤 식으로든 완성해야 한다. 또한 주한미군의 주둔 여부가 중요하다. 통일 후 상당한 기간 동안 주둔을 합의해야만 미국의 동의를 얻을 수 있을 것이다. 미국은 북한 핵문제를 미-중 G2 패권대결 국면의 한 줄기로 보고 있을 것이다. 또한 중국이 미국에 완전히 굴복하기 전에는 주한 미군 철수를 동의하지 않을 것이다. 따라서 2단계는 미국과 중국의 대결 때문에 상당한 시간이 소요될 수 있다.

○ 3단계는 본격적으로 경제 교류가 확대되는 시기다. 하지만 이 단계는 2단계 신뢰를 바탕으로 북한에 대한 제재 조치가 완전히 폐기될 때 가능하다. 이때는 일본의 북한에 대한 배상금 지급, 미국이나 중국의 북한 투자 등이 변수가 될 것이다. 북한의 인프라에 대한 투자가 늘어나면서 기업들이 본격적으로 진출하고, 북한의 경제가 성장 국면에 진입하는 기간이다.

○ 4단계는 문화의 동질성 회복을 추진하는 단계다. 경제 교류를 넘어 남북 간 다양한 문화 교류로 민족의 동질성을 회복하려 시도하는 기간이다. 이때부터 민간의 역할이 크게 확대될 것이다.

○ 5단계는 마지막으로 정치통합에 나서는 과정이다. 이때는 정치통합으로 인해 상당한 사회갈등이 예상된다. 그러나 더 중요한 것은 통일 한국의 정체성이다. 중립국과 유사한 형태가 된다면

가장 좋겠지만, 미-중 양국의 틈새에서 어떤 포지션을 정할지 여부가 중요한 과제가 될 것이다.

물론 이 다섯 단계가 순차적으로 이루어지지는 않을 것이다. 서로 중첩되거나 단계가 뒤바뀔 수도 있고, 시간이 빨라질 수도 있다.

통일 과정에서 가장 중요한 것은 북한이 경제적으로 자생력을 확보하는지 여부다. 북한 경제가 자생력을 가지면 한국의 부담이 줄어들고, 북한도 자신감을 가지고 통일에 적극적으로 임할 수 있기 때문이다. 만일 북한이 조기에 붕괴하면 한국은 감내하기 어려울 정도로 부담이 클 수밖에 없다. 따라서 북한 스스로 자생력을 확보할 때까지 질서를 유지할 수 있는 리더십이 필요하다. 북한의 리더십 문제는 한국이나 북한 모두에 현실적으로 매우 중요하다.

이 부분에서 《리얼 노스코리아》라는 책을 쓴 러시아 지식인 안드레이 란코브Andrei Lankov 등 몇몇 논자들이 주장한 흥미로운 역전현상이 일어난다. 이른바 산업화 세력과 민주화 세력의 공수교대다. 산업화 세력은 북한 민주화를 주장하는 이들이 되었고, 민주화 세력은 독재정권의 옹호자가 된 것이다. 여기서 문재인 정부를 반대하는 보수세력은 다소 솔직하지 못한 행보를 보인다. 그들은 기성세대에 비해 북한에 민족적 동질성을 느끼지 못하고 거의 다른 민족으로 바라보는 청년세대의 등장에 반색한다. 하지만 보수 세력이 추구하는 유일한 통일 방법인 북한 붕괴는 청년세대가 가장 싫어하는, 비용이 가장 많이 드는 길이란 점을 전혀 얘기하지 않는다.

　폭력정권인 북한 정권을 용인하는 문제는 인권과 결부되어 국내적 갈등을 유발하거나, 선진국의 지원을 소극적으로 만들 수 있다. 북한 입장에서는 자신들의 정권이 보장되어야만 통일에 나설 수 있기 때문에 핵협상에서 가장 중요한 분야다. 이런 이유로 2016년의 5월 당시 미국 국무장관이던 렉스 틸러슨Rex Tillerson은 북한의 체제 보장 카드 4가지를 밝히기도 했다. 미국은 북한의 정권 교체, 김정은 정권 붕괴, 남북통일 가속화, 미군의 38선 이북 진공을 추진하지 않겠다고 밝혔다. 이 조치는 김정은 정권을 보장하고, 통일이 되어도 미군이 북한으로 이동하는 식으로 중국과 국경을 마주하지 않겠다는 의미로 볼 수 있다. 이 정도라면 북한 정권이나 중국이 받아들일 만했을 것이다. 이후 몇 달간 극한 대치 국면을 보였으나, 결국 남북 화해 분위기의 밑거름이 되었다.

　북한과의 핵협상과 이후 통일까지 가기 위해서는 북한이 질서 있게 경제개발을 추진하도록 도와줘야 한다. 북한 경제가 자립 가능할 때까지 현 체제가 질서를 유지하도록 해주는 것 외에는 다른 방안이 없어 보인다. 아마도 30년 정도는 지나야 북한이 자생력을 확보해 통일이 가능할 듯하다. 한국의 60년 개발 기간의 절반 정도 시간이다.

　통일에 긴 시간이 필요한 또 다른 이유는 독일 통일 당시의 교훈 때문이기도 하다. 당시 독일은 동독지역의 인프라 투자보다 복지 지출이 더 많았다. 공동체의 통합에서는 '미래'보다 당장 삶의 질을 '균등화'하는 것이 더 중요한데, 동독의 경제력이 너무 취약해서 동독 주민들의 생존 문제에 많은 돈을 쓴 것이다. 이를 한국에 적용해보면, 북한이 자생력을 가질 때까지 기다리면서 지원해야 한다는 결론이 나온다. 따라서 우선 경제협력을 강화해 미래에 닥칠 갈등과 위기를 예방하고, 이 과정에서 그동안 경쟁력을 상실했던 조립산업, 경공업이나 중소기업이 재도약하는 계기를 만들면 한국에도 큰 이익이 된다. 따라서 경제협력이 활성화되면 한국과 북한 모두 현재의 경제성장률을 높일 수 있고, 미래에 닥칠 통일의 충격을 상당히 완화할 수 있다.

정부도 이런 상황을 잘 알고 있지만, 북한 정권의 입장을 고려해 말을 아끼는 듯하다. 향후 30년 동안 앞서 살펴본 다섯 단계 통일 과정이 이어질 텐데, 핵심은 북한에 민주주의와 시장경제가 자리 잡을 수 있도록 사회적자본을 구축하는 것이다. 그러나 이것은 일당독재 체제인 북한의 정치 체제와 대치된다. 따라서 정치적으로는 일당독재를 유지하면서 경제와 사회 영역은 지금의 중국과 같은 어정쩡한 체제가 예상된다. 결국 사회적자본은 북한 주민 스스로 터득하는 방법밖에 없을 것이다. 명심해야 할 것은 북한에 사회적자본이 충분히 축적되지 않은 상황에서 통일이 되면, 지금 한국이 겪고 있는 사회적자본 결핍에 따른 다양한 문제가 더 심화될 수 있다는 점이다.

독일 통일의 진실과 교훈

통독 논의가 본격화되는 과정에서 1989년 베를린 장벽이 붕괴되자 통일비용에 대한 우려로 독일의 금리가 급등했다. 6퍼센트 내외였던 독일의 10년물 국채금리는 통일 선언 시점에 거의 9퍼센트까지 상승하면서 금리의 고점을 형성했다. 길게 보면 통일 리스크를 금융시장이 반영한 시기는 1989년부터 1993년까지 4년 정도였다. 통일비용을 거의 국가재정으로 부담하면서 재정수지는 1990년 이후 급속히 악화되었다. 이후 10여 년간 통일에 따른 고난의 시기를 거친 후 독일은 21세기가 시작되면서 다시 부흥했다.

독일의 통일과 한국의 통일은 매우 다를 것이다. 독일이 통일 후유증을 성공적으로 극복한 것은 물론 국민들의 희생과 노력, 그리고 통일에 대한 열망이 매우 컸기 때문이다. 그러나 시대적 상황의 수혜를 크게 본 점도 간과해서는 안 된다. 1985년 미국과 독일, 일본이 플라자 합의를 맺어 마르크 환율이 거의 2배나 절상되었다. 당시 일본이 1990년 이후 장기침체에 빠진 것은 앞서 살펴보았다. 통일 무렵 서독 경제가 어려워진 데는 플라자 합의의 영향이 컸다. 또한 국가가 모든 통일비용을 부담했기 때문에 1990년대 독일은 암흑기였다. 그러나 21세기 들어 두 가지 행운이 따랐다. 먼저 유로화가 출범했다. 유로화는 달러 대비 약세를 보이면서 독일의 수출 기업에 단비가 되었다. 두 번째 행운은, BRICs가 본격적으로 대두하면서 2002년부터 2007년까지 역사상 최고 호황이 이어졌다. 대외적 요인이 독일 통일이 성공을 거두는 데 긍정적 역할을 한 것이다.

또한 독일 통일을 방해할 만한 국가가 없었다. 당시 소련은 거의 해체 일보 직전이었고, 인근 동유럽 국가들의 상황도 별반 다르지 않았다. 미국은 유럽의 안보를 위해 통일을 지지했다. 그러나 한반도는 미국, 중국, 일본, 러시아라는 세계 4대 강국의 이해가 교차하는 지역이다. 따라서 4개국 모두 통일보다는 현상유지를 원할 것이라는 점이 큰 장애 요인이다.

독일의 사례는 통일로 가기 위해서는 우선 대외 여건이 우호적이어야 한다는 사실을 보여준다. 앞서 살펴보았듯이 향후에는 수축사회가 강화되면서 많은 국가가 내부 문제로 골머리를 앓을 것이다. 나는 10년 정도 후에는 한반도 주변 정세가 다소 무질서해질 것으로 본다. 바로 이때가 통일로 가는 결정적인 시점이 될 듯하다. 지금은 신뢰를 구축하면서 전쟁 위험을 낮추고 경제 교류를 확대해나가야 할 것이다.

많은 사람이 북한의 개발비용에 대해 우려한다. 물론 독일과 같이 국가재정으로 비용을 모두 부담하면 한국 경제에도 큰 타격이 될 것이다. 더군다나 10년 정도 시간이 지나면 한국은 고령화 문제가 더욱 심각해지고, 경제성장도 여의치 않을 것이다. 국가재정이 빠르게 악화될 것도 당연하고 이데올로기 갈등도 여전할 것이다. 따라서 독일식이 아닌 한국식 통일 해법을 찾아야 한다.

한국형 통일 전략

북한과의 통일비용은 가늠하기 어려울 정도로 많이 소요될 것이다. 서독과 동독의 차이보다 남북한의 경제력 차이가 너무 크기 때문에 그만큼 비용이 많이 든다. [표 4-4]에서 보듯이 수조 달러 이상 소요될 것으로 추정된다. 또한 통일 이전에 한국이 빠르게 수축사회에 진입하면 통일 과정에서 북한에 지원할 재원이 부족해진

[표 4-4] 통일비용 추정

발표	추계결과
피터 벡 Peter M. Beck (스탠퍼드대학교 연구원, 2010)	**30년간 2조~5조 달러** 북한의 소득을 남한의 80% 수준까지 끌어올리는 것 전제
찰스 울프 Charles Wolf (랜드연구소, 2010)	**620억~1조 7천억 달러** 남북한의 1인당 GDP를 균등하게 하는 데 소요되는 비용으로 남한 인구는 4,800만 명에 1인당 GDP 2만 달러, 북한 인구는 2,400만 명에 1인당 GDP 700달러 수준으로 가정
현대경제연구원(2010)	**1인당 소득 1만 달러 목표 시, 10년간 800조 원 이상**
국회예산정책처(2014)	**45년간 비용부담, 10년마다 평균 2,300조 원**
통일연구원(2014)	**통일 직후 20년간 3,440조 원**
한국개발연구원(2015)	**약 30년간 3,390조 원**
영국 자산운용사 유리존 SLJ(2018)	**10년간 2,167조 원** 독일 통일 과정 참고

자료: 한국한림공학원

다. 그렇게 되면 통일에 대한 사회적 반발이 심해질 수 있다. 통일비용이 문제가 아니라 한국의 상황 악화로 통일 자체가 어려워질 수도 있다.

따라서 통일을 이루기까지 첫째, 시간을 길게 잡아야 한다. 앞서 정치통합까지 30년을 제시한 것도 바로 이런 이유 때문이다. 둘째, 북한 체제를 유지하기 위해 체제를 보장하는 대신 북한에서 사회적자본 확충을 대가로 받아야 한다. 북한의 현 체제가 유지되면 한국에서 통일에 소극적인 사람들은 통일을 더 강하게 반대할 것이다. 그러나 북한의 붕괴로 의도하지 않게 통일이 빨리 이루어지면 부담할 비용이 크게 증가한다. 또한 체계적이어야 할 통일 과정이 엉키면서 감당하기 어려운 무질서가 발생할 수도 있다. 셋째, 국내적으로 통일에 대한 공감대를 형성해야 한다. 경제적 측면에서 부담되는 것이 분명하기 때문에, 한국이 통일과 반통일로 분열되면 통일 후에도 기존의 동서갈등에 남북갈등까지 가세해 사회갈등이 보다 심화될 수 있다. 넷째, 국가뿐 아니라 민간, 그리고 해외 자본까지 유치하기 위한 다각도의 노력이 필요하다. 국가는 산업은행, 철도공사, 도로공사, 가스공사, 한국전력 등 주요 공기업이 주요 인프라 투자에 나서도록 하면 될 것이다. 통신망은 KT, SKT, LG에 맡기면 새로운 수요가 발생하기 때문에 경쟁적으로 투자할 것이다.

또 다른 자금조달 루트로 한국의 SOC에 대규모 투자한 맥쿼리 인프라 펀드 사례를 적용해보자. 국내외 여러 기관투자가의 자금을 모아 인프라 펀드를 만들면, 통일 한국의 미래를 긍정적으로 전망하는 투자가들의 투자가 이어질 수 있다. 1차 북핵위기를 봉합시키면서 북한에 경수로를 건립하려 한 케도KEDO가 좋은 예가 될 것이다. 당시 한국은 전체 사업비의 70퍼센트에 해당하는 32억 달러 이상을 부담했다. 일본도 10억 달러를 지원했고, 미국은 북한에 중유를 현물로 지급했다. KEDO 사업을 다른 영역으로 확대하고 민간의 참여도 허용하면 인프라 투자비용이 상당히 경감될 것이다. 다섯째, 인프라 투자와 더불어 기업 투자가 활성화되어야 한다. 개성공단 형태의 남북공업단지를 10여 개 만들어 북한 노동자를 흡수하고, 북한의 풍부한 광물자원을 개발한다면 통일비용을 크게 낮출 것이다.

향후 통일 과정은 세심한 속도 조절이 필요하다. 국제정치, 남북관계, 경제협력, 사회적자본 확충 등 북한에 영향을 주는 주요 변수들이 비슷한 속도를 유지해야 한다. 한 분야가 앞서거나 뒤처지면 전체 과정이 혼선을 빚을 수 있다. 특히 북한의 사정을 감안하면서 주변 4강과 신뢰를 유지해야 한다. 한편 통일은 아니더라도 남북관계에서 전쟁 위협이 완전히 사라질 경우 한국의 기득권 변화에도 대비해야 한다. 부인할 수 없는 사실은 한국의 기득권 계층이 친미, 자유민주주의, 신자유주의를 기반으로 한다는 점이다. 만일 전쟁 위협이 사라지면 기존 기득권 계층의 이데올로기 기반이 단번에 무너진다. 통일에 앞서 완전한 평화 체제가 구축되면 새로운 이데올로기를 시급히 만들고 사회적 합의를 거치는 과정이 필요하다.

11장
길을잃은경제

이 책을 쓰는 동안에도 연일 경제 비관론이 온 나라를 뒤흔들고 있다. '5년 1퍼센트 하락의 법칙'이라는 것이 있다. 김영삼 정부 때부터 20년 동안 경제성장률이 1년에 0.2퍼센트포인트씩 하락해, 5년 단위로 각 정권마다 정확히 1퍼센트포인트 하락했다는 것이다. 정권이 다섯 번 바뀌는 동안 경제성장률이 5퍼센트포인트 하락한 추세가 이어진다면 조만간 마이너스(-) 성장 상황이 닥칠 것이라는 주장이다. 이제는 경제성장률이나 실업률에서 미국에 뒤질 정도로 한국의 경제 체력이 약해졌다.

　과거에도 한국 경제가 어려웠던 시기는 여러 번 있었다. 그러나 그때마다 한국은 늘 기사회생했다. 1970년대 중반 1차 오일쇼크 때는 중동 건설 붐으로 탈출했다. 1980년대 초반에는 2차 오일쇼크와 광주민주화운동 등으로 재차 어려움에 처했지만 금리, 환율, 유가가 동반 하락하는 3저 효과로 위기 탈출에 성공했다. IMF 외환위기 극복을 벤처 버블이나 환율절하 효과로 보는 경향이 강하지만, 나는 때맞춰 등장한 BRICs의 투자 수요에 영향을 받은 것으로 판단한다. 2008년 전환형 복합위기 이후에는 전 세계적인 양적완화와 저금리, 경기부양책과 4차산업혁명에 대한 투자 증가로 어렵지만 잘 버텨왔다.

경제개발이 시작된 이후 한국인이 모두 열심히 노력한 측면도 있지만, 해외로부터의 우연한 도움이 큰 영향을 미친 것 또한 간과해서는 안 된다. 하여간 한국은 억세게 운이 좋은 국가였다. 그리고 이런 과정을 겪으면서 경제구조가 해외에 더 많이 노출되었다. 그런데 이번 위기는 과거와 크게 다르다. 전 세계 모든 국가가 수축사회에 빠져들고 있어 해외로부터 도움을 기대하기 어렵다. 또한 일부 요인은 한국 스스로 만든 자생적인 측면도 있다. 언제나 한국은 위기 탈출에서 1등이었는데, 어찌 되고 있는 것일까?

수축사회에서는 다음 번 위기란 없다. 계속되는 위기만 있을 뿐이다. 지금부터는 한국 경제의 여러 가지 문제점을 수축사회적 관점에서 짚어보고자 한다.

전체로서의 경제를 보자!

한국에 진정한 경제 전문가가 없는 이유는 경제 문제를 경제적 차원에서만 보기 때문 아닐까? 사람의 삶에서 가장 중요하고 근본적인 것이 경제임을 부정할 사람은 없을 것이다. 경제는 그 자체로만 존재하지 않고 사회의 모든 영역과 어우러져 가동된다. 그러나 일반적으로 숫자로 나타난 현상만 경제로 보는 경향이 강하다. 하나의 경제현상에는 사회 전체의 모습이 고스란히 담겨 있다. 반대로

[그림 4-2] 경제생태계와 인접 생태계의 관계

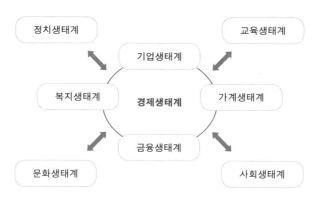

정치생태계

교육생태계

기업생태계

복지생태계

경제생태계

가계생태계

금융생태계

문화생태계

사회생태계

자료: 《한국의 경제생태계》, NEAR재단, 김정관

모든 사회현상은 경제적 변화가 주요 원인이 된다. 결국 경제는 사회 전체 모습을 보여준다.

경제성장기나 침체기에 실시하는 많은 정책이 대부분 성공하지 못하는 이유는 표면적인 현상만 치유하려고 하기 때문이다. 예를 들어 금리를 낮추면 이자비용이 줄어들고 소비가 늘어나 경기 활성화에 기여한다. 그러나 부동산가격이 오르고, 이자 수입에만 의존하는 고령자들의 생활이 어려워져 결국 사회복지 문제로 연결된다. 정부가 복지 강화를 위해 재정을 투입하면 문화예술 분야나 교육 예산이 줄어들 수 있다. 낮은 금리로 주식이나 부동산가격이 상승하면 양극화가 심화되기도 한다. 즉 경제현상은 어떤 식으로든 사회 모든 분야에 영향을 주기 때문에, 경제 문제는 곧 사회 전체 문제인 것이다.

이런 경제의 특수성을 감안해서 경제를 하나의 거대한 생태계로 보려는 시도가 늘어나고 있다. 최근 NEAR재단이 발간한《한국의 경제생태계》는 경제 각 분야를 생태계 차원에서 접근하면서 [그림 4-2]와 같은 모형을 제시했다. 그러나 각 분야 전문가들이 기술한 경제생태계는 자신이 바라보는 영역만 조금 확대했을 뿐, 전반적인 내용은 여전히 지엽적인 느낌이다. 다만 이런 시도가 나타난다는 것 자체는 의미 있어 보인다. 이런 이유로 나는 이 책에서 가급적이면 생태계 관점에서 경제를 바라보면서 각 영역 간 상호 연결성을 감안하려 노력했다.

사회적자본 부족

지난 60여 년 동안 한국이 이룬 성장은 가히 역대급이다. 역사적 유산이나 인프라, 자본이 전혀 없는 상황에서 놀라운 발전을 이뤄냈다. 전 세계 역사를 통틀어 한국과 같이 성장한 국가는 없었다. 향후에도 없을 것이다. 전체 GDP는 무적함대 스페인을 2015년에 격파했다. 한국의 1인당 국민소득이 3만 달러를 넘어서면서 3만 3천 달러인 로마제국의 후예 이탈리아마저 조만간 추월할 듯하다. 그런데 바로 이때 한국은 스스로 무너져가고 있다. 앞서 여러 번 지적했듯이, 나는 그 이유를 사회적 기반을 다지지 못한 상태에서 과속 성장한 결과로 본다. 우선 한국의 경제성장 과정에서 나타난 문제점을 살펴보자.

흔히 한국의 성장 비결을 '압축성장', '후발자의 이점' 등으로 표현한다. 산업혁명 이후 거의 300여 년간 이어진 서구 국가들의 성장 역사를 반면교사로 삼아 한국은 성장을 시작했다. 그러나 시야가 좁았다. 오직 경제 특히 성장에만 주력한 결과, 경제를 떠받치는 사회적자본 축적에는 관심을 두지 못했다. 이런 과거 때문에 한국은 10여 년 전부터 서서히 수축사회에 진입하면서 더 이상 성장이 어려운 국면에 처했다. 정치-관료-재벌의 삼각 편대가 이끈 한국의 성장은 출발부터 양극화를 전제로 했다. 또한 이들이 주도한 성장시대는 팽창사회였다. 고령화는 문제될 것이 없었고, 노사문제는 기업이 성장해서 보너스를 지급하면 해결되었다. 부족한 생산성은 근로시간을 늘려 보충했다. 효율성이 사회의 중심인 상태에서 팽창사회라는 시대적 특성이 결합되었기 때문에 모든 문제를 성장으로 덮을 수 있었다.

여기서 우리는 터키, 브라질, 아르헨티나 등을 다시 돌아봐야 한다. 이들 국가도 경제적 측면에서는 한때 세계의 주목을 받았다. 그러나 경제성장과 사회적 수준의 격차가 심화되자 스스로 붕괴하고 있다. 이 국가들은 풍부한 노동력과 천연자원, 광대한 국토와 폭넓은 내수경제 등 경제성장을 위한 기초 환경이 한국보다 매우 우수하다. 그러나 사회 시스템이 엉망이다. 정치적 무능과 부패, 양극화, 취약한 치안과 후진적인 인프라, 낮은 교육 수준은 수십 년째 변함이 없다.

2016년 내가 대우증권 CEO로 일하던 당시 직원들이 브라질로 출장을 갔다. 브라질 국채나 부동산 혹은 기업 등 투자할 대상을 찾기 위해서였다. 브라질 월드컵이 끝난 직후였는데, 도착해서 빌린 렌터카가 방탄차였다고 한다. 현지 직원에게서 치안 문제 때문에 해외에서 온 비즈니스맨들은 대부분 방탄차를 이용한다는 보고를 받고, 당시 나는 유행하던 브라질 채권 판매를 강조하지 않았다. 이런 국가의 20년 만기 채권을 살 경우, 만기에 상환받을 수는 있겠지만 20년 동안 여러 차례 마음고생을 해야 할 것 같았다.

브라질과 마찬가지로 성장의 한계에 부딪힌 국가들은 사회적자본 축적을 무시했기 때문에 여전히 전근대에 살고 있다. 이들 국가에서 볼 수 있듯이 사회의 성장은 압축성장이 불가능하다. 오랜 기간 숙성되어야 한다. 사회 시스템이 합리적이고 민주주의에 기반해야만 지속 성장이 가능하듯이, 사회적자본은 경제가 안정적으로 성장하는 데 가장 중요한 자양분이다. 물론 한국은 이들 국가에 비하면 많은 사회적자본을 가지고 있다. 그러나 추가 성장하기 위해서는 선진국 수준 이상의 사회적자본이 필요하다. 학연, 경제권력 독점, 착취형 하청관계, 갑질 문화, 규제 중심의 관료 시스템 등은 사회적자본과 관계되는 동시에 경제생태계 전체를 흔든다. 특정인이 성과를 독점하고, 성과를 독점한 사람들의 갑질로 계급이 고착화되니 중소기업이나 중산층에게 부가 돌아가지 못한다.

이처럼 사회적자본 측면에서 한국의 경제구조를 살펴야만 경제성장률 하락의 원인과 해법을 찾을 수 있다. 한국에서 경제 문제를 경제대책으로 풀 수 없는 한계가 바로 여기에 있다. 단기 대책은 의미도 없고 오히려 상황만 악화시킬 뿐이다.

경제구조의 변화

경제가 성장하려면 사람이나 자본(기계)을 투입해야 한다. 21세기 들어 과학기술의 발전으로 노동이 기계로 대체되기 시작하자 자본 투하가 경제성장의 핵심 요소가 되었다. 그러나 이것만으로 경제성장을 설명하기는 부족하다. 노동 증가에 따른 생산 증가분과 자본 증가분에 따른 생산 증가분을 제외한 나머지 생산량 증가분을 흔히 총요소생산성total factor productivity이라고 한다. 이것은 노동, 자본, 원자재 등 눈에 보이는 생산요소 외에 기술개발이나 경영혁신 같은 '눈에 보이지 않는' 부문이 생산에 얼마나 기여하는지를 보여주는 효율성지표다. 총요소생산성은 노동생산성뿐 아니라 근로자의 업무능력과 노동문화, 자본 투자금액, 기술 등을 복합적으로 반영하기 때문에 노동, 자본(기계), 총요소생산성을 모두 종합 검토해야 경제 전체의 모습을 이해할 수 있다.

그동안 한국이 높은 경제성장률을 보인 것은 경쟁 국가에 비해 노동 투하, 자본 투자, 총요소생산성에서 균형 있게 성장했기 때문이다. 그러나 이러한 균형이 점차 파괴되고 있다. 한국생산성본부KPC가 2015년에 분석한 자료에 따르면 2009년까지 한국의 생산성 증가는 미국에 견줄 만큼 균형적이었다. 여기서 주목해야 할 것이 있다. [표 4-5]를 보면 국가별 부가가치 기여율에서 국가별로 다소 차이가 있다. 일본, 독일 같은 제조업 강대국은 고령화로 노동 투입은 감소하지만 자본 투입이 크게 늘어나 과학기술의 발전에 의존한 성장을 보여준다. 또한 1997년 아시아 금융위기와 2008년 전

[표 4-5] 주요국 제조업의 요소 투입과 부가가치 기여율(1996~2009년 중)

(단위: %)

	한국	미국	일본	독일	프랑스	EU8
노동 투입	22.1	22.5	-40.7	-8.9	39.5	41.0
자본 투입	57.7	59.3	127.9	80.0	50.0	59.5
총요소생산성	20.2	19.3	12.8	28.6	10.0	-0.74

주: EU8개국은 오스트리아, 벨기에, 스페인, 영국, 독일, 프랑스, 이탈리아, 네덜란드

환형 복합위기 등과 같이 경제 충격이 심각했을 때 자본 투입(기계 사용)이 크게 늘어났다.

총요소생산성은 효율적인 국가로 평가받는 독일이 약 29퍼센트로 가장 높다. 한국도 그동안의 경제성장을 반영하듯 높은 수준이다. 그런데 이 분석 이후부터 문제가 발생한다. 한국개발연구원KDI이 2018년 4월 발표한 자료에 따르면 총요소생산성 증가율이 2011년 이후 연평균 1퍼센트 이하로 증가 폭이 크게 낮아지면서 여타 국가와 비슷해졌다. KDI는 대기업 중심의 자원배분을 원인으로 돌렸지만, 나는 2008년 전환형 복합위기 이후 한국이 수축사회에 진입하면서 나타난 현상으로 본다. 향후 한국은 생산가능인구의 감소로 노동 투입이 줄어들 수밖에 없다. 많은 산업에서 공급과잉이 나타나면서 기업의 자본 투입 역시 늘어나기 어려운 상태다. 물론 4차산업혁명과 관련된 투자는 증가하겠지만 경제 전체에 주는 영향은 아직 크지 않다. 이런 상황을 고려해 한국은행은 물가 상승 없이 한국 경제가 정상적으로 성장하는 실력을 의미하는 잠재

성장률을 2016~2020년에 2.8~2.9퍼센트로 추정하고 있다.

노동과 자본 투입이 한계를 보인다면 총요소생산성을 늘려야만 경제가 성장할 수 있다. 총요소생산성에는 사회갈등, 노사 문제, 정부의 간섭과 규제 등 눈에 보이지 않는 요소가 중요하다. 여러 번 강조했듯이 사회적자본의 수준과 사회 전체의 효율성과 효과성도 총요소생산성의 핵심 요인이다. 따라서 이제 경제 문제는 경제를 넘어 사회적 문제가 된 것이다. 그나마 제조업의 총요소생산성은 선진국과 비슷한 속도로 증가하고 있지만, 점차 비중이 커지는 서비스 영역은 여전히 낮은 수준이거나 퇴보하고 있다.

미국과 독일만 21세기 들어 서비스업의 총요소생산성이 경제 발전에 긍정적 역할을 하고 있다. 반면 사회적자본이 상대적으로 빈약한 한국, 일본, 프랑스, 여타 유럽 국가에서는 경제발전 기여도가 낮아졌다. 향후 한국의 성장이 내수산업 특히 서비스업 중심으로 이루어질 것을 고려하면, 서비스업에서 총요소생산성을 얼마나 올리느냐가 성장의 핵심이 될 듯하다. 결론적으로 향후 한국의 경제 대책은 제조업뿐 아니라 서비스업에서 총요소생산성을 높이려는 시도, 즉 사회적자본의 확충이 가장 중요한 과제가 될 것이다.

소득주도성장 논쟁

사회 모든 영역이 그렇지만, 경제에서도 '균형'과 '안정'이라는 키워드는 매우 중요하다. 한국은 특정 산업 의존도가 너무 높다. 반도체 등 IT산업, 조선, 자동차, 화학 등은 세계적인 강국이지만 경제 전체로 보면 불균형 구조인 것이다. 경제구조가 불균형 상태이기 때문에 늘 불안정하고 작은 대외 충격에도 쉽게 흔들린다. 즉, 안정적인 성장이 불가능한 구조다. 그동안 한국이 높은 성장에만 매달려 균형과 안정을 추구하지 못했던 것이 이제는 성장의 한계 요인이 된 것이다. 이 불균형과 불안정을 해소하려는 노력을 소득주도성장wage-led growth 혹은 포용적 성장이라고 한다. 표면적 이유는 대기업 중심의 성장이 이어지면서 가계 소득의 비중이 너무 적고 게다가 양극화가 심하기 때문에, 가계에 소득을 보전해줌으로써 소비를 늘리고 일자리를 창출해 결국 경제성장을 이루겠다는 취지다.

과거 1차 세계대전 당시 미국의 포드자동차는 컨베이어벨트 시스템 같은 자동화 투자를 적극적으로 도입해 생산성을 향상시켰다. 그 결과 주력 모델인 T카의 가격이 3분의 1로 떨어지자 판매가 늘고 세계적 기업으로 성장했다. 이때 포드자동차는 근로자의 임금을 빠르게 올렸다. 임금이 오른 근로자들이 T카를 구입하자, 생산성이 재차 상승하면서 포드 자동차의 성장이 더 빨라졌다. 소득이 있어야 소비가 늘어나고 경제가 선순환된다는 고전적 사례인데, 소득주도성장도 유사한 철학에 기반한다. 근로자의 소득을 보전해주는 정책은 이름만 다르지 최근 많은 국가에서 사용하고 있다. 심지어 일본에서는 총리가 기업인에게 만나서 밥 먹자고 하면, 해외 출장을 핑계로 불참한다고 한다. 기업인을 만난 자리에서 총리가 늘 임금을 올리라고 독촉하기 때문이다.

사회문화 전체에 영향을 준다

한국의 소득주도성장정책은 사회적자본이 빈약한 상태에서 경제를 성장시키려는 고육지책으로 나왔다. 특히 한국은 자영업과 중소기업의 고용 비중이 높기 때문에 수축사회가 만든 양극화의 직격탄을 맞을 수밖에 없는 구조다. 52시간 근로는 세계 최고 수준인 근로시간을 줄여 일자리를 나누자는 정책이고, 최저임금 인상은 소득 양극화를 완화시키려는 시도다. 이 두 가지 정책은 모두 경제정책이지만 실상은 사회정책에 가까워 보인다. 또한 이 두 가지 정책에 김영란법이라고 부르는 청탁금지법과 미투 운동까지 접목해서 판단해야 한다. 이 4가지 정책은 단기적으로 중소기업과 자영업의 경영 및 고용 악화를 촉진한다. 또한 소비자들이 과거의 소비와 생활 패턴을 유지할 수 없게 만든다.

나는 소득주도성장을 반대하는 측을 반박하려는 의도가 전혀 없음을 미리 밝힌다. 다만 수축사회를 전제로 할 때 이 방법 외에 달리 대안이 없다는 한계를 인정했으면 한다. 이 4가지 변화가 정착되면 한국의 사회문화 수준이 서구 선진국 수준에 도달하면서, 동시에 추가적인 경제성장도 가능할 것이다. 이 4가지 정책을 풀어보면 모든 직장에서 '일한 만큼 보상받고, 재충전과 자기발전 시간이 주어지며, 인연(학연, 지연, 혈연)에 의존하지 않는 합리적 조직문화와 상거래가 자리 잡으면서, 여성이 존중받는' 문화가 정착될 것이다.

또 하나 중요한 관점은 소득주도성장이 생산성 증대로 연결되어야 한다는 것이다. 한국의 생산성은 선진국에 비해 매우 낮다.

따라서 현재의 생산성을 그대로 둔 채 임금만 올리면, 기업과 자영업자의 부담이 너무 커진다. 따라서 소득주도성장은 생산성 향상을 기업과 종업원에게 요구하는 정책이기도 하다. 소득주도성장과 기업의 생산성 증가가 맞물려 선순환을 가져온다면 한국은 경쟁력이 크게 향상되면서 일자리 증가도 기대할 수 있다. 만일 이런 것이 모두 정착된 후에도 경제가 성장할 수 있다면, 한국은 완전한 선진국이 되는 것이다. 현재 선진국들은 이미 이 4가지보다 더 강력한 조치를 시행하면서도 경제성장을 이어가고 있다.

그렇다면 무엇이 문제일까? 문제는 이 4가지 변수가 한국인이 살아가는 방식을 단번에 바꾸기를 요구한다는 것이다. 앞에서 압축성장은 길게 보면 부작용이 크고, 사회문제는 압축성장이 불가능하다고 했다. 그러나 지금 우리는 사회문화적 성격이 짙은 소득주도성장을 너무 빠른 시간 내에 해치우려 한다. 정권이 바뀌면 불가능할지 모른다고 여겨 속도전을 벌이는 듯하다. 그러나 이런 소망과 한계에도 불구하고 살아가는 방식을 바꾸기는 매우 어렵다. 내가 정책 담당자라면 목표 시간을 10년쯤 후로 정하고, 전반부 5년은 구체적 숫자로, 후반부 5년은 물가상승률과 연동한 계획을 추진했을 것이다. 시간을 10년으로 잡으면 정책을 구체화하고 문제점을 보완할 여유가 있다.

단계별로 시행하자

통상적으로 민간 영역은 거스를 수 없는 대세라고 생각하면 자체적으로 빠르게 적응한다. 노동과 서비스에 대한 가격이 자리 잡는

데 시간이 필요하다는 점만 특별히 고려하면 된다. 한국에서 배달문화가 활성화된 것은 배달비용이 싸기 때문이다. 단독주택에 사는 영미권 남성들은 수시로 집수리를 하기 때문에 집에 많은 공구를 완비하고 있다. 반면 한국은 경비실에 전화하면 공짜로 고쳐주고 못도 박아준다. 스타벅스에서는 커피 한 잔에 5천 원이지만, 분식집에서는 5천 원에 김밥 한 줄과 라면까지 먹을 수 있다. 이런 가격체계가 과연 맞는 것일까? 소득주도성장은 살아가는 방식의 완전 전환이라는 상황까지 고려해서 추진해야 한다.

기본으로 돌아가야 한다. 그리고 그 기본에서 바로 사회적자본을 기반으로 한 경제구조를 만들어야 한다. 한국의 사회구조가 여전히 후진적이고 양극화되어 있기 때문에 당장은 어렵더라도 소득주도성장의 방향성은 유지되어야 한다. 결국 소득주도성장은 경제정책이라기보다 사회적이고 정치적인 경향이 매우 강하다는 점을 유념하고 추진해야 한다.

내수 vs 수출

60여 년 동안 수출주도성장에 매진한 한국의 경제구조는 지구상 그 어떤 국가보다 기형적이다. 모든 경제정책을 수출 증대에 집중한 결과 세계적인 대기업이 탄생하고, 국민소득 3만 달러 시대를 열었다. 그러나 세계 그 어떤 국가보다 빠르게 수축사회에 진입하면서 내수와 수출 경기 간에 간극이 벌어지고 있다. 중소기업과 대기업의 문제도 시각을 좁히면 수출 중심 제조업(대기업)과 내수경제 (중소기업) 간 격차가 경제구조 양극화의 원인을 제공한 것으로 보인 다. 심정적으로는 수출이 계속 늘어나면 좋겠지만 BRICs 특히 중 국의 부상 이후 전 세계 제조업은 공급과잉이다. 수출 중심의 대기 업도 점점 어려워지고 있다.

2018년 연초 이후 9월까지 전체 수출액 4,503억 달러 중 반도 체산업의 비중이 무려 21퍼센트에 달한다. 또한 같은 기간 전체 수 출액이 202억 달러 늘었는데, 반도체산업에서만 264억 달러 증가 했다. 반도체를 빼면 수출이 줄어든 것이다. 지금과 비슷한 시기가 있었다. 1994년 이후 2~3년간 한국 경제는 반도체 중심의 수출로 호황을 맞은 반면, 많은 제조업이 공급과잉에 시달리고 경상수지 적자가 늘어났다. 반도체 경기가 전체 경제의 체력 약화를 가렸던 것이다. 그리고 불과 3년도 안 되어 IMF 외환위기를 맞은 상황을 기억해보자. 물론 지금은 그 당시와 여러 면에서 다르지만, 중요한 점은 이제 수출에서 일자리 창출이 불가능해졌다는 점이다.

한국보다 경제 규모가 큰 선진국들은 내수시장이 한국보다 월 등히 크다. 한국의 민간소비는 GDP의 48퍼센트에 불과하지만 미국 은 68퍼센트 수준이다. 여타 선진국들도 대부분 60퍼센트 대를 유 지한다. 한국과 1인당 GDP가 비슷한 이탈리아와 비교해보자. 이탈 리아의 민간소비는 GDP의 61퍼센트를 차지하는 반면, 수출은 31퍼 센트에 불과하다. 이탈리아에서 내수시장 비중이 큰 이유는 선대 로부터 물려받은 자연과 문화유산을 활용한 관광산업 때문이며, 또한 고령화로 복지와 의료비 부담이 증가했기 때문이기도 하다.

실제 국민소득은 2만 달러

그렇다면 한국에서 민간소비 비중이 낮은 이유는 무엇일까? 그 이유는 다시 사회적자본에서 찾아야 한다. 한국은 신선식품을 포함한 생필품 가격이 매우 비싼 편이다. 여기에 더 언급할 필요도 없이 사교육비와 부동산가격 상승에 따른 주거비용이 다른 국가보다 훨씬 많이 들어간다. 고령화에 대한 준비 부족으로 고령자들은 돈이 있어도 쓰지 않는다. 한국의 1인당 국민소득 3만 달러 중 아마 1만 달러 정도는 부족한 사회적자본을 메우기 위한 비용일 것이다. 사회적 양극화는 부유층의 해외 소비를 늘린다. 2017년 한국인의 해외 소비는 32조 원인 반면, 외국인이 국내에서 소비한 금액은 11조 원으로 20조 원 이상 차이가 난다. 한 해 가계의 소비지출이 700조 원이므로 전체 소비의 약 3퍼센트가 통계에는 잡히지만 실제로는 해외에서 사용된 것이기 때문에 한국 경제에 영향을 주지 못한다. 이를 경기부양에 사용하려면 매년 4대강 사업과 같은 경기부양책을 실시해야 한다는 의미다. 구조적으로 소비가 늘어나기 어렵다. 따라서 실제 한국의 민간소비 수준은 2만 달러 국가와 유사하다고 볼 수 있다.

민간소비가 늘어나기 위해서는 우선 생필품 물가, 주거비, 교육비, 해외 소비, 의료비용 등이 낮아져야 한다. 그런데 이런 변수는 대부분 수축사회의 여러 특징을 포함한다. 주거비는 전반적인 주택가격 수준과 관계되기 때문에 임대주택과 같이 저렴한 주택의 대량공급은 필수적이다. 또한 과도한 주거비용은 결혼과 출산율 하락과도 연결되기 때문에 어느 정권이나 심혈을 기울였지만 모두 실패했다. 교육비도 주거비와 유사하다. 총소비 중 교육비의 비중이 점차 하락하고 있다. 1인당 교육비가 상승하면서 교육비가 증가한 것처럼 보이지만, 자녀 수 감소를 고려하면 전체적으로 줄어드는 추세다. 정부의 복지정책으로 세금, 국민연금, 의료보험비용 부담은 앞으로 크게 늘어날 것이다. 반면 일부 계층에 해당하겠지만, 연금과 보험 수령 대상자가 늘어나는 것은 다소 긍정적이다.

해외 소비는 앞으로 상당 기간 증가하겠지만 성장세는 점차 둔화될 전망이다. 여기서 일본의 사례를 잠깐 살펴보자. 일본인들의 해외여행은 베이비붐세대가 60세를 넘긴 21세기 초반부터 서서히 감소했다. 젊은 시절에 충분히 해외여행을 다녀왔고, 나이가 들면서 시차 적응과 건강 문제, 퇴직 후 경제적 여건 등이 이유인 듯하다. 일본의 상황을 한국에 적용해보면 베이비부머의 끝단에 위치한 1963년생이 60세에 도달하는 2023년부터는 해외여행이 점차 줄어들면서 해외 소비 비중도 줄어들 것으로 보인다.

이상에서 살펴본 소비에 영향을 주는 주요 요인을 종합해보면 교육비, 주거비, 해외 소비, 연금수령 등은 소비에 긍정적이겠지만, 국민부담률(세금, 연금, 의료보험비) 상승과 개인 차원의 의료비는 증가할 것으로 예상된다. 이를 정확히 숫자로 전망하기는 어렵지만, 전체적인 소비 여력은 지금보다 약간 나아질 것이다.

이런 상황을 모두 감안하면 향후 한국 경제는 수출 증대와 내수부양이라는 두 마리 토끼를 모두 잡아야 한다. 수출을 통해 전체 파이를 키우고, 민간소비 증가로 일자리를 마련해야 한다. 민간소비를 좀 더 들여다보자.

소비 패턴의 변화

일부 독자들도 경험했겠지만 아내와 백화점이나 대형마트에 방문했을 때, 대부분의 남성들은 짐꾼이 되거나 시간이 지나면 지루함에 짜증을 내기도 한다. 나도 가급적이면 아내와 백화점 동행을 꺼린다. 경기도 고양시에 위치한 복합쇼핑몰 '스타필드'에는 재미있는 매장이 있다. 남성들이 좋아하는 군용제품, 오디오, 자전거, 로봇 모형 등을 모아놓은 매장인데, 이 매장을 이용하는 남성들은 아내와 헤어져(?) 자유롭게 자신이 좋아하는 물품들을 만져보거나 구입하면서 시간을 보낸다. 백화점을 꺼리는 남성들의 방문 횟수를 늘리고 체류 시간을 높이기 위한 아이디어다. 몇몇 백화점에는 남성 돌봄 센터도 있다. 이런 복합매장과 동네 자영업자가 운영하는 슈퍼가 경쟁할 수 있을까?

내수의 중요한 축을 이루며 전체 취업자의 25퍼센트나 되는 자영업이 일대 위기에 놓여 있다. 1990년대에는 자영업자가 벌어들인 금액이 국민소득(국민 순처분가능소득)의 22퍼센트나 되었다. 그러나 2017년에는 13퍼센트로 거의 절반 가까이 줄어들었다. 자영업이 쇠퇴한 이유는 소비가 줄었기 때문이 아니다. 구조적으로 자영업이 설 자리가 사라졌기 때문이다. 대형마트, 세계 최고 수준의 편의점, 온라인 쇼핑, 해외 직구 등 쇼핑 채널이 다양해진 것이 근본 원인이다. 최근에는 가정간편식HMR 등 인스턴트 식품시장이 빠르게 성장하면서 식당이나 반찬가게를 방문하는 소비자가 줄어들고 있다.

또한 소비자들은 대기업 계열의 커피 전문점이나 빵집을 선호한다. 중고차 거래도 대기업인 SK엔카와 KB캐피탈이 거의 장악하면서 장한평 등 전국의 중고차 거래상들의 앞길이 막막해지고 있다. 화장품 소매시장도 비슷한 상황이다. 길거리에 산재한 화장품 전문매장은 실수요자와 외국인 관광객들이 주로 이용하면서 성장해왔다. 그러나 2015년을 고비로 CJ 계열의 '올리브영'이 대형매장에 다양한 화장품을 배치하고 미용에 관한 모든 것을 판매하면서 판도가 바뀌었다. 헬스&뷰티H&B를 지향하는 올리브영 매장은 1,100개를 돌파한 것으로 알려져 있다. 모든 것을 갖춘 대형매장을 선호하는 소비 패턴이 정착되면서 대기업 집중화 현상이 나타나고 있는 것이다.

이런 모든 소비 패턴의 변화는 자영업을 몰락시키고 궁극적으로 양극화를 강화시킨다. 재래시장이나 구멍가게를 대형마트나 편의점이 대체하면서 이제는 대기업의 사업 영역이 되었다. 또한 온라인으로 뭐든지 살 수 있게 되면서 온라인 채널을 확보한 대기업으로 경제의 중심축이 빠르게 이동하고 있다. 이런 소비 패턴의 변화가 경제력을 다시 대기업에 집중시키는 문제를 낳았다.

소비 강국인 영국도 소비 패턴의 변화로 몸살을 앓고 있다. 세계적 회계법인 PWC의 조사에 따르면 약 5천 개에 달하는 영국의 핵심 소비거리에서 2017년 5,855개의 상점이 문을 닫고 2,083개의 상점이 새로 문을 열었다. 기존 상점이 문 닫고 신규 출점이 많다는 것은 그만큼 소비 패턴의 변화가 빠르다는 의미다. 옷가게, 신발가게, 편의점 숫자는 줄고 커피숍, 미용 관련 상점은 늘어나 단순한 소비보다는 심리적 만족감을 높이는 방향으로 소비의 중심축이 바뀌고 있음을 보여준다. 또한 전체 상점 수가 줄어든 것은 소비의 절대 규모가 축소되고 있다는 신호로 볼 수 있다. 즉, 소비가 감소하는 것과 동시에 소비 패턴도 변화하고 있는 것이다. 이런 소비 패턴의 변화는 한국을 포함한 거의 모든 선진국에서 발견된다.

자영업의 위기

한국을 포함해 자영업의 비율이 25퍼센트 넘는 멕시코, 브라질, 터키, 이탈리아의 공통적인 특징은 사회적자본이 취약하다는 점이다. 또한 내수 소비시장이 자영업 위주로 구성되어 외부 충격에 취약한데, 공교롭게도 이 국가들은 2018년부터 경제위기에 빠져들고 있다. 이 국가들에서는 경제 체력을 강화할 방법이 없기 때문에 돈을 풀거나 인위적으로 가계소득을 재분배하는 정책 외에는 쓸 만한 대안이 없다는 공통점이 있다. 이미 수축사회가 상당히 진전된 것이다. 최근의 이탈리아가 대표적이다. 이탈리아는 앞서 살펴보았듯이 포퓰리즘 성격의 정책만 남발하고 있다. 따라서 한국의 소비부양정책도 내수부양과 포퓰리즘의 경계를 잘 조절해야 성공할 수 있다. 구조적인 내수부진은 선진국들이 수축사회에 진입하면서 이제 세계 공통 현상으로 굳어지고 있다. 수축사회의 중요한 요인인 고령화가 빨라진다는 것은 소비자의 고령화와 소비의 절대 인원 감소로, 소비 중심의 경제구조가 마무리된다는 것을 의미한다.

게다가 한국만의 현상인 52시간 근로와 최저임금의 빠른 인상으로 평범한 자영업의 몰락은 거의 확정적이다. 자영업이 어려워지면 다시 일자리가 줄어들고 소비가 줄어드는 악순환에 빠진다. 2018년 국회 산업통상자원 중소벤처기업위원회(산자위)는 골목 상권 활성화 방안을 듣기 위해 외식 전문가 백종원 씨를 국회로 불렀다. 골목 상권의 쇠퇴는 사회적 변화가 원인이지 아이디어 차원의 문제가 아니다. 만일 그의 조언으로 한 식당이 성업하면 인접한 다른 식당이 폐업하는 것을 모르는가? 차라리 해외 관광객 유치를 늘리기 위한 방안이 더 효과적일 듯하다. 번지수를 모르는 분들이 참 많다.

결국 한국의 소비는 복지정책을 시행하는 과정에서 발생하는 일자리 증가나 소득재분배 이외에는 구조적으로 늘어나기 어려운 한계에 다다랐다는 점을 인정해야 한다. 선진국에 비해 내수를 확장시킬 시간도 없이 바로 수축사회에 들어서고 있는 한국의 특수성을 감안해야 한다. 내수 성장의 한계가 명확한 한국으로선 결국 수출을 늘리는 수밖에 없다. 수출을 늘리려면 대기업이 더 성장해야 한다. 그러나 이렇게 되면 또다시 고질적인 대기업과 중소기업 간 문제가 부각된다.

대기업 vs 중소기업

먼저 한국 기업이 모델로 삼아야 할 기업을 소개하려고 한다. 한국뿐 아니라 일본에서도 잘 알려지지 않은 일본의 세계적 기업 키엔스Keyence는 1974년 작은 중소기업으로 출발했다. 이후 성장을 거듭해 1987년 증권시장에 상장된 후 단 한 번의 적자도 없었다. 주요 사업 분야는 4차산업혁명 핵심 분야인 센서, 화상처리기기, 제어 계측기기, 전자현미경 등이다. 무차입 경영을 원칙으로 하면서 자 기자본비율이 95퍼센트나(2017년 기준) 된다. 가장 놀라운 것은 직원 1인당 평균 연봉이 일본에서 1위라는 사실이다. 영업도 상상을 초 월해 2018년 매출액 5,268억 엔, 영업이익 2,929억 엔에 달하는 대 기업으로 성장했다. 연평균 55퍼센트 이상의 영업이익률을 보이 는데, 해외 매출 비중이 약 50퍼센트나 된다. 주로 컨설팅을 통한 맞춤형으로 제품을 생산해 직접 판매B to B하거나 하청업체에 생산 을 위탁하는 팹리스fabless의 비중이 높다.

90퍼센트에 달하는 범용성 높은 제품은 30개에 달하는 회사 에서 위탁 생산하고, 10퍼센트에 해당하는 중요 제품은 정보 유출 을 방지하기 위해 직접 생산한다. 위탁회사에는 모든 비용을 전액 현금으로 지급하는 동시에 소요되는 주요 원재료(은, 동)는 키엔스 가 일괄 구입해 생산회사에 지급하면서 규모의 경제를 추구한다. 매출액의 약 30퍼센트는 개발된 지 2년 미만의 신제품이 차지하고, 이 신제품 중 70퍼센트는 '세계 최초', '업계 최초' 상품이다. 혹시 경쟁 기업이 유사제품을 생산해 가격이 하락하기 시작하면 해당 제품의 생산을 아예 중단해버린다. 영업 사례는 반드시 사내에 공 유하고 접대비를 전혀 사용하지 않는다. 증권시장에 상장되었지 만 기업의 홍보나 주가에는 신경 쓰지 않는다. 키엔스와 같이 중소 기업에서 강소기업, 중견기업을 거쳐 세계적 대기업으로 빠르게 성장한 사례는 강소기업이 많은 일본, 독일, 대만에서조차 찾아보기 어렵다.

키엔스의 경영철학에는 기업에 필요한 모든 것이 녹아 있다. 한 분야에 집중하고, 이익은 급여를 통해 충분히 사회에 환원하고, 재무구조도 안정적이다. 납품업체에 소위 '갑질'도 하지 않으며 동반자 관계를 유지한다. 그러나 가장 중요한 사실은 끊임없는 혁신이다. 새로운 제품에 대한 탐구는 현재 이 회사를 만든 가장 중요한 기업문화다. 한국 기업으로서는 꿈도 꾸기 어렵지만, 성장을 위해서는 키엔스를 지향해야 한다.

중소기업에 대한 그동안의 정책을 다시 언급하지는 않을 것이다. 그동안 누적된 중소기업 관련 대책은 아무 소용이 없었고 앞으로도 그럴 것이다. 다만 중소기업의 근본적인 문제를 수축사회와 연결시키려는 것이다. 먼저 중소기업의 현황을 대략 살펴보자. 중소기업은 2014년 제조업 기준 전체 종업원 수는 77퍼센트, 생산액은 48퍼센트, 부가가치 기준으로는 51퍼센트를 차지하는 경제의 중심축이다. 반면 대기업 대비 1인당 부가가치 생산성은 33퍼센트, 연봉은 56퍼센트에 불과하다. 경제에서 차지하는 비중은 매우 높지만, 실제 기여도는 규모에 비해 낮은 편이다. 중소기업의 1년 생존율은 62퍼센트, 5년 생존율은 27퍼센트에 불과하다. 마치 노점상처럼 창업과 폐업을 반복하고 있다. 이런 중소기업이 이제 생존의 마지노선에 걸쳐 있다.

집중화의 피해
사람이 가장 중요하니 중소기업의 인력 부족 문제부터 살펴보자.

고용노동부의 〈직종별 사업체 노동력 조사보고서〉(2016년 4월)에 따르면 300명 미만 중소기업에서 27만 명 정도의 인력이 부족하다. 국가 전체적으로는 일자리가 부족한데, 왜 중소기업은 인력난에 시달릴까? 우선 인력 확보, 특히 우수인력의 문제부터 생각해보자. 대기업의 60퍼센트 남짓한 급여(제조업만 보면 2015년 기준 54퍼센트 수준에 불과하다) 때문일까? 한국 사회는 이 부분에서 좀 더 솔직해져야 한다. 먼저 사회문화적 측면에서 중소기업을 기피하는 이유를 알아보자.

한자녀가정에서 자란 요즘 아이들은 개인주의 성향이 매우 강하다. 특히 부모의 집중적인 보살핌을 받으며 성장했기 때문에 부모와 가까이 살고 싶어 한다. 학비가 싼 지방의 국립대학마저 점점 쇠퇴하면서 수도권의 비명문대학보다 입학하기 쉬워졌다. 당연히 친구와 애인까지 수도권에 있으니 모든 생활 근거지가 수도권이다. 이런 현상이 20여 년 이상 지속된 결과 수도권과 비수도권의 차이는 사회적 신분의 차이로까지 느껴지는 것이 현실이다. 일부 취업자는 지방 중소기업에 취업하느니 차라리 창업을 선호하기도 한다. 따라서 중소기업에 우수 인력이 들어오게 하려면 수도권 집중현상이 우선적으로 해소되어야 한다. 즉 중소기업 문제를 해결하려면 수축사회의 중요한 특징인 집중화 현상에서 출발해야 한다.

이런 사회적 분위기와 거의 2배에 이르는 임금 격차로 중소기업은 우수인력을 확보할 수 없다. 행여 확보해서 교육시켜도 기술을 일정 수준 습득하면 모두 대도시 인근의 대기업으로 옮겨 간다. 상황이 이러하니 외국인 근로자 고용비중이 증가할 수밖에 없다. 그러나 외국인 근로자들은 단순 반복작업에만 적합할 뿐 기술 개발 등은 거의 불가능하다. 결국 인력 문제는 중소기업의 모든 것을 규정하는 가장 중요한 요인이지만 해결 방법이 없다. 이명박 대통령이 취업이 안 되면 지방 중소기업에 취업하면 된다는 얘기를 꺼냈다가 빈축을 산 일이 있다. 현실을 너무 모르는 얘기였기 때문이다. 인재들이 자연스럽게 중소기업으로 몰려가게 하려면 이 책의 논점인 사회적자본을 확충하면서 수축사회 진입을 완화시켜야 한다.

사회적자본과 관련된 중소기업의 애로사항은 대기업과의 관계에서도 나타난다. 과거 대기업에 납품하는 중소 부품회사들은 상반기 실적이 좋을 경우 하반기에는 무슨 수를 쓰든지 이익을 줄이는 것이 관행이었다. 상반기에 이익을 많이 내면 원청 대기업들이 납품가 인하를 요구하기 때문이다. 이런 현상 때문에 한국 주식시장에서는 상반기에 인기를 끌었던 중소형주의 주가가 하반기에는 하락하는 특이한 현상까지 발생하곤 한다. 또한 원자재나 환율 변동으로 원청업체인 대기업에서 원가 부담이 생기면 이 비용을 하청 중소기업에 떠넘기는 것이 보편적이었다. 중소기업은 대기업의 배설구였던 것이다.

물론 팽창시대에는 이렇게 납품가를 내려도 중소기업이 살아남을 수 있었지만 수축사회에 진입하는 현 단계에선 중소기업이 납품가를 내리는 데도 한계가 있다. 반면 세계적 기업으로 성장한 대기업들은 엄청난 이익을 내고 있다. 수축사회에 진입하면서 일자리의 77퍼센트를 차지하는 중소기업과 대기업의 격차가 더욱 벌어지고 있다.

원래 규모가 작은 기업을 중소기업이라고 하는데, 한국의 중소기업은 작아도 너무 작다. 중소기업연구원 백필규 연구위원의 분석에 따르면 10명 미만 사업체의 고용 비중은 44퍼센트로 이탈리아(46%)에 이어 OECD 국가 중 2위다. 미국 10퍼센트, 일본 14퍼센트, 독일 19퍼센트에 비하면 너무 영세하다. 우리가 중소기업으로 분류하는 많은 기업이 10명 미만의 가내수공업 수준인 것이다. 반면 경제에 영향이 큰 250명 이상 기업의 고용 비중은 2013년 기준 12.8퍼센트지만, 미국 57퍼센트, 일본 44퍼센트, 독일 38퍼센트에 비하면 크게 낮다. 심지어 이탈리아의 20퍼센트 수준에도 미치지 못한다.

경제가 안정적으로 성장하는 국가일수록 중소기업과 대기업이 끈끈한 상생관계를 유지한다. 한국의 대기업은 주로 조립가공 분야가 많기 때문에 수출하는 모든 제품에 중소기업 부품이 들어간다. 또한 세계적 차원에서 경쟁하기 때문에 제품의 품질을 높이거나 신제품을 개발할 경우 대기업과 호흡을 맞춰 동시에 진행해야 한다. 과거의 대기업은 중소기업의 희생으로 성장했지만, 이제는 중소기업의 도움을 받아야 한다. 그러나 대기업에 도움을 줄 정도로 기술과 능력을 갖춘 중소기업이 점점 사라진다면, 대기업도 성장하기 어려워질 수 있다. 혹시 이런 상황이 된다면 대기업이 직접 중소기업의 영역에 진출할지도 모른다. 아니면 중국이나 동남아시아로 부품 조달처를 바꿀 수도 있는데, 이미 이런 현상이 일부 나타나고 있다. 따라서 중소기업의 경쟁력이 계속해서 하락하면 자연스럽게 경제력이 대기업으로 집중될 수밖에 없다. 그리고 이런 상황이 고착화되면 사회적 양극화는 영원히 극복할 수 없을 것이다. 결국 중소기업 정책도 사회 문제인 것이다.

선택과 집중의 지원정책

중소기업 지원정책에서도 전략이 필요하다. 무차별적인 지원보다 선택과 집중전략이 중요하다. 종업원이 250명 이상 되는 기업은 어느 정도 자생력이 있을 것이고, 좀 더 지원하면 강소 중견기업으로 성장할 수도 있다. 이런 기업들은 대기업과 상호의존적 관계를 유지하기 때문에 직접적인 지원보다는 이미 존재하는 다양한 지원 대책을 정비할 필요가 있다. 그러므로 종업원 20~249명 정도의 기업을 집중적으로 지원하는 정책을 마련해야 한다. 이 기업들은 전체 고용의 33퍼센트를 차지한다. 특히 글로벌 경쟁력이 있는 중소기업에는 더 많은 지원이 필요하다. 반면 내수산업에서는 중소기업끼리 경쟁하는 경우가 많은데, 이런 분야에는 정책이 개입할 필요가 없다. 오히려 경쟁력 강한 기업이 살아남도록 공정한 경쟁을 촉진해야 한다.

중소기업이라는 말만 들어도 감정이 복받치는 것이 작금의 현실이다. 그러나 그렇게 선의로만 볼 수 없는 경우가 많다. 경영 수업을 제대로 받지 못한 경영자가 경영하는 중소기업은 기업문화가 여전히 1970년대에 머물러 있는 경우가 많다. 기업을 체계적으로 경영하지 못하기 때문이다. 이들에게 기업가 정신이나 경제와 사회에 대한 이해를 높일 수 있는 체계적인 교육이 필요하다.

2010년 도산이 임박한 조선 부품업체 오너가 찾아와 거액의 투자를 요청했다. 나는 조선 경기는 이제 역사적 고점을 찍어 불가능하다고 했더니, 그는 "과거 정주영 회장은 거북선이 들어간 지폐를 보여주고 해외에서 자금을 빌려왔는데, 왜 나는 모든 생산설비를 갖추었는데도 빌려주지 않느냐"며 격하게 항의했다. 또 다른 사례도 있다. 유명한 개그맨이 만화영화를 만들면서 자금이 부족하자 투자를 요청하는 설명회를 열었다. 그는 이 영화가 반드시 성공할 것이라면서 중간 설명 없이 무조건 투자를 요청했다. 이런 수준의 경영자가 너무 많다. 기업가 정신이나 기초적인 상거래 관행도 모르는 사람들이 준비 없이 창업에 나서는 것이다. 최근 취업난으로 창업에 나서는 젊은이들이 많아졌지만, 나는 한국에서 젊은이의 창업은 매우 위험하다고 생각한다. 젊은이의 창업은 주로 미국 특히 유대계를 중심으로 많은데, 그 이유는 창업을 가능하게 하는 사회적자본이 미국에만 존재하기 때문이다.

중소기업을 지원하는 금융도 문제다. 연대보증 같은 과거 관행이 아직도 많이 남아 있다. 통계상 가계부채로 잡히는 금액 중 상당 부분은 기업의 오너가 개인 명의로 대출받는 것이다. 그만큼 중소기업은 자금조달에 애를 먹는다. 금융기관들은 '비가 오면 우산을 뺏는 격'으로 기업의 경영 환경이 나빠지면 대출금을 회수하는 것이 관행이다. 정책금융 비중도 너무 높아서 도덕적 해이가 우려된다. 10년 이상 신용보증기금에서 보증을 받는 기업이 무려 3천 개나 된다고 한다. 경기가 부진할 때마다 정부가 과도하게 중소기업 대출을 늘린 결과다.

중소기업에 대한 지원은 정부, 중소기업, 금융기관이라는 세 경제주체 모두에서 문제가 있다. 금융기관은 정부의 과도한 경영 개입과 자율성 규제로 책임 있는 투자나 대출이 불가능하다. 중소기업에 신용대출을 했다가 부도라도 나면 담당자가 책임을 져야 하니, 합리적인 의사결정보다는 몸을 사리는 것이 오히려 편하다. 정부는 경기부양을 위해 많은 중소기업 지원정책을 실행했지만 결국 성과가 없었다는 점을 인정해야 한다. 정책금융으로 연명하는 좀비 중소기업을 세금으로 책임지면 경제 정의에 위배된다. 상황이 이러하니 차라리 각종 지원이 집중되는 중소기업에 머물고 싶어 하는 중소기업마저 생기는 것이다. 냉정한 얘기지만 이런 기업들은 고용, 수출, 세수 등에서 우리 경제에 전혀 도움이 안 된다.

결국 다시 원점으로 돌아가서 보면 모든 문제의 원인은 한국의 사회적자본 부족에서 찾아야 한다. 사회적으로 신뢰가 낮기 때문에 금융기관은 책임을 지지 않는다. 정부는 장기적 안목에서 경기부양책을 쓰기보다는 순환적인 경기 하락에도 경기부양책을 남발하곤 했다. 또한 일부 좀비 기업들은 이런 상황을 적절히 활용하면서 연명해오고 있다.

금융이 책임지는 구조

그렇다면 어떻게 해야 할까? 우선 금융의 자율성을 크게 높여 책임경영이 정착되어야 한다. 그러나 금융의 자율성 문제는 다람쥐 쳇바퀴 돌듯 20년째 논쟁만 하고 있다. 가장 중요한 금융기관 책임경영의 출발은 은행 등 금융기관의 주인이 있어야만 한다. 그런데 은행에 주인이 있으면 자신들의 계열사에 집중적으로 대출을 해줄 가능성이 있다. 그러면 부의 집중이 더 강화되기 때문에 금융기관 특히 은행은 주인의 영향력을 최소한으로 낮춰야 한다는 식의 논쟁이 지금도 이어지고 있다. 금융이 이런 상태에 머물면 기업 특히 중소기업이나 신성장동력 산업에 투자를 늘릴 방도가 없다. 물론 과거 한국 금융기관들이 방만한 경영으로 국가 경제에 큰 부담을 안긴 것이 사실이지만, 이제는 상황이 바뀐 점을 감안해야 할 시점이 되었다.

지금 대기업들은 외부에서 자금조달이 필요 없을 정도로 재무구조가 건실하다. 금융시장에서 급변동이 발생해 계열 금융기관이 부실해지면 반대로 모기업에 악영향을 줄 수도 있는 상황이다. 또한 대기업들은 해외에서 더 낮은 금리로 자본 조달이 가능하다. 한 가지 흥미로운 변화가 있다. 시중에는 잘 알려지지 않고 있지만 현재 증권사와 벤처캐피털을 중심으로 엄청난 4차산업혁명 관련 투자 열풍이 불고 있다. 정부의 정책자금과 민간자금이 어우러져 벤처기업이 성장하는 토대가 서서히 마련되고 있는 것이다. 만일 은행 등 거대 금융기관이 책임지면서 벤처 투자를 확대한다면, 한국 경제는 새로운 차원에서 성장이 가능할 수도 있다.

한국 금융기관의 강력한 규제와 소극적 경영으로 미래의 부가 해외에 팔리고 있다. 빠르게 성장하는 월 정액제 화장품 판매 기업 '미미박스', 배달 앱 '우아한 형제들', 송금 앱 '비바리퍼블리카' 등은 미국, 중국 금융기관들과 투자 협상이 진행 중이라고 한다.

선글라스로 잘 알려진 '젠틀몬스터'는 세계적 명품기업 루이비통에서 2천억 투자 제안을 받았으나 거절했다. 더 큰 금액을 써낸 기업이 나왔기 때문이다. 금융기관이 제 역할을 못하면서 벤처기업의 지분 중 은행 등 기관투자가의 비중은 거의 없고, 창업자의 지분율이 거의 80퍼센트에 육박하고 있다. 이는 벤처기업이 더 이상 성장하기 어려운 상황이라는 것을 보여준다. 금융이 중심이 되어 기업의 생성부터 퇴출까지 책임지는 구조가 마련되고, 정부는 새로운 성장산업에만 정책 자금을 집중한다면 그나마 중소기업 문제가 다소 완화될 것이다.

통일, 외국인 근로자 활용

천안지역의 중소기업 경영자에게서 들은 얘기다. 최근에는 외국인 근로자들이 오토바이를 타고 다니면서 "혹시 사람 필요하지 않으세요?"라고 묻기까지 한다. 이들은 대부분 불법 노동자들인데, 인건비가 워낙 싸서 고용하긴 하지만 근무 기간이 짧아 숙련된 직원으로 성장하지 못한다고 한다. 이 불법 노동자가 뺑소니 교통사고를 당했는데, 피해자가 불법 외국인 노동자인 것을 안 뺑소니 운전자가 치료비 지급을 거절했다고 한다. 이에 화난 중소기업 경영자가 그를 뺑소니로 고발하고 불법 노동자에게 부과되는 벌금을 자신이 내겠다고 하자, 그제야 치료비를 부담했다고 한다. 참으로 부끄러운 일이다.

향후 중소기업에는 인력과 시장 측면에서 두 가지 기회가 있다. 외국인 근로자를 적극적이고 체계적으로 활용하는 것이다. 아직도 음성적으로 이루어지는 외국인 근로자 고용을 투명하게 제도화해서 서비스업보다는 제조업에 종사하도록 유도하는 것이다. 외국인 근로자들을 합법적으로 활용하면 인건비 절감뿐 아니라, 이들이 저지르는 범죄도 예방하고, 장기적으로 노인 돌봄 서비스까지 활용 영역을 넓힐 수 있다. 한국 근로자와 다소 충돌이 일어날 수도 있지만, 본격적인 고령사회 진입을 준비하기 위해서는 체계적인 외국인 근로자 활용 대책이 필요하다.

지방에 외국인 근로자를 중심으로 운영되는 중소기업 산업단지를 만드는 것도 고려해볼 만하다. 과거 마산 수출자유지역을 약간 변용해보는 것이다. 서해안에 놀고 있는 간척지 등에 공단을 만들어 인건비 비중이 높은 중소기업을 유치한 뒤, 외국인 근로자들을 체계적으로 활용하는 것이다. 공단 안에 외국인 근로자를 위한 각종 편의시설을 갖추고, 인권이나 고용 관련 시민단체가 운영을 감시한다면 성과가 있지 않을까?

또 한 가지는 남북관계 개선에 따른 경제협력이다. 한국에서 경쟁력을 상실한 중소기업들이 중국 등 해외로 나가는 것보다 인도네시아 수준인 저임금을 겨냥해 북한에 진출한다면 중소기업에 큰 수혜가 될 것이다. 북한 실정에 밝은 중소기업 경영자에 따르면 북한 노동자의 기술력이 상당하다고 한다. 기초과학에 대한 교육 기반도 우수한 편이다. 그러므로 저임금뿐만 아니라 이들의 기술력을 활용하면 숙련 기술자가 부족한 상황을 돌파할 수 있을 듯하다.

이제 중소기업이 허약하면 대기업의 성장도 어려워진다는

점을 인정해야 한다. 새로운 기술과 아이디어가 절대적으로 필요한데, 대기업만의 인력과 기술로는 점점 한계가 노출되고 있다. 강소기업이 많은 국가들의 사회와 경제구조가 견실한 것은 다수의 중소기업이 사회 저변을 떠받치기 때문이다. 이렇게 중소기업 문제에도 금융, 정부, 외국인 근로자, 통일, 대기업 문제 등 사회의 모든 요소가 녹아 있다. 수축사회에서 고용을 늘릴 유일한 창구는 중소기업뿐인데, 20년 전 잣대와 사고로 중소기업 문제를 바라본다면 고용 참사를 피할 수 없을 듯하다.

산업 포트폴리오 재편

한국의 산업은 특정 산업에 대한 의존도가 매우 높은 기형적 구조를 가지고 있다. 매출액 기준으로 한국의 산업을 구분하면 소재(철강, 화학, 정유), 산업재(기계, 조선, 운송, 건설), 자동차, IT산업의 비중이 너무 높다. 2017년 상장기업만을 대상으로 할 때 소재와 산업재가 전체 매출의 40퍼센트에 육박한다. 그나마 2008년 전환형 복합위기 이후 공급과잉으로 비중이 줄어든 수치다. 여기에 자동차 10.6퍼센트와 IT산업 19.1퍼센트를 더하면 전체 9개 산업의 매출 비중이 67.7퍼센트나 된다. 그동안 한국의 경제성장은 이 산업에 속하는 기업들이 성취했다고 해도 과언이 아니다.

그런데 문제가 발생하고 있다. 철강산업은 중국이 세계 전체 생산과 소비의 절반을 차지한다. 모든 원자재를 수입하기 때문에 환율에 취약하다. 제품 차별화가 실질적으로 불가능해 보호무역의 대상이 되기도 한다. 화학이나 정유산업은 대규모 장치산업이다. 유가에 영향을 크게 받고 중국의 설비 증설이나 미국의 셰일가스 개발로 타격이 예상된다. 기계산업은 상대적으로 경쟁력이 떨어진다. 조선은 최악의 공급과잉이고, 건설도 국내 부동산 경기 하강과 해외 건설 붐 약화, 중동지역 불안 등으로 성장이 정체되고 있다. 거의 40만 명이 종사하는 자동차산업은 고용 유발 효과가 크지만, 브랜드와 디자인 등에서 경쟁력이 약화되고 있다. 최근에는 전기자동차, 자율주행자동차, 친환경자동차 등이 성장을 주도하지만 한국은 상대적으로 약세다. 무엇보다 전기자동차의 경우 아무나 만들 수 있다는 기술의 진보 때문에 과거와 같은 성장은 어려워 보인다. IT산업은 중국과 치열하게 경쟁 중이다. 반도체와 OLED 정도가 세계적 수준이므로 새로운 먹거리가 필요한 상황이다.

한국의 주력산업들은 해외 경제 상황에 크게 의존하면서 새로운 기술적 진보, 보호주의 등과 같은 구조적 변화에 모두 노출되어 있다. 1인당 국민소득 3만 달러를 달성하는 데 이 산업들이 가장 중요한 역할을 했지만, 지금부터는 만만치 않을 전망이다. 특히 내수가 부족한 한국 입장에서는 9개 산업이 국제 경쟁력을 어떻게 가져가느냐가 미래 성장의 핵심이 될 것이다.

또한 이 산업에 속한 기업들은 한국적 특성인 거대 재벌 소속인 경우가 많다. 재벌의 독점적 성향 때문에 지탄을 받아왔지만, 한국 성장 스토리의 중심인 것만은 부인할 수 없다. 2004년 출간된 《디플레이션 속으로》에서 나는 이 문제에 대해 해답을 찾을 수 없다고 토로했다. 그런데 지금도 뾰족한 대안이 없다. 9개 산업에 속한 대기업이 쇠락하면 대기업뿐 아니라 경제 전체의 중심축이 흔들릴 수 있다. 팽창사회에서는 대기업 개혁을 강하게 추진해도 견딜 만했지만, 지금은 아니다. 한국 경제는 허약해지는 데 반해, 대기업 중심의 9개 산업 의존도는 더 커지고 있다. 그렇다고 과거 관행을 규제하지 않으면 사회적자본을 약화시키면서 극심한 갈등이 발생할 수 있다. 진퇴양난 상황인 것이다.

여기서 대기업에 대한 시각 변화가 요청된다. 우여곡절을 겪긴 했지만 결국 대기업의 경영권은 2세 혹은 3세 승계가 거의 완료되었다. 삼성과 현대차그룹을 제외한 많은 기업에서 법률적 승계 절차를 완료한 것으로 봐야 한다. 현재 한국에는 193개에 이르는 지주회사가 있는데 이 중 81개가 증권시장에 상장되어 있다. 이런 변화는 한국 경제에서 상위 약 200개 기업집단에서 지주회사를 통해 상속이나 증여가 완료되었다는 의미다. 이미 완료된 상속과 증여를 되돌릴 수 없다면, 대기업들은 수십 년간 끌어온 승계 문제에서 서서히 벗어나고 있는 것이다. 그렇다면 재벌 기업들 스스로 기업문화를 선진화하고 사회적 룰을 지키면서 사회적자본을 만들어야 하는 시점에 와 있는 것이다. 또한 재벌들은 적극적으로 산업 포트폴리오를 전환하고 미래 성장산업에 투자할 조건을 갖춘 것이다.

바로 이 시점에서 4차산업혁명이 부상하고 있다. 4차산업혁명은 기존 방식을 파괴하고, 사회와 경제 등 모든 분야에 걸쳐 강력한 불확실성을 상시화한다. 이제 기업은 기존의 생산과 판매 방식을 모두 바꿔도 살아남기 어려운 대전환에 노출되었다. 4차산업혁명은 그 자체로 거대한 산업이지만, 편중된 한국의 산업구조를 재편하는 기회로 활용해야 한다. 기존의 경쟁력 있는 산업들 가운데 4차산업혁명 시대에도 통용 가능한 산업은 AI를 기반으로 스마트 팩토리를 빠르게 도입해야 한다. 반면 경쟁력이 떨어지는 산업이나 2류 기업들은 업종 전환을 모색할 수밖에 없다. 소유 지배구조 문제에서 점차 벗어나면서 대기업들의 산업 포트폴리오 전환이 빨라질 경우, 편중된 산업구조의 불안정성을 크게 낮출 것이다.

4차산업혁명: 유일한 대안

한국은 무조건 4차산업혁명으로 뛰어들어야 한다. 4차산업혁명은 인간에 의해 주도되는 마지막 산업혁명이다. AI의 등장은 특정한 제품을 만드는 기술이 아니라 모든 사회와 경제, 개인의 삶에도 영향을 주는 기초 기반의 변화로 봐야 한다. 빅데이터, 드론, IOT, 3D 프린터, 블록체인, 스마트 팩토리 등 4차산업혁명의 여러 분야가 서로 어우러지고 기존 산업에 녹아들면 세계는 완전히 다른 차원으로 진행될 것이다. 여기서 한 가지 유의할 것이 있다. 4차산업혁명도 수출이 가능한 글로벌형과 내수형이 있다. 예를 들어 공유경제와 관련된 것은 거의 내수형이다. 내수형 공유경제 기업은 기존 일자리와 제로섬 관계를 유지하기 때문에 일자리 파괴 속도를 높인다. 페이와 같은 것은 별로 중요하지 않다. 한국은 이미 신용카드로 1천 원까지 결제가 가능하다. 이런 것보다 IOT, 전기자동차, 바이오시밀러 등과 같이 수출이 가능한 분야를 집중적으로 육성해야 한다.

또한 기존 산업에도 적극적으로 적용해야 한다. 과거 정보통신 중심의 3차산업혁명 당시를 생각해보자. IT 기술이 여러 산업에 스며들면서 사회 전체적으로 효율성이 매우 높아졌다. 4차산업혁명도 마찬가지다. AI를 기반으로 한 새로운 운영체계를 IT산업뿐 아니라 중후장대형 굴뚝산업에도 빨리 스며들게 해야 한다. 한국과 경쟁하는 모든 국가가 4차산업혁명 기술을 빠르게 적용하기 때문에 이제는 선택이 아닌 필수다. 한국의 모든 산업에 AI를 비롯한 4차산업혁명 기술이 스며들지 못하면, 글로벌 경쟁력이 추락해 일자리가 없어지는 것보다 더 큰 재앙이 올 수 있다. 또한 대기업의 산업 포트폴리오 전환 과정에서도 4차산업혁명은 가장 중요한 최우선 고려 요소가 되어야 한다.

교육이 암초

4차산업혁명과 관련해 향후 한국의 가장 큰 위기는 기술력과 인력일 것이다. 가장 창의적 분야인 AI 관련 기술 인력이 절대적으로 부족하다. 그동안 한국의 교육은 입시 중심으로 치우쳐 있어 창의성 높은 인재 출현이 불가능한 구조였다. 지금부터 새롭게 교육을 재편한다 해도 창의적인 인재가 나오려면 10여 년 이상 걸린다. 창의성 문제를 떠나 4차산업혁명을 따라가기에도 한국의 교육 현실은 너무 비참하다. [표 4-6]은 한국에서 4년제 대졸 이상 29세까지 인

[표 4-6] 4년제 대졸 이상 29세까지 인구의 전공 분포

(단위: %)

	인문사회	예체능	사범	자연	공학	의약
여성	45.3	14.1	10.3	11.7	9.5	9.2
남성	39.1	11.0	5.0	7.3	35.4	2.4
전체	42.8	12.8	8.2	9.9	19.8	6.5

자료: 통계청, 경제활동 인구조사 2016

구의 전공을 보여준다. 인문사회(42.8%), 예체능(12.8%), 사범(8.2%) 계열 전공 비중이 거의 64퍼센트에 달한다. 청년 인구의 절대 숫자가 줄어드는 상황에서, 4차산업혁명을 이끌 자연과학, 공학, 의약 분야 인력은 더 크게 줄어들고 있다. 어쩌면 예체능 전공자가 12.8 퍼센트나 되어 지금의 세계적인 한류가 탄생했을지 모르지만, 전공의 불균형이 너무 심한 점은 인정해야 한다.

우선 이공계 전공 학생 수를 늘려야 한다. 이공계 학생들에게 전원 장학금을 지급하고 우수 교수들에게도 보조금을 지급하면 어떨까? 과거에 중점적으로 추진하던 마이스터 고등학교 출신자들에게 이공계 대학 입학특례를 주면 어떨까? 폐교 위기에 몰린 지방대학과 인근 기업들에 산학협력 모델을 만들어 해당 기업에 필요한 인재를 인근 대학에서 육성하도록 지원하면 어떨까? 물론 이때 교육부는 전혀 간여하지 말아야 한다. 아마 이런 용도로 쓰기 위해 세금을 올리면 기업들은 쌍수를 들어 환영할 것이다.

한국공학한림원에서는 2017년 말 〈2025년 한국을 먹여 살릴 100대 기술과 주역은?〉이란 보고서를 발표했다. 한국의 석학들이

참여해 기술개발에서 핵심 역할을 수행하는 기술별 주역을 3명 이내로 선정했다. 총 238명의 주역을 기관별로 분류하면 대학이 78명으로 가장 많고, 대기업 76명, 정부출연연구소를 포함한 공공기관 65명, 중소·중견기업 19명 순이었다. 기업 중에서는 삼성그룹 출신이 단연 돋보였다. 반도체, 디스플레이, 융·복합 소재, 통신 등의 분야에서 29명의 미래 주역을 배출했다. LG그룹에서는 전자, 디스플레이, 화학을 중심으로 18명이, 포스코그룹에서는 7명이 선정되었다. 이어서 SK그룹 6명, 현대차그룹과 현대중공업그룹에서 각각 4명으로 뒤를 이었다. 유진로봇, 뉴로메카, 루닛, 루멘스 등 유망 중소기업에서도 차세대 주역을 배출했다. 이 보고서는 교육(대학)의 중요성과 기업 특히 대기업의 역할, 그리고 대학과 기업의 산학협동이 중요함을 보여준다. 그런데 문제는 산학협동을 할 만한 인재의 절대 숫자가 부족하고 수준도 낮다는 점이다.

하드웨어 중심의 초기 대응

그렇다면 좌절할 것인가? 꼭 그런 것은 아니다. 일단 부족한 AI 관련 인재를 해외에서 수입하면서 국내에서 빨리 육성해야 한다. 이미 대기업들은 해외에서 인재를 구하고 자체 교육에 나서고 있다. 또한 4차산업혁명은 소프트웨어 중심으로 진행되지만 하드웨어도 꼭 필요하다. 한국은 하드웨어 강국이다. 일단 시간을 벌면서 하드웨어 중심으로 4차산업혁명에 동승한 후, 점차 AI 등 소프트웨어로 나아가면 승산은 있다. 아직 4차산업혁명은 초기이고 응용 분야도 무한히 많기 때문에 지금부터 집중해도 늦지 않다.

과거에도 산업혁명의 위대한 발명이 폭넓게 사용되는 데 상당한 시간이 걸렸다. 2차산업혁명 당시 내연기관 발명(1879년) 후 자동차의 대중화(1913년 포드 T모델 판매 이후)까지 30년 이상 걸렸다. 3차산업혁명도 비슷했다. 개인용 컴퓨터는 1976~1981년, 인터넷은 1969~1991년에 개발되었지만, 이 기술이 본격적인 생산성 증가로 이어진 것은 1994년 이후다. 4차산업혁명은 성격상 과거 산업혁명보다 매우 빠를 것이다. AI를 중심으로 동시에 여러 분야에서 발생하기 때문이다. 언론에 의해 과잉포장된 위기론은 현실이라기보다는 사회에 대한 경고 정도로 이해하면 될 듯하다. 테슬라의 취약한 재무구조와 페이스북의 가입자 감소는 현실보다 기대가 너무 컸음을 보여준다.

피할 수 없는 대기업 집중

한국이 4차산업혁명 강국으로 부상한다고 국내 문제가 사라지는 것은 아니다. 우선 일자리가 늘지 않는다. 2016년 반도체 부문에서 약 13조 원을 투자한 삼성전자의 경우 1년 동안 반도체 분야 고용 인원이 650명 늘어났다. 한국의 4차산업혁명 관련 기업들은 반도체, OLED 등과 같이 대부분 대규모 장치산업적 성격이 강하다. 또한 공장들은 스마트 팩토리로 운영되고, 조립은 인건비가 싼 중국이나 베트남 등으로 이전할 것이다. 자본과 인력이 집중된 대기업 중심으로 진행될 수밖에 없는 한계가 있는 것이다. 결국 일자리 문제는 4차산업혁명이 발전할수록 더욱 현실적인 문제가 될 것이다.

4차산업혁명은 필연적으로 경제 양극화를 촉진한다. 특히 한국의 가장 큰 문제인 대기업의 경제력 집중현상을 강화시킨다. 또한 4차산업혁명과 관련된 기업들은 이미 세계적 차원에서 경영하기 때문에 당연히 규모가 커야 한다. 사업 초기 해외로 나가기 어려운 중소 벤처기업들은 세계적 네트워크를 갖춘 대기업의 플랫폼을 이용하는 것이 성장에 유리하다. 구글 등 소위 'FAANG' 기업들이 혁신적 벤처기업 매입 경쟁을 벌이는 것도 참고해야 한다. 이 기업들은 미래에 통용될 가능성이 보이는 기술이라면 언제든지 고가에 매입한다. 벤처기업가에 의해 새로 개발된 기술을 대기업이 매입해서 아이디어를 조기에 회수하는 선순환 고리가 형성되면, 새로운 기술이 지속적으로 태동하는 기반을 갖추게 된다.

4차산업혁명의 이런 특징 때문에 경제가 대기업으로 집중되는 경향을 피할 수 없다. 굳이 삼성, LG, SK 등 수출 지향적 기업이 아니더라도 대기업이 비싼 가격에 벤처기업의 기술을 매입하는 것이 자연스러운 현상으로 받아들여져야 한다. 그래야만 벤처기업도 성장하고 대기업도 4차산업혁명형 산업 포트폴리오를 구축할 수 있다. 그러나 대기업에 대한 부의 집중이 사회적 갈등을 유발하는 상황에서 이런 현상을 한국 사회가 얼마나 받아들일지 여부도 관심사다. 수축사회로의 진행과 이런 모든 정황을 고려해서 보면, 벤처기업의 기술 판매가 용이해지는 것이 대기업 집중으로 발생하는 부작용보다 한국 경제에는 더 도움이 될 듯하다.

앞서 살펴본 바와 같이 '대기업 vs 중소기업', '수출 vs 내수', 산업 포트폴리오의 문제, 4차산업혁명 등과 같은 한국 경제의 핵심

이슈는 결국 대기업의 역할이 줄지 않을 것이라는 점을 시사한다. 대기업이 역할을 제대로 하지 못하면 중소기업의 성장이나 민간 소비 증가도 어렵고, 편중된 산업구조의 개편도 쉽지 않다. 4차산업혁명이 발전할수록 대기업의 역할은 더욱 커질 것이다. 우리가 원해서가 아니라 세상이 그렇게 흘러가고 있다. 따라서 우선 대기업의 긍정적 역할을 인정해야 한다.

대기업의 문제는 결국 사업 영역, 경영 방식, 소유지배구조로 압축될 것이다. 수출형 산업은 제한 없이 성장을 추진하고 내수형 산업은 소비자의 취향 변화와 높은 경쟁력으로 독과점적 위치에 오르기 쉬우므로 적절한 규제가 필요하다. 무엇보다 대기업 스스로 중소상공인 중심인 내수 소매업 진출을 자제해야 한다. 세계적 대기업 중 한국의 대기업같이 내수형 산업에 진출한 기업이 거의 없다는 점을 참고하면 좋을 것이다.

거의 모든 기업에서 경영권 승계가 끝나가기 때문에 소유지배구조는 향후 큰 문제가 되지 않을 것이다. 그렇다면 남은 과제는 대기업의 경영 방식, 즉 의사결정 구조로 압축된다. 무능한 후계자가 경영을 계속할 것인지, 대기업의 조직 하단에까지 관행화된 갑질 문화를 지속할 것인지, 사회적 역할을 얼마나 강화할 것인지 등이 핵심 이슈가 될 듯하다. 결국 대기업 스스로 기존 경영관행과 기업문화를 바꾸는 것이 유일한 방안이다. 오너가뿐 아니라 경영진, 관리자 등도 대기업 내부에서 관행으로 정착된 전근대적 문화를 합리적인 미래형으로 바꿔야 한다. 또한 대기업이 사회적 통념에 맞는 경영을 하도록 사회가 감시한다면, 대기업과 관련된 문제가 저절로 사라질 것이다. 이것이 바로 사회적자본으로 경영되는 기업문화다.

일자리는 창출되지 않는다

공정거래위원회에 따르면 2017년 기준 다단계업체 회원으로 등록된 사람이 무려 870만 명에 이른다. 1년 사이 41만 명이나 늘어났는데, 생활비를 보태기 위해 뛰어드는 주부들이 특히 많다. 또 다른 이유로는 다단계 회원이 되면 생활용품을 싸게 살 수 있기 때문에 '소비자형 판매원'도 인원 증가의 중요한 요인이다. 125개 국내 다단계 업체의 매출은 겨우 5조 원에 불과한데 이마저 줄어들고 있다. 다단계 판매원은 신규회원을 유치하거나 물품 판매에 연동해서 수당을 지급받는다. 그런데 82퍼센트인 713만 명은 수당이 전혀 없다. 수당을 3천만 원 이상 받아간 사람은 9,451명에 불과했다.

　보험업계도 비슷하다. 최근 독립법인대리점GA의 보험 판매 비중이 높아지는 추세다. 이들은 한 금융회사에 종속되지 않고, 여러 금융회사와 제휴를 통해 다양한 금융상품을 파는 영업 형태를 띠는데, 전체 인원이 무려 20만 명이나 된다. 2016년 기준 1천 명 이상 고용한 GA가 34개나 될 정도로 GA는 보험 판매의 중심에 있다. 그러나 고령화로 보험업의 성장성이 낮아지면서, 다단계 판매와 마찬가지로 이름만 걸어놓은 사람이 많을 것이다. 이런 상황에서 4차산업혁명으로 보험 가입과 대출이 인터넷이나 페이 업체를 통해 이루어지기 시작했다. 다단계나 GA의 영업직원은 중년 여성의 비중이 매우 높지만 돈은 별로 벌지 못하고 있다.

2018년 8월 17일 금요일은 60년 한국 경제발전사에서 매우 의미 있는 날이다. 7월 고용동향이 발표되면서 한국 사회 전체가 충격에 빠진 날이다. 그동안 한국에서는 외환위기와 같은 대외 충격이 없는 한 일반적으로 일자리가 전년 대비 10만 개 이상 늘어났는데 1년 전보다 일자리가 불과 5천 개만 늘어난 것이다. 연간 생산가능인구(15~64세)가 13만~15만 명 늘어나는 것에 견줘볼 때 일자리가 5천 개 증가했다는 것은 쇼크 그 자체였다. 이어 8월에는 3천 개만 늘었다. 이날을 고비로 한국에는 경제위기론이 팽배해지고 고공권에 있던 대통령의 지지율이 하락했다.

고용 문제의 진실

나는 고용 문제를 수축사회 진입의 결과로 본다. 그러나 일각에서는 고용 문제를 정치 쟁점화해 본질이 흐려지거나 왜곡되고 있다. 우선 어디서 얼마나 줄고 있는지 자세히 살펴보자. 2018년 8월에는 전년 대비 생산가능인구가 13만 6천 명 늘어났다. 이 중 새로 직업을 얻은 사람(취업자)은 3천 명에 불과했는데, 65세 이상 고령층은 16만 명 이상이 신규로 일자리를 얻었다. 2013년에는 65세 이상자의 약 30퍼센트만 직업이 있었지만, 지금은 33퍼센트가 넘는다. 고령화와 빈곤해진 노인이 늘어난 결과다. 또한 경제의 중심인 제조업 일자리가 전년 대비 10만 개 이상 줄어들면서 경기가 예전만 못함을 여실히 보여준다. 그러나 나는 이런 현상을 쇼크라기보다는 한국 사회 전반의 문제라는 차원에서 넓게 접근하고 싶다.

[표 4-7]을 통해 취업자가 3천 명 증가하는 데 그친 2018년 8월 고용동향을 좀 더 큰 그림으로 살펴보자. 2013년 말 대비 4년 8개월 동안 전체 취업자는 161만 명 증가해 연간 30만 개의 일자리가 늘어났다. 전체 일자리의 78퍼센트를 차지하는 서비스업은 150만 개 늘어났다. 그러나 일자리의 16.5퍼센트를 차지하면서 수출의 핵심인 제조업에서는 13만 개 늘어나는 데 그쳤다. 이미 한국의 고용구조는 서비스업이 주도하고, 제조업에서는 일자리 창출이 어려워지고 있음을 보여준다.

여기서 주목할 것은 서비스업에 속하는 사업·개인·공공 서비스 영역에서 무려 94만 개의 일자리가 증가한 점이다. 이 영역은 주로 사회복지와 관계되어 사회를 유지시키는 역할을 한다. 건강보험관리공단에 따르면 2008년 장기요양보험이 도입된 후 10년 만에 62만 명이 혜택을 보자, 관련 시설에서 근무하는 인원이 44만 명 넘게 증가한 영향인 듯하다. 앞으로 복지에 더 많은 예산이 투입되면서 간병 등 사회복지와 관련된 일자리는 지속적으로 늘어날 것이다. 반면 제조업이나 건설업은 경제성장률이 높아질 때 잠깐 일자리가 늘어나는 수준에 그칠 것으로 예상된다.

향후 한국의 고용구조는 큰 변화가 불가피해 보인다. 특히 가장 많은 일자리를 제공하는 서비스산업은 성장형이라기보다는 복지형 혹은 현실유지형에 가깝기 때문에, 한국이 저성장 국면에 처해 있음을 여실히 보여준다. [표 4-7](증감 2 참조)이 보여주듯이, 제조업의 고용 감소와 서비스업의 고용 증가 구도가 정착된 것은

[표 4-7] 최근 5년간 일자리 변화

(단위: 천명)

	전체 취업자	농림어업	광공업		사회간접자본 및 기타·서비스업				
				제조업		건설업	도소매· 숙박음식	전기·운수· 통신·금융	사업·개인· 공공서비스
2013	25,299	1,513	4,322	4,307	19,464	1,780	5,678	3,077	8,929
2017.8	26,904	1,415	4,568	4,544	20,922	1,953	6,115	3,053	9,801
2018.8	26,907	1,484	4,456	4,439	20,967	2,006	5,913	3,178	9,870
증감 1	1,608	-29	134	132	1,503	226	235	101	941
증감 2	3	69	-112	-105	45	53	-202	125	69

주: 증감1은 2013년 대비 2018년 8월,   자료: 통계청
　　증감2는 1년 전(2017년 8월) 대비 증감.

2017년 이후로 볼 수 있다. 2017년은 1958년 개띠들이 60세에 육박하면서 본격적으로 일자리에서 밀려나기 시작한 시점이다. 또한 2017년 이전부터 이미 이런 분위기는 잉태되어왔다.

　　다시 2013년을 기준으로 살펴보자([표 4-7] 증감 1 참조). 당시 이후 제조업 일자리는 증감을 반복하고 있다. 최근 일자리가 가장 많이 줄어든 도소매(고용 비중 13.7%)와 숙박음식업(고용 비중 8.3%)은 2013년에 국내 경기 호조와 중국인 관광객이 대거 몰리면서 자영업 창업이 붐을 이룬 결과로 해석된다. 그러나 창업 후 4년이 지나면서 수축사회 진입이 빨라지자 더 이상 버티지 못하고 폐업이 속출하는 것으로 추정된다. 박근혜 정부에서부터 시작된 사업·개인·공공 서비스 영역에서의 일자리 창출은 지금도 이어지고 있다. 반면 글로벌 경기에 영향을 받는 제조업을 제외할 경우, 도소매업 숙박음식업과 시설관리 임대 서비스업(고용 비중 4.8%), 교육 서비스업

(고용 비중 6.9%)에서는 일자리가 꾸준히 줄어들고 있다. 창업이 손쉬운 업종에서 창업했다가 폐업하는 경우가 늘어나는 것으로 해석된다.

일자리의 미래

앞으로가 더 문제다. 다단계나 보험사 GA에서 살펴보았듯이 삶이 팍팍해진 가정주부들이 고용시장에 대거 진입하고 있다. 여성의 경제활동참가율은 2013년 50퍼센트 정도에서 2018년에 53퍼센트로 증가했는데, 이는 자녀가 초등학교에 입학하면서 여성들이 다시 일터로 나오기 때문으로 추정된다. 중년 여성이 일터로 나오는 것은 생활고가 가장 중요한 요인이다. 또한 여성의 자아의식 확대로 직장을 통한 사회생활을 선호하기 시작한 것도 무시할 수 없는 요인으로 봐야 한다. 그러나 한편으로는 일자리 경쟁에 또 다른 경쟁자가 나타난 것으로 볼 수도 있다. 구직자가 많아지면 실업률이 올라간다. 4퍼센트 미만으로 안정적이었던 실업률은 새로운 구직자가 대거 출현하면서 향후 본격적으로 상승할 것으로 예상된다.

한국보다 수축사회 진입 속도가 빠른 일본의 일자리 사례를 참조해보자. 최근 일본에서 일자리가 부족해진 것은 경기회복 영향도 있지만, 본격적으로 고령화시대가 도래한 것이 가장 큰 이유로 판단된다. 베이비붐세대인 1947생이 70세를 넘긴 2016년을 고비로 일본의 고령자들이 서서히 일터에서 떠나기 시작했다. 반면 지속된 저출산으로 청년층의 사회 진출이 크게 줄어든 것도 중요한 요인이다. 이런 상황을 한국에 적용해보면 베이비붐이 시작된

1955년생 이후 세대가 70세를 넘기는 것은 2025년 이후다. 2025년은 출산율이 본격적으로 하락하기 시작한 1997년 IMF 외환위기이후 출생자가 본격적으로 사회에 진출하는 시기와 일치한다. 그렇다면 2025년경에는 한국에서 청년실업 등 일자리 문제가 모두해소될 것인가?

아니다! 한국은 일본보다 사정이 더 나쁘다. 고용 비중이 높은서비스업은 내수시장의 크기와 비례한다. 일본의 민간소비는 전체 경제의 55퍼센트에 달할 정도로 한국에 비해 크다. 그러나 앞서살펴보았듯이 한국의 소비시장은 작고 취약하다. 또한 한국의 고령자는 일본에 비해 가난한 편이다. 가난한 고령자들은 건강이 허락하는 한 끝까지 일하려고 할 것이다. 이런 경향은 통계로도 나타난다. 60세 이상이 운영하는 사업체는 2017년에만 5만 개 이상 늘어나 87만 5천 개나 된다. 각 연령대별로 봐도 60대 이상에서만 자영업 창업이 늘어나고 있다. 또한 생활고에 시달리는 30대 중반 이후의 여성 구직자가 엄청난 규모로 잠재해 있는 점을 고려할 때, 한국에서 일본과 같이 일자리 수요가 줄어들려면 적어도 10년 이상은 지나야 할 것으로 보인다.

일자리 공급에도 중요한 변화가 생겼다. 4차산업혁명은 근본적으로 일자리를 파괴한다. 특히 제조업의 일자리는 대부분 기계로 대체할 수 있다. 지금은 4차산업혁명의 태동단계지만, 본격적으로 관련 기술이 산업에 스며들면, 사람이 없는 무인공장도 생겨날 것이다. 경영자들은 4차산업혁명이 주는 구조적인 불안정성 때문에 자신감을 상실하고 있다. 따라서 정규직보다는 해고가 용이

한 비정규직을 선호하면서 고용의 질도 낮아질 듯하다. 이런 상황 때문에 제조업 일자리는 증가하는 것이 아니라 오히려 줄어들 가능성이 높다. 도소매업도 주문과 결제 방식이 점점 디지털화되면서 종업원 숫자가 줄어들고 있다. 건설업은 산업 자체가 포화 상태이고 노동자는 주로 임금이 싼 외국인 근로자들이 담당하고 있어서 고용에는 별 영향이 없다. 교육 서비스업은 학생 수 감소와 온라인 교육의 확대로 일자리가 더 줄어들 것이다. 결국 수축사회의 여러 모습이 4차산업혁명과 결합하면서 일자리를 파괴할 것이다. 일자리의 수요와 공급이 완전히 깨지고 있는 것이다.

일자리는 저절로 생기는 것이다

문재인 정부 출범 이후 대통령 직속으로 일자리위원회를 가장 먼저 만들면서 사회 여러 곳에서 일자리가 창출되고 있다. 군대에서는 제초작업 같은 힘든 작업을 민간에 위탁할 계획이라고 한다. 요즘 지하철역에는 고령자들이 승하차 지원을 한다. 그러나 승객이 붐비는 출퇴근 시간에는 고령자들이 체력적으로 감당하기 어렵다. 사회 모든 분야에서 일자리를 만들려다보니 이런 촌극도 벌어지는 것이다.

우리는 일자리를 '창출'한다는 용어를 흔히 사용하는데, 일자리는 '일'이 있어야 생긴다. '일을 하는 자리'가 '일자리'인 것이다. 따라서 '일'을 먼저 만들어야 일자리가 생긴다. 여기서 '일'은 생산 혹은 사회 유지에 기여하는 등 부가가치를 창출하는 것이 전제되어야 한다. 따라서 '일'을 먼저 만들면 일자리는 저절로 생긴다. 그러나 수축사회에 진입하면서 '일'을 만들 방법이 점점 사라지고 있다. 그러다보니 불필요하거나 의미 없는 일을 만들어 급여를 지급하는 '무늬만 일자리'가 늘어나는 것이다. 이런 방법은 수축사회의 원칙 중 하나인 효율성과 효과성 모두에 부합되지 않는다.

21세기 들어 모든 정권이 사회복지 분야에서 일자리 만들기에 매진해왔다. 한국의 사회복지 수준이 워낙 낮기 때문에, 당분간은 사회복지 분야에서 어느 정도 일자리가 생길 것이다. 그러나 전체 인구 대비 사회복지형 일자리가 선진국 수준에 도달하면 그다음엔 어떻게 할 것인가? 제조업이나 성장형 산업은 한 산업이 발전하면 관련 산업에도 많은 일자리를 만들어낸다. 그러나 사회복지 관련 일자리는 본질적으로 사회의 현상유지나 보완적 성격이 강하기 때문에 추가로 일자리를 만들어낼 수 없다. 물론 고령화로 사회복지 관련 일자리는 늘어나겠지만, 이것은 단지 사회복지 차원이지 사회복지 재원을 만드는 생산 혹은 부가가치를 창출하는 일자리는 아니다. 더군다나 복지는 국가 예산과 관련되기 때문에 국가재정이 악화되면 사회복지 분야 일자리 증가도 한계를 맞을 수 있다.

성장이냐 복지냐?

결국 성장이냐 복지냐라는 해묵은 논쟁으로 다시 돌아가야 한다. 상대적으로 부족한 복지는 정권의 성격에 따라 차이가 있겠지만 꾸준히 늘어날 것이다. 그러나 앞서 살펴보았듯이 일자리 수요는 상당 기간 증가할 수밖에 없다. 그렇다면 당연히 성장정책을 병행해야 한다. 중소기업을 제대로 육성하고, 대기업도 투자를 늘리도록 지원해야 한다. 기술개발에 정책 자금을 쏟아붓고 대학과 산학협동으로 신기술을 개발하도록 해야 한다. 이런 방안은 우리가 늘 해왔던 주장이다. 그러나 이제는 구호가 아니라 정말로 실행해야 하는 상황에 도달해 있다. 이것이 이루어지지 않으면 일과 일자리 모두 줄어드는 위기를 맞을 것이다.

이런 주장은 대기업이 혜택을 볼 수 있기 때문에 행여 대기업 지원을 강화하자는 생각으로 오해받을 수도 있다. 그러나 핀셋 이데올로기가 필요하다고 주장했듯이, 이상주의에 기반한 이데올로기시대가 지난 지 꽤 오랜 시간이 흘렀다. 수축시대를 맞아 생존할 수 있는 방안이라면 어떤 정책이라도 사용해야 한다. 여기서 다시 대기업의 역할을 생각해보자. 한국경제연구원에 따르면 2012~2016년까지 5년간 대기업의 해외 투자로 국내 일자리가 136만 개 사라졌다고 한다. 상당히 과장된 분석이지만, 글로벌 경쟁력을 갖추기 위해 대기업은 앞으로도 해외로 나갈 것이다. 따라서 국내 일자리 창출에는 별 도움이 안 되니 대기업은 소용없는 것일까?

대기업에 대한 시각을 세금으로만 한정해서 살펴보자. 대기업이 낸 막대한 세금은 사회복지 분야에서 일자리를 만들고, 골목의 가로등을 밝힌다. 삼성전자를 중심으로 판단해보자. 삼성전자는 2018년에 세금을 내기 전 65조 원의 수익을 거둬 법인세만 17조 원 정도 낼 것으로 추정된다. 추가로 종업원들의 소득세 등 다양한 세금까지 감안하면 세금을 통해 엄청난 기여를 하는 것이다. 17조

원이면 연봉 5천만 원짜리 일자리를 34만 개나 만들 수 있다. 이런 식으로 계산하면 SK하이닉스는 12만 개, 포스코는 2만 6천 개의 일자리를 만들고 있는 것이다(2018년 실적 추정 기준, wisefn 자료).

다소 논리의 비약임을 인정하지만, 지난 1년간 한국에서 일자리가 3천 개 늘어난 것과 비교해보면 이제는 생각을 바꿔야 하지 않을까? 또한 수축사회에서는 저성장으로 세금이 줄어들면서 국가가 사용할 재원이 부족해진다. 이때를 대비해서라도 대기업에 대한 생각을 재정립해야 할 시점인 듯하다. 결국 대기업의 역할을 공격적으로 일자리를 만드는 것이 아니라, 일자리와 국가 시스템을 세금으로 떠받치는 것에서 찾아야 할 듯하다. 결론적으로 일자리는 창출하는 것이 아니라 경제가 성장할 때 저절로 생기는 것이다. 물론 이런 모든 논의가 성공하더라도 앞으로 일자리는 줄어들 확률이 훨씬 높다. 수축사회이기 때문에 나타나는 어쩔 수 없는 결과다.

가계부채: 탐욕인가, 생존인가

전 세계적인 부채위기 속에서 한국의 가계부채 문제는 점점 더 심각해지고 있다. 2018년 상반기 기준 가계부채의 절대 규모는 경상 GDP의 약 85퍼센트인 1,493조 원이다. 국민 1인당 가계부채는 2,892만 원으로 4인 가구 기준 1억 2천만 원이나 된다. 국민 1인당 가계부채는 2004년 3분기에 1천만 원을 돌파했다. 그리고 9년이 지난 2013년 4분기에 2천만 원을 넘긴 후, 다시 5년 만에 3천만 원에 육박하면서 증가 속도가 빨라지고 있다.

상환 능력을 살펴보자. 전체 GDP에는 기업이나 정부가 포함되기 때문에 순전히 가계(개인)가 벌어들인 금액으로 가계부채를 계산해야 한다. 세금, 연금, 건강보험료 등을 제외한 처분 가능 가계소득과 비교해보면 2018년 상반기 기준 가계부채는 161퍼센트나 된다. 가계가 1년 반 이상 벌어들인 모든 소득을 한 푼도 쓰지 않아도 갚기 어려운 수준이다. 평균 대출금리가 3.55퍼센트(2017년 기준)이기 때문에 연간 이자로 60조 원을 부담한다. 가계의 처분가능소득의 6.5퍼센트를 이자로 부담하는 셈이다. 추가로 대출금리가 1퍼센트포인트 오르면 연간 15조 원 정도 이자 부담이 늘어난다.

한국의 가계부채는 글로벌 흐름과도 역행한다. OECD 35개국 평균보다 한국의 가계부채는 매우 많다. 대부분의 선진국에서 가계부채는 다소 안정세를 보이지만 한국은 지금도 증가하고 있다. 한국과 비슷한 수준의 가계부채를 가진 국가는 캐나다, 호주, 스웨덴 등 선진국과 홍콩 같은 몇몇 도시국가에 불과하다. 이 국가들은 가계의 금융자산도 많기 때문에 한국의 가계부채가 세계에서 가장 많다고 봐야 한다. 2017년 이후 한국이 글로벌 경기 회복세에서 소외되고 있는 여러 요인 중 과도한 가계부채의 영향이 매우 클 것으로 판단된다. 지금까지는 부채를 늘리면서 성장해왔지만, 앞으로는 과도한 부채가 경제성장을 제약하는 역할로 뒤바뀌고 있다.

가계부채의 노예

부채가 늘어나면 어디엔가 돈을 쓰기 때문에 투자와 소비가 늘어난다. 대출을 받아 음식점을 내면 초기에는 기구 비품을 사야 하고 전기와 가스설치비 같은 비용이 발생하듯이, 부채가 늘어나면 당연히 경제는 성장한다. 가계부채가 크게 늘어났다는 것은 그동안의 경제성장(특히 내수)이 부채 증가에 의존했다는 점을 우선 인정해야 한다. 예를 들어 2017년에 경상 GDP는 89조 원 늘어났는데, 이 중 정부 소비는 16조 원, 가계부채는 108조 원이나 증가했다. 다소 무리가 따를 수 있는 분석이지만, 2017년 한국은 국가재정을 투하하고 가계가 부채를 늘리면서 겨우 3.1퍼센트 성장했다고 볼 수도 있다. 물론 가계부채가 투자와 소비에 사용된 것도 있지만, 부동산 매입 비중이 높다는 점을 감안하지 않은 것임에 유의하기 바란다. 부동산과 관련된 가계부채 문제는 뒤에서 다룰 예정이다. 어쨌든 이제 한국 경제는 과도한 가계부채의 노예로 전락하고 있다.

완만하게 증가하던 가계부채는 IMF 외환위기를 변곡점으로 해서 가파르게 늘어나기 시작했다. 21세기 들어 금리가 장기 하락세에 진입하면서 이자비용이 하락했기 때문에 부채가 늘어나는 것은 부담이 적었다. 이후 2002년부터 부동산 경기가 활황세를 보이자 가계부채 증가 속도는 더 빨라졌다. 또한 이전 정권들이 경기부양 수단으로 금리를 낮춰 부채를 늘리는 나쁜 정책을 반복한 점도 부채 증가의 중요한 요인이다. 2008년 전환형 복합위기 당시 과도한 부채로 큰 쇼크를 받았지만 이것도 잠시, 금리를 이전보다 낮추자 부채는 더 빠르게 늘어났다. 그러나 더 이상 부채를 감당하기 어려워지면서 한국 경제의 뇌관으로 떠오르고 있다.

가계부채는 사회 문제

가계부채가 늘어난 주요인은 다른 문제와 마찬가지로 한국 사회 전반의 문제, 즉 사회적자본 부족으로 봐야 한다. 높은 생계비, 주거비, 교육비, 부족한 노후대책, 미미한 사회복지 등 빈약한 한국의 사회적자본을 부채로 지탱해온 측면이 강하다. 물론 부동산 투자 비중이 가장 크지만, 경제성장률 하락에 따른 양질의 일자리 부족과 준비 없는 창업 등도 한몫 거들었다.

가계부채는 더 많은 부를 얻으려는 탐욕적 측면과 생활을 위한 생존적 측면으로 구분해서 살펴야 한다. 수도권이나 지방 핵심지역의 아파트 투기는 탐욕에서 비롯된 것이다. 이 지역에서 부채가 늘어난 사람들은 이미 상당한 재력을 갖추었고, 주거 목적보다는 투자적 성격이 강할 것이다. 그러나 강북 등 서울 외곽이나 수도권 위성도시, 혹은 지방도시에서 발생한 아파트 구입을 위한 부채는 생존형 부채로 볼 수 있다. 또한 생활비, 치료비, 창업 등으로 늘어난 부채도 생존형으로 구분해야 한다. 따라서 부채 문제는 생존형 부채를 중심으로 파악하고 대책을 세워야 한다.

부채 폭탄이 터지더라도 탐욕형은 부채로 구입한 아파트 이외에 다른 자산이 있기 때문에 생존형 채무자가 더 큰 피해를 입는다. 탐욕형 채무자는 버틸 힘이 있지만, 생존형 채무자들은 정부의 구제방안 이외에는 달리 대처 방법이 없다. 가계부채는 기본적으로 경제 문제지만, 사회의 기초 기반인 가정을 파괴하기도 한다.

2016년 기준 3개월 이상 채무불이행자가 100만 명을 넘어섰다. 이 중 개인 신용등급이 낮은 사람이 주로 이용하는 대부업체가 27만 명, 여신전문 금융회사가 26만 명, 저축은행이 15만 명으로 전체의 66퍼센트를 차지한다. 총연체금액은 33조 원이나 된다.

이 중 특히 관심을 가져야 하는 것은 대부업체 채무불이행자다. 대부업의 전체 연체금액은 1조 6천억 원인데 1인당 연체 금액이 600만 원도 되지 않는다. 저소득층의 삶이 얼마나 어려운지 실감할 수 있는 통계인데, 가계부채 증가로 양극화가 더욱 심화되고 있는 것이다. 이혼율과 범죄율의 증가도 과도한 가계부채 문제가 사회적 현상으로 전이되고 있음을 보여준다. 또한 출산율 하락에도 중요한 요인이 될 듯하다. 이런 경로를 통해 가계부채는 사회적 자본을 파괴하는 근원으로 작용하면서 수축사회의 다양한 특징들을 악화시킨다.

가계부채를 줄이는 방법이 있을까? 일단 경제적으로만 본다면, 경제성장률과 물가상승률을 합한 경상성장률보다 부채성장률이 낮으면 유지할 수 있다. 예를 들어 경제가 3퍼센트 성장하고 물가가 2퍼센트 오르면 전체 경상국민소득은 최대 5퍼센트(약 89조 원) 증가하기 때문에 부채가 89조 원보다 적게 늘어나면 현상유지는 가능하다. 이 얘기는 소득 증가율이 가계부채 증가율보다 높으면 된다는 의미다. 그런데 여전히 가계부채 증가율 속도가 소득 증가율을 넘어서고 있다. 그것도 세계에서 가장 높은 수준이다. 두 자리 수 증가율을 기록하는 가계부채를 2017년 8.1퍼센트, 2018년에는 7퍼센트 이내로 억제하려는 것이 정책 당국의 계획이다.

가계부채의 폭발 경로

이론적으로나 현실적인 측면에서 모두 가계부채 폭발을 막기 어려운 상황에 점점 다가서고 있다. 유일한 방책은 가계부채에서 가장 높은 비중을 차지하는 주택가격이 계속 오르면 된다. 주택가격이 오르면 새로운 자금이 투입되고 채무자의 재정이 개선되기 때문에 가계부채 문제는 수면 아래로 내려간다. 아이러니하게도 2018년 상반기 서울 아파트 가격이 평균 5퍼센트 이상 오른 것이 부채 폭발을 막은 요인 중 하나로 볼 수 있다. 그런데 주택가격이 계속 오를 수 있을까? 정부는 수요 규제와 공급 증대로 아파트 가격을 잡기 위해 필사적으로 움직이고 있다. 만일 다시 주택시장이 투기판이 된다면, 부채 폭탄이 터지는 시간을 앞당기는 중요한 신호가 될 것이다.

여기서 정책 당국의 고민이 깊어진다. 경제를 살리고 과도한 이자 부담을 줄이기 위해서는 금리를 낮게 유지해야 한다. 그런데 한국의 금리는 미국보다도 낮아서 더 낮추면 한국에 투자한 해외 자금이 금리가 높고 안전한 미국 등으로 빠져나갈 수 있다. 해외 자본이 이탈하면 금리가 크게 오르기 때문에 부채 문제는 단번에 한국 경제에 치명상을 입힐 수 있다. 더 위험한 것은 우리가 통제하기 어려운 외부로부터의 위협이다. 앞서 살펴보았듯이 중국의 부채 문제가 매우 심각해지고 있다. 만일 미-중 G2 패권대결 과정에서 미국이 금리를 올리면 중국에서도 금리 상승으로 부채 폭탄이 터질 수 있다. 이런 상황이 되면 한국의 의지와 무관하게 부채와 금리의 세계대전 속으로 빨려들어가면서 IMF 외환위기나 2008년 전환형 복합위기와 유사한 충격이 발생할 수도 있다. 이때 한국이 쓸 수 있는 카드는 거의 없다.

　이미 일부 전문가들은 부채 폭발을 예상해 현금 비중을 늘리기도 한다. 그렇다고 금리를 계속 낮은 수준에 머물게 하면 부동산 투기가 더욱 기승을 부릴 것이다. 가계대출 중 부동산 관련 대출은 통계상 53퍼센트로 발표되고 있다. 그러나 중소기업 대출, 소호SOHO 대출 중 상당수도 부동산 관련 대출일 것이다. 따라서 전체 가계부채 중 부동산 관련 대출은 훨씬 많을 것으로 추정된다. 미국의 경우 2017년 말 기준 가계부채 중 68퍼센트가 부동산에 집중되어 있다. 사실 국가 구분 없이 '가계부채=부동산 대출'로 봐도 무방하다.

　자본주의와 민주주의는 자신의 행위에 대해 자신이 책임지는 시스템이다. 그런데 지금 가계부채로 위기에 몰린 저소득층은 스스로 해결할 능력이 거의 없다. 박근혜 정부 시절 국민행복기금을 통해 실질적인 탕감에 가까운 정책이 나오긴 했지만, 절대 금액이 매우 적었고 대상자 선정도 까다로워 별로 효과가 없었다. 저소득층 부채만 제한적으로 탕감해주는 정도는 한국 사회가 부담할 수 있다. 그러나 이런 조치는 계약과 법치로 유지되는 사회에 도덕적 해이라는 더 위험한 부작용을 만들어낼 수 있다. 사회 전체의 신뢰를 낮추는 조치이기 때문에 정치적으로 큰 결단이 요구된다.

　지난 20여 년간 부채 중심의 성장을 기울인 결과 한국은 가계부채의 덫에 빠져버렸다. 주택시장이 안정되고 현재의 부채 수준이 유지되어도 이자는 발생한다. 사상 최고 수준의 가계부채를 유지하면서 이자만 부담한다면 결국 가계의 파산은 물론 경제 전반적으로도 큰 위기에 빠질 수 있다. 따라서 거시적인 해결방법은 경제성장률을 높이는 것밖에 없다. 그런데 지금까지 살펴본 대로 수축사회에서는 경제성장률이 낮아진다. 그렇다면 가계부채에 허덕이는 가계는 시한부 삶을 살아가고 있는 것인가?

부동산: 집중화를 극복하자

가계부채 문제에서 부동산 대출 비중이 높은 것은 원인이 단순하다는 장점이 있다. 따라서 부동산 문제를 어느 정도 해결하면 가계부채 문제도 상당히 완화될 수 있다. 반면 부동산 문제가 해결되지 않으면 가계부채 문제도 해결하기 어려운 것이 현실이다. 부동산을 좀 더 자세히 들여다보자. 부동산도 하나의 재화이기 때문에 여타 경제지표와 비슷한 요인의 영향을 받는다. 부동산가격에 영향을 주는 주요 변수는 다음과 같이 크게 10가지로 요약할 수 있다. 의식주 중에서 유독 '주住'에만 집착하는 한국적 특성과 경제적 관점을 섞어서 살펴보자. 계속 강조했듯이, 10가지 변수는 서로 영향을 주고받으며 어우러지는 상호의존적 관계를 형성하고 있다.

먼저 사회문화적 측면에서 부동산, 특히 주택에 집착하는 요인은 다음 3가지로 정리할 수 있다.

1) 한국의 부동산 편집증은 관습과 사회문화의 영향이 가장 크다. 한국은 농경 중심의 국가로 성장해왔다. 농사를 지으려면 농

작물을 심고 가꿀 토지가 있어야 한다. 토지는 이동이 불가능하기 때문에 토지와 주택에 대한 애정은 역사시대 이후부터 축적되어 왔다고 봐야 한다. 반면 유목민 국가나 해양 국가는 이동을 전제로 한 문화이기 때문에 부동산에 대한 애착이 상대적으로 낮다. 한국, 중국, 일본 등 동아시아 세 나라에서 부동산 문제가 심각한 것은 바로 이런 관습과 문화적 배경에 근거한다. 또한 빠른 경제성장 과정에서 대규모 농촌 인구가 도시로 이동해 산동네와 같은 지역에서 열악한 생활을 했기 때문에, 주택은 성공 수준을 가늠하는 중요한 잣대였다. 이런 과정을 거치면서 한국인의 유전인자에는 주택에 대한 애착이 심어졌다.

2) 지역적 특성을 규정하는 사회적 인식도 주택 수요에 중요한 역할을 한다. 어느 국가나 경제와 권력이 집중된 특별한 지역은 주택가격이 비싸고 사회의 상층부로 분류된다. 유독 강남지역의 주택가격이 고공행진하는 것은 강남에 산다는 것 자체가 상류 계급으로 인정받기 때문이다.

3) 주택 등 부동산은 오랜 기간 투기의 대상이 되어 재산 증식의 가장 중요한 수단이었다. 지난 60여 년의 성장시대를 통해 부동산 불패신화가 이어졌다. 어떤 위기가 닥쳐도 기다리면 부동산은 꼭 보답했다. 최근에는 금융기관이 프로젝트 파이낸싱PF을 통해 부동산시장에 진출하면서 대규모 개발이 가능해지고 개발 기간도 단축되고 있다. 또한 외국인 투자가들의 한국 부동산 투자가 늘어나는 것도 중요한 변수다.

경제논리와 정책적 측면에서는 다음 7가지 요인이 영향을 주었다.

4) 인구 동향은 주택 수요를 결정한다. 인구가 늘어나면 자연히 주택 수요도 증가한다. 그리고 세대 수가 늘어나도 주택 수요가 증가한다. 한국에서 인구 증가는 멈추고 있지만 여전히 세대 수가 늘어나 주택 수요는 줄지 않고 있다.

5) 수요와 공급은 중기적으로 주택가격을 결정하는 가장 중요한 요인이다. 앞서 살펴본 3가지 사회문화적 요인 때문에 주택 수요는 증가하는 데 비해 공급이 적었다. 압도적인 수요 우세 상황이 60년간 지속된 것이다.

6) 모든 것을 경제 상황이 규정하듯이 부동산도 경제성장의 영향을 크게 받는다. 경제성장률이 높으면 소득이 증가하기 때문에 주택 수요가 늘어난다. 한국의 놀라운 경제성장을 감안하면 부동산 수요가 늘어났던 것은 당연하다. 최근 지역경제가 침체된 구미, 울산, 거제의 부동산은 시세가 없다. 한 국가 내에서 경제성장의 차이가 지역 간 차이를 결정한다.

7) 금리의 영향력이 빠르게 증가하고 있다. 주택가격이 상승하면서 주택 매입자가 구입비용을 모두 부담할 수 없게 되었다. 따라서 부족한 자금을 금융기관 대출을 통해 조달한다. 앞서 살펴본 대로 금리가 낮아지면 부채를 이용한 주택 구입이 늘어나 가격이 상승한다. 반대로 1997년 IMF 외환위기, 2008년 전환형 복합위기 당시 금리가 폭등하면서 주택가격이 폭락했던 경험을 참조해야 한다. 그러나 이후 금리가 다시 안정되자 주택가격이 꾸준히 오른 것은 금리의 영향이 점점 커지고 있음을 보여준다.

8) 정책 방향은 부동산에 대한 사회적 인식을 반영한다. 정책 당국이 부동산에 어떤 시각을 갖고 있느냐도 부동산 투자심리에 영향을 미친다. 부동산에 부정적인 정권일수록 많은 규제를 내놓거나 공급을 확대한다. 미국의 경우 부시 행정부는 21세기 아메리칸 드림을 자기 집에 사는 것으로 삼았다. 이때 자가주택 보유 비율이 69퍼센트까지 치솟는 과정에서 미국 부동산가격이 급등했다.

9) 개발과 사회 인프라는 부동산시장의 양극화를 촉진한다. 수도권 집값이 강세인 것은 거의 모든 인프라가 수도권에 집중되어 있기 때문이다. 수도권과 지방의 차이, 강남과 강북의 차이가 확대되는 것은 개발 가능성과 사회적 인프라 수준 차이가 결정한다.

10) 통일 가능성과 외국인의 주택시장 진출도 중요한 변수가 될 듯하다. 시간의 문제일 뿐, 남북관계 개선은 궁극적으로 경제 교류를 넘어 통일을 지향할 것이다. 통일 이후에도 주택 문제가 다시 사회적 문제로 부각될 수 있다. 현재 130만 명 정도에 이르는 외국인 근로자는 한국의 인건비 상승으로 더욱 늘어날 것이다. 이 외국인 근로자들이 주택 매입에 나설 경우 새로운 수요가 발생할 수 있다. 또한 외국인 투자가나 15만 명에 이르는 유학생들의 주택 구입도 변수로 작용할 전망이다.

이런 10가지 변수가 얽혀 있는 부동산 문제는 이제 사회적 갈등까지 유발하고 있다. 시장 논리에 맡겨야 하는가, 혹은 주택을 투자 대상이 아닌 공공재로 볼 것인가의 논쟁은 보혁 갈등의 중요한 논점이 되어왔다. 이런 논쟁을 넘어 지금의 부동산 특히 주택 문제는 경제 전체를 파괴할 정도로 매우 위험한 상태에 도달해 있다.

먼저 부동산가격의 적정성부터 살펴보자. 주택가격의 국제적 비교는 통상 소득 대비 주택가격이 기준이다. 가구소득 대비 주택가격 비율(PIR: price income ratio)이란 연평균소득 대비 특정지역 또는 국가에서 평균적인 주택을 구입하는 데 걸리는 시간을 의미한다. PIR가 10배라는 것은 10년 동안 소득을 한 푼도 쓰지 않고 모아야 집을 마련할 수 있다는 의미다. PIR로 선진국과 비교해보면 한국 전체의 주택가격은 그리 비싸지 않다. 뉴질랜드, 오스트리아, 독일, 캐나다, 스웨덴, 영국, 미국, 일본 등에 비해 다소 낮은 편이다.

반면 중국, 베트남 등 경제성장률이 높은 국가는 PIR가 높은 수준을 유지하고 있다. 국가 전체적으로 보면 한국의 주택가격 수준은 큰 문제가 없다. 하지만 서울만 떼어서 보면(17.3배) 벤쿠버, 런던, 도쿄, 뉴욕보다도 높은 수준이다. 물론 선전 등 중국의 주요 도시와 베트남의 호치민 등은 PIR가 40배에 육박할 정도로 높다. 그러나 주택가격을 국제적으로 비교할 때 유의해야 할 것이 있다. 서울은 아파트뿐 아니라 단독주택, 다가구주택, 연립 등을 모두 포함한 가격이듯, 국가별로 주거 형태가 서로 다르기 때문에 이런 비교는 다소 한계가 있다. 이런 한계까지 감안해서 결론을 내리면, 한국 전체의 주택가격은 경제 수준에 어느 정도 부합하지만, 서울 특히 강남의 주택가격은 선진국의 핵심지역 수준에 거의 도달한 것으로 판단된다.

향후 주택가격은 앞서 살펴본 10가지 요인의 변화가 결정할 것이다. 요인의 성격에 따라 구분하면 1) 관습과 사회문화, 2) 사회적 인식, 3) 투기 대상은 나머지 7가지 요인이 방향을 정하면 변하는 결과적 성격이 짙다. 7가지 요인을 먼저 전망해보자.

4) 출산율 하락으로 인해 전체 주택 수요가 줄어드는 것은 확정되어 있다. 일본의 경우 본격적인 인구 감소(2009년 이후)에 앞서 생산가능인구(15~64세)가 줄어들기 시작한 1991년부터 부동산 경기가 구조적인 약세로 전환했다. 고령화되고 있는 선진국일수록 생산가능인구 비중이 가장 높을 때 주택가격도 가장 비쌌다. 한국은 지금 생산가능인구가 고원을 형성하면서 서서히 줄어드는 단계에 와 있다(하락 요인).

5) 한국의 주택정책을 수요와 공급 측면에서 보면 무엇이 잘못되었는지 알 수 있다. 단순히 전국 기준 주택보급률은 2008년 100퍼센트를 넘긴 후, 2016년 102퍼센트 수준을 유지하면서 수요와 공급이 균형을 이루는 것처럼 보인다. 여기서 전국 기준으로 1995년과 2016년 자료를 비교해보자. 이 기간은 한국 경제가 IMF 외환위기, 전환형 복합위기를 겪고 이를 극복한 시기이며, 한국이 본격적인 선진국 반열에 진입하면서 주택을 구입할 때 부채 의존도가 크게 높아진 시기다. 이 기간에 한국은 가구 수 증가율보다 더 많은 주택을 지었다. 그러나 수축사회의 큰 특징 중 하나인 집중화 현상으로 경제와 인구가 수도권으로 집중되었다. 전국 기준으로 보면 늘어난 가구 수보다 집을 더 많이 지어 주택난을 해소한 것 같지만, 동 기간 수도권의 가구 수는 547만 호 증가한 데 반해 주택은 413만 호 짓는 데 그쳤다. 가구 수 증가 폭을 따라가지 못한 것이다.

가장 큰 문제는 서울이다. 서울은 수도이기 때문에 늘 주택이 부족하다. 그러나 [표 4-8]에서 보듯이 주택 수에 비해 가구 수가 거의 2배 가까이 증가했다. 더군다나 수도권에는 주민등록을 옮기지 않고 임시 체류하는 사람이나 외국인 근로자들도 많다. 많은 대기업 본사가 서울에 위치하고 교육이나 사회 인프라도 서울이 뛰어나기 때문에 수도권 내에서도 서울 집중화 현상이 심화되고 있다(상승 요인). 이런 현상은 지방의 대도시에서도 발견된다. 광역시의 경우도 중심지역의 부동산 시세는 서울에 육박할 정도로 높은 반면, 집중화 피해지역인 중소도시나 대도시 주변부는 공급과잉이 심화되고 있다. 주택시장도 수축사회를 맞아 집중화와 차별화가 진행 중인 것이다(하락 요인).

주택 수요와 가구 수와의 상관관계가 점점 높아지고 있다. 지난 5~6년간 한국은 대가족이 해체되면서 핵가족화가 빠르게 진행되고 있다. 특히 1인가구 비율이 전체 가구 수의 28퍼센트를 넘기면서 중소형 주택 수요가 계속 늘어났다. 동일 단지 내에서도 소형 주택의 가격이 비싼 이유는 가족 구성원 숫자가 줄어들었기 때문이다(상승 요인). 1인가구가 증가함에 따라 최근에는 인구 1천 명당 주택 수로 주택의 수요와 공급을 판단하기도 한다. 한국은 1천 명당 주택 수가 320호. 미국은 420호, 영국은 436호이고, 일본은 무려 476호나 된다. 대도시를 비교해도 비슷한 결과가 나온다. 서울이 355호인 데 반해 뉴욕은 412호, 런던은 411호, 도쿄는 579호, 파리는 606호나 된다(서울연구DB). 수도권 중심으로 주택이 크게 부족하다는 얘기다(상승 요인).

6) 경제 상황은 수축사회를 맞아 저성장 국면이 확연하다(하락

[표 4-8] 한국의 주택 수와 가구 수의 변화

(단위: 만호, %)

	전체			수도권			서울		
	주택 수	가구 수	보급률	주택 수	가구 수	보급률	주택 수	가구 수	보급률
1995년	957	1,113	84	503	386	76	254	173	68
2016년	1,988	1,937	102	916	933	98	364	378	96
증감	+1,031	+824	+18%p	+413	+547	+22%p	+110	+206	+28%p

자료: 통계청

요인).

7) 금리 동향은 경제 상황에 영향을 받긴 하지만 기조적인 저금리현상은 유지될 것으로 예상된다(상승 요인). 물론 부채위기가 현실화되어 금리가 급상승하면 주택가격은 저절로 하락할 것이다(하락 요인).

8) 정책의 방향은 고가주택 보유를 억제하는 쪽으로 흐르고 있다. 특히 문재인 정부는 종합부동산세 인상, 주택담보 대출을 줄이기 위한 금융 규제, 공시지가 인상 등으로 주택 투기를 억제하고 있다(하락 요인). 앞으로도 주택을 포함한 부동산 전체에 대한 규제가 크게 늘어날 전망이다(하락 요인). 한편 정부가 밝히지는 않지만, 이미 지방의 주택시장이 한계에 다다랐기 때문에 전국적 차원에서 주택 공급을 늘리기는 어려울 것이다. 서울의 주택가격을 잡으려다 혹시 부채위기가 폭발할지 모른다는 우려도 있는 듯하다. 따라서 강남과 같은 투기적 성향이 강한 지역만 규제 대상으로 삼는 것이다. 그러나 강남에서의 공급 없는 규제 대책은 시간문제일 뿐

다시 상승할 수 있다.

부동산정책에서 또 하나 중요한 것은 주택을 포함한 부동산 시장이 여전히 불투명하다는 점이다. 국가의 부동산 투명성지수를 측정하는 영국의 부동산 컨설팅업체 JLL에 따르면 한국의 부동산 투명성은 세계 40위권으로 말레이시아, 중국, 태국보다도 낮다. 여타 사회 영역에 비해 부동산시장의 관행과 법제, 투자 문화가 후진적이라는 의미다. 인사 청문회에 나오는 모든 공직자가 다운 계약서를 작성한 경험이 있을 정도이고, 부동산 거래나 상속·증여 시 탈세가 공공연히 자행되는 상황에서 부동산시장이 정상화되려면 사회 전체적인 노력이 필요하다. 부동산시장에서도 사회적자본이 확충되어 모든 관행과 제도가 투명해져야 한다(하략 요인).

중소형 주택에 선제적으로 투자하자

주택산업연구원에 따르면 2015~2022년에 연평균 35만 호, 국토교통부의 정책 목표에 따르면 2013~2022년에 연간 39만 호 정도를 지을 계획인데, 관건은 서울에 더 많은 집을 지어야 한다는 것이다. 특히 중소형 주택을 더 지어야 한다. 추가로 감안해야 할 것은 한국의 단독주택은 매매할 때 가격을 산정하지 않는다는 점이다. 너무 낡아서 재산가치가 거의 없기 때문에 주택통계에서 제외해야 한다. 또한 주택을 많이 짓지만 재개발 등으로 사라지는 주택도 많다. 2016년에만 재개발 등으로 13만 호 이상의 주택이 사라졌다. 따라서 주택 공급을 더 과감하게 늘릴 필요가 있다.

9) 개발과 사회 인프라가 완비된 수도권과 서울로 주택 수요

가 몰리는 것은 당연한 현상이다. 그동안 세종시, 지방 혁신도시 등을 통해 지방이주 촉진정책을 지속적으로 시도했지만 결국 모든 정책은 실패했다. 오죽하면 680조 원을 운용하는 국민연금 기금운용본부가 주변의 가축 분뇨 냄새로 몸살을 앓는다는 비아냥을 외신으로부터 들을까? 개발과 인프라 없는 혁신도시는 자전거만 운행하는 4대강 개발에 25조 원을 쏟아부은 것과 별반 차이가 없어 보인다.

　10) 통일 가능성과 외국인 근로자의 주택시장 진출은 발생 시점을 예측할 수 없다. 특히 통일은 어느 날 갑자기 이루어질 수도 있다. 수도권과 서울에서 주택이 부족한 상황에서 혹시 통일이 된다면 주택뿐 아니라 모든 부동산 가격이 상승할 것이다. 그러나 이때도 북한과 인접한 수도권이나 서울에서만 주택이 모자랄 것이다. 물론 북한은 부동산이 공공재이기 때문에 개성 등 휴전선 인근 지역에 대규모 택지를 개발할 수 있다. 그러나 중국의 농민공과 같이 북한 주민의 대량 남하를 피할 수 없을 것이다. 이때를 위해서라도 중소형 주택을 더 많이 공급해야 한다. 통일이 되면 북한 주민이 외국인 근로자들의 일자리를 일부 대체할 수도 있겠지만, 외국인 근로자는 여전히 한국에서 사회 하층부 일을 수행할 것이다. 이들을 위한 대안도 체계적으로 마련해야 한다.

　주택을 포함한 부동산시장은 한국 전체 부의 62퍼센트를 차지하는 가장 중요한 자산이다. 따라서 급등도 위험하지만 급락은 더 위험하다. 여기서 잠시 수축사회에 진입한 일본의 부동산시장 사례를 참조해보자. 일본은 1991년 부동산시장이 붕괴한 후 21세기 초반까지 부동산가격이 지속적으로 하락했다. 부동산가격이 하락하면 금융시장이나 기업도 동시에 어려워진다. 일본도 한국과 마찬가지로 부동산담보 대출이 일반적인 대출 관행이었다. 부동산가격이 담보 가치 이하로 하락하면 은행 등 금융기관은 대출금을 회수할 수밖에 없다. 대출금을 회수하는 과정에서 담보 부동산을 매각하자 부동산가격이 하락하면서 동시에 기업들의 연쇄부도가 이어졌다. 가계도 마찬가지여서 주택을 팔아야만 했다. 이런 현상이 지속적으로 발생하는 악순환 고리에 접어들면서 일본의 경제는 뿌리부터 흔들렸다. 일본은 부동산가격 하락으로 발생한 엄청난 비용을 국가재정으로 부담해오고 있다. 1990년 일본의 GDP 대비 누적 재정적자는 64퍼센트였으나, 2018년 기준 250퍼센트로 급증했다. 금액으로 계산하면 1,327조 엔(한화 1경 3천조 원)을 소모한 것이다. 물론 이 자금은 다른 부문에도 쓰였겠지만, 부동산 거품 붕괴에 따른 비용도 상당했을 것이다.

궁극적으로 수축사회에 진입하는 한국의 입장에서 볼 때 부동산가격 급락은 수축사회 진입을 앞당기는 중요한 역할을 할 가능성이 높다. 따라서 부동산은 급등해도 안 되지만 급락하면 더더욱 안 된다. 세심하게 살피고 관리해야 한다. 장기적으로는 고령화와 인구 감소가 본격화되면서 고령자의 주택이 매물로 나올 가능성에도 대비해야 한다. 수축사회가 깊어지면서 생활고에 찌든 중산층들이 대거 주택 매물을 내놓으면 일본의 경로를 따라갈 수밖에 없다(자세한 내용은 필자의 저서 《세계가 일본된다》 참조).

문제는 강남 집중현상

내가 대우증권 CEO로 취임했을 때 주변 사람들은 나를 가리켜 미아리고개 북쪽에 사는 유일한 금융기관 사장이라고 했다. 북한산 자락에 저택이 있다는 소문도 있고, 투자에 실패한 것이냐면서 의아해했다. 그러나 내가 도봉구에 살고 있는 것은 극히 정상적인 일이었다. 무일푼 상태에서 결혼해 월세에서 전세로 옮기는 데도 긴 시간이 필요했다. IMF 외환위기 무렵 퇴직금 중간정산을 받아 2004년 도봉구에 아파트를 구입해서 지금까지 살고 있다. 나는 다른 사람들의 비아냥을 이해할 수 없다. 급여를 적지 않게 받아 구차하게 살지는 않았다. 부모님의 도움 없이, 그리고 결정적으로 부채 없이 다른 샐러리맨과 비슷하게 살아왔다. 사실 이 동네는 1980년대 중후반과 똑같다. 주위 친구나 직장 동료들 중 나름 성공한 사람들은 모두 강남으로 떠났다. 그렇지만 나와 같은 사람이 강북이나 수도권 주변에 부지기수로 많을 것이다. 일부는 울분을 토로하기도 한다. 나름 괜찮은 주택가였는데 왜 이렇게 몰락했을까? 도대체 한국의 주택시장은 무엇이 잘못된 것일까?

앞서 살펴본 여러 요인 때문에 수도권과 서울은 상당 기간 주택 공급이 부족할 전망이다. 따라서 우선은 수도권 등 서울에 주택을 많이 지어야 한다. 동시에 경제력과 인프라를 지방으로 분산시켜 집중화 현상을 완화해야 한다. 이런 부동산정책이 성공하면 1) 관습과 사회문화, 2) 사회적 인식, 3) 투기 대상과 같은 사회적 문제는 저절로 해소될 것이다. 문제는 수축사회이기 때문에 집중화 자체를 막을 방법이 없다는 점이다. 지난 10여 년간 주택가격 전망이 거의 틀렸던 것은 바로 이 집중화 현상을 간과했기 때문이다. 사회적 논리로 주택가격이 움직였기 때문에 경제적 잣대로는 분석이 불가능했다. 결국 한국의 주택시장은 수도권, 그중에서도 서울, 서울에서도 강남의 아파트, 그리고 강남에서도 새 아파트의 공급부족이 주택 문제의 본질이다. 이런 현상은 서울 아파트 매매에서도 확인된다. 2018년 상반기에 서울의 아파트를 구입한 사람 중 서울에 살지 않는 사람이 20퍼센트나 된다. 특히 강남구는 23.6퍼센트에 달했다.

강남에 모든 것이 모이는 현상은 수축사회의 특징인 집중화에 기인한다. 살기 어려우니 돈과 인프라가 모여 있는 곳으로 사람이 몰리는 것이다. 따라서 향후 주택정책은 강남현상을 완화하는 것에서부터 출발해야 한다. 이런 현상은 2018년 9월 정부가 발표한 주택공급 계획에 대한 반응에서도 나타난다. 고덕, 광명, 시흥, 성남 등지에 대규모 신규 아파트를 공급하겠다는 계획인데, 놀랍게도 인근 주민들이 반대에 나섰다. 대규모 아파트 단지가 들어서면 지역경제가 활성화되면서 집값도 오르기 때문에 통상적으로 기존에 거주하던 주민들은 반긴다. 그러나 이들은 공급과잉에 따른 집값 하락과 교통지옥에 대한 우려로 반대했다. 이런 식으로 대규모 택지개발을 반대하는 현상은 이미 10여 년 전부터 나타나고 있었다. 이후 예상대로 지방과 강남 이외 수도권지역에서는 거래가 실종되면서 주택가격이 하락하기 시작했다. 여기서 찾을 수 있는 결론은 수도권 특히 서울을 제외한 지역의 아파트는 서서히 공급과잉이 나타나고 있고, 서울로 진출하는 도로, 지하철 등 인프라 투자를 늘려 도심 접근성을 높이면서 소외지역을 활성화해야 한다는 점이다.

코리아 메갈로폴리스 구상

강남 집중현상을 막기 위해서는 시각을 넓혀야 한다. 한국은 인구에 비해 국토가 좁다. 이런 국가에서 지역별 집중현상이 나타나는 것은 국토 전체를 비효율적으로 사용한다는 증거다. 그렇다면 비좁은 국토 전체를 거대도시인 메갈로폴리스megalopolis 개념으로 재설계하면 어떨까? 메갈로폴리스란 점點으로 나누어진 도시들을 강력한 교통과 통신 인프라로 묶어 띠 모양을 만드는 것이다. 미국의 서부나 동부지역은 한국보다 넓은 지역을 유기적으로 연결시켜 단일 생태계를 형성하고 있다. 이렇게 할 경우 경제나 사회 여러 분야에서 시너지효과가 발생한다.

이미 통신은 모두 연결되어 있으니 교통 문제만 해결하면 된다. KTX와 같은 고속철도를 더 많이 개발하고, 직선화·지하화해서 속도를 높여야 한다. 대전, 대구역과 서울 구간도 지하화해서 이동 시간을 단축해야 한다. 이미 수도권 광역급행철도인 GTX는 계획이 잡혀 있다. 그러나 이 계획은 다양한 이해관계로 인해 착공조차 못하고 있다. 이런 교통망은 서울 집중현상을 완화하고, 30년쯤 후 통일까지 가정한 장기적 차원에서 보면 꼭 필요하다. KTX와 GTX를 통한 시간 단축은 원거리에서 도심(서울) 접근을 빠르게 하기 때문에 강남 집중현상을 간접적으로 완화할 수 있다. 강남현상은 수요를 줄이는 규제로는 해결이 불가능하다. 어느 국가나 수도의 중심지 주택가격은 변두리에 비해 엄청나게 비싸다. 일단 이것은 인정해야 한다. 그러나 지금은 격차가 너무 벌어졌다. 힘들어도 경기도나 강북 일부에 강남과 견줄 정도의 인프라를 적극 투자해, 새롭게 집중화되는 지역이 자생적으로 생겨나도록 유도해야 한다.

지방의 거점도시에는 사회 인프라 투자를 늘리고 기존 규제를 해제하면 어떨까? 주요 대기업의 연구단지가 서울 인근에 위치한 것은 연구원들이 자녀들의 교육 문제로 지방 이주를 꺼리기 때문이라고 한다. 특목고나 외고를 지방이나 비강남지역에서만 운영하면 어떨까? 문재인 정부의 정책과 다소 맞지 않지만, 경제와 주택 문제 양극화에 따른 사회적 비용과 비교하면 효과가 클 것이다. 지방 국립대학도 집중적으로 육성해보자. 학자금을 파격적으로 낮추고 우수한 교수진을 확보하면서 다양한 취업지원정책을 써보자. 서울의 대형병원과 같은 첨단 병원을 짓고, 요양병원도 최고급으로 운영해보자. 특히 강남에 위치한 정부기관이나 정부의 영향력 아래 있는 기업들을 수도권 외곽으로 배치하면 어떨까? 이런 정책으로 지방도시에서도 삶의 질에서 서울과 큰 차이 없도록 만들면, 주거비가 비싼 서울로 이주하려는 경향이 줄어들 것이다. 경제가 침체된 지방 백화점에서 명품을 구입하는 사람들은 서울과의 주거비, 교육비 차이를 명품 소비에 사용한다고 한다. 이런 생활 패턴이 사회적으로 당연하게 받아들여지도록 주택정책의 방향을 정해야 한다.

지방에 획기적인 사회적 투자를 늘리자

노무현 정부에서부터 지방에 혁신도시를 다수 만들면서 집중화를 줄이려는 시도를 해오고 있다. 그러나 현실은 공기업 몇 개 이동하는 수준에 그치고 있다. 지방에는 300병상 이상의 첨단시설을 갖춘 대형병원이 없어서 심장병 환자의 사망률이 2배 이상 높다는 통계도 있다. 이렇게 사회 인프라와 교육을 제대로 고려하지 않은 지방 혁신도시는 주말마다 유령도시가 된다. 서울에서 20~30년 근무한 사람들은 모든 터전이 서울에 있다. 동창, 친구, 친척, 가족이 모두 서울에 있어 언젠가는 돌아갈 것이라고 생각해 가족을 서울에 둔 채 직장이 있는 지방에 홀로 거주하는 것이다. 부모세대의 이런 생각은 자녀들에게 자연스럽게 이어져 수도권 학교에 다니고, 직장도 수도권에서 찾아 결국 모든 연고가 수도권에 집중된다.

바로 이런 고정관념이 깨져야만 수도권 집중현상이 수그러질 것이다. 이런 현상은 두 가지 차원에서 나타날 가능성이 있다. 먼저 지나친 수도권 집중현상으로 수도권에서의 삶의 질이 현저히 낮아지는 것이다. 비싼 주택가격과 물가, 교통지옥, 공해, 교육비 부담 등을 더 이상 견디지 못할 경우 수도권 탈출이 나타날 수 있다. 그러나 이것은 쉽지 않을 것이다. 선거에 의존하는 중앙 정치권과 지자체 정무직들은 어떤 식으로든 이 문제를 해소하려고 노력할 것이다. 해소하지 못하면 낙선하기 때문이다. 더군다나 전체 국민의 절반이 살고 있으니 수도권 개발을 포기하기 어려울 것이다.

그렇다면 결국 유일한 방안은 상대적 관점에서 지방을 살기 편하도록 만드는 것이다. 수도권에서만 살아야 한다는 사람의 생각을 바꾸려면, 지방에 삶의 질을 높이는 엄청난 투자와 노력이 필요하다. 그래서 메갈로폴리스 개념을 제안하는 것이다. 물론 지방을 집중적으로 개발한다 해도 수축사회라는 기초 환경 때문에 성공 가능성이 그리 높지는 않다. 그러나 통일 이후까지 감안한다면 지방 개발을 더 서둘러야 한다. 통일이 되면 북한 쪽으로 개발의 물꼬를 돌려야 하고, 많은 사람이 북쪽으로 이동할 수도 있기 때문에 기존 지방도시들은 더 침체될 것이다. 시간이 없다.

만일 지방도시의 육성으로 지방에 직장이 있는 사람의 아이가 지방에서 학교를 다니고, 졸업 후 그 지역 회사에 입사한다면 굳이 서울에 올라갈 필요가 있을까? 이때 그의 부모도 은퇴 후 주거비를 절약하기 위해 자녀가 살고 있는 지방에 정착할 수 있다. 바로 이런 상황이 되도록 하는 것이 가장 이상적이다. 그런데 문제는 시간이다. 아이의 성장과 취업, 부모의 은퇴까지 시간을 계산해보면 최소한 10년 이상이 필요하다.

선택과 집중, 스마트 시티를 만들자

또한 지방도시는 고만고만한 도시를 분산해서 육성하면 효과가 반감된다. 차라리 광역시 전체가 자족 기능을 가질 수 있도록 집중적으로 육성하는 것이 필요하다. 주변의 산업과 도시 기능을 함께 엮어 실질적인 산업 클러스터를 만들면 어떨까? 물론 지금도 개념은 있지만 구호에 불과하다. 정책적 배려와 지자체와의 협업, 기업에 대한 지원, 산학 협력을 강화하기 위한 지방대학과의 상호 연계 등을 장기간 추진해보면 어떨까?

수도권이나 지방 거점도시들은 기본적으로 스마트 시티를 지향해야 한다. 스마트 시티는 이미 많은 논의가 있어왔지만, 지자체별로 추진되어 성과가 미미하다. 주로 통신과 교통을 중심으로 진행되거나 행정업무 효율화 등에 활용되고 있다. 스마트 시티는 기반시설이 인간의 신경망처럼 도시 구석구석까지 연결되어 있는 도시를 말한다. 스마트 시티에서는 재택근무가 가능할 정도의 정보통신 기반을 구축해야 하고, 사물인터넷IOT으로 모든 기기가 연결되어야 한다. 궁극적으로는 신재생에너지로 전기를 생산하고 물이나 쓰레기를 완전히 재활용하는 수준까지 지향해야 한다.

UAE의 마스다르Masdar 시티가 이런 개념으로 건설되고 있다. 마스다르 시티는 외부의 도움 없이 도시가 가동될 정도로 친환경적인 자급 도시다. 여의도 4분의 3 정도 크기로 2020년 완공 예정인데, 건설비는 220억 달러에 달한다. 유튜브에서 마스다르 시티 동영상을 한번 보기 바란다. 쿠웨이트도 유사한 스마트 시티를 만들고 있다. '사우스 사드 알 압둘라South Saad Al Abdullah'라는 도시인데, 한국의 건설업체가 참여하고 있어서 더 주목된다. 마스다르 시티는 사막에 건설되지만, 한국은 기후 조건이 훨씬 양호하고 기존 인프라도 활용할 수 있기 때문에 건설비용이 상대적으로 적게 들 것이다. 한국의 주요 도시가 스마트 시티로 개발되어 서로 그물망으로 연결된 메갈로폴리스가 만들어진다면, 주택 문제 해결도 그리 어렵지 않고 사회 통합에도 큰 기여를 할 것으로 예상된다.

주로 미래학자들이 주장하는 먼 얘기 같지만, 실제 건설비용은 그리 많이 들지 않을 것이다. 기존에 계획된 투자 방향을 전환하고, 불필요한 예산을 절약하면 가능하다. 특히 4차산업혁명의 발전으로 기술적으로는 전혀 문제가 없다. 스마트 시티가 서로 연결된 메갈로폴리스에 대한 인식이 높아지면 민간의 자발적 참여도 기대할 수 있다. 이런 식의 투자는 주택 문제를 넘어 한국 전체를 효율적으로 만든다는 차원에서도 깊은 관심이 요청된다. 물론 지역 거점도시를 빠르게 연결하면 초기에는 오히려 수도권 집중현상이 강화될지도 모른다. 대전이나 대구에서 쇼핑하느니 KTX를 타고 서울에 와서 쇼핑하는 현상이 나타났던 경험 때문이다. 따라서 지방 거점도시의 성공은 결국 사회 인프라를 얼마나 갖추느냐에 달려 있다. 또한 사회 인프라 건설이 충분하다 해도 생활 패턴과 사회문화가 변화하기까지는 상당한 시간이 필요하다.

최근 세종시에서 이런 긍정적 현상이 발견되고 있다. 정부기관에 취업한 젊은 공직자들은 세종시에 정착해서 잘 계획된 도시의 인프라를 즐기고 있다. 지금 세종시의 평균 연령은 한국에서 가장 젊고 출산율도 올라가고 있다. 그러나 이런 현상이 나타난 것은 최근의 일이다. 정부기관 이전 후에도 상당 기간 동안 세종시는 나주, 진주, 김천 등 다른 혁신도시와 별반 차이가 없었다. 그러나 세종시에는 다른 혁신도시와 달리 우수한 학교와 의료 서비스, 편리한 교통 등 기초 인프라가 갖추어지면서 젊은 공직자들이 둥지를 틀기 시작한 것이다. 세종시의 변화는 현재진행형이다. 어떤 형태로 발전할지 여타 도시 개발에 큰 참고가 될 전망이다.

다소 과장이 심한 컨설팅 회사 매킨지는 삼성전자의 신규 공장이 소재한 화성과 아산이 2025년에는 세계 부자도시 4위와 5위에 오를 것으로 예측했다. 그렇다면 삼성전자와 관련 부품업체 직원들이 서울에서 출퇴근하지 않도록 이 두 도시를 세종시 수준으로 개발해보는 것은 어떨까? 세종시 사례가 여타 도시로 확산된다면, 좀처럼 해결하기 어려웠던 1) 관습과 사회문화, 2) 사회적 인식, 3) 투기 대상이 되는 주택 편집증이 비로소 해소될 것이다.

결론은 국토 전체를 하나의 거대 생태계로 만들어야 한다는 것이다. 주택이 투기의 대상이 아니라 주거 장소가 되면 위치와 가격에 따른 사회적 편견은 저절로 사라질 것이다. 그렇게 된다면 국가 전체가 효율적으로 바뀌고 수축사회 진입도 늦춰질 것으로 예상된다. 그러나 명심해야 할 것은 시간이 아주 오래 걸린다는 점이다. 이제는 단순한 주택투기 억제책이나 공급정책을 넘어 사회적 자본으로 주택 문제를 해결해야 한다.

한국의 미래

지금까지 한국의 많은 문제를 수축사회 차원에서 살펴봤지만 지면의 한계 때문에 그만 줄인다. 다만 강조하고 싶은 것은 모든 현상의 원인과 해법이 거의 동일하다는 점이다. 원인은 수축사회에 진입하고 있기 때문이고, 해법은 사회적자본을 높이자는 것이다. 언급하지 않은 많은 문제도 본질적으로는 원인과 해법이 동일하다.

이미 우리 사회는 수축사회를 가정한 채 움직이고 있다. 저명한 경제학자 폴 새뮤얼슨은 행복을 소유와 욕망의 함수로 표현했

다. 소유를 늘리거나 욕망을 줄이면 행복해진다는 것이다. 이 행복
방정식을 지금의 상황에 맞게 재해석해보자. 우선 소유를 강조한
분자는 팽창사회적 성격이 강하다. 분자를 좀 더 넓게 판단하면 자
유, 시장경제, 효율성 등과 같은 이데올로기로 해석할 수 있다. 최
근의 4차산업혁명, 보호무역, 미-중 G2 패권대결, 혁신 등은 모두
분자를 키우려는 시도다. 즉 팽창사회형 행복 추구 방식이다.

폴 새뮤얼슨의 행복 방정식

$$행복 = \frac{소유(성취, 소비)}{욕망(탐욕, 기대)}$$

반면 분모인 욕망을 조절하는 것은 2008년 전환형 복합위기
이후 나타난 수축사회의 모습이다. 평등, 분배, 효과성을 이데올로
기로 삼으면서 공정 사회, 포용 성장, 지속 가능성, ESG, 소확행, 미
니멀리즘 등을 주장하는 건 욕망을 줄이자는 시도다. 다르게 표현
하면 사회적자본의 확충으로 볼 수 있다. 이런 식으로 이미 우리 사
회는 수축사회형으로 바뀌면서 대안을 만들어가고 있는데, 분자
를 키우고 분모를 줄이려는 노력도 동시에 추진해야 한다.

3부에서 강조한 자크 아탈리 등 석학들의 주장, 즉 지구촌 차
원에서의 공생共生과 이타적인 삶이 가능하도록 하는 것이 수축사
회 해결의 유일무이한 방안이다. 그러나 이 문제는 한국만 혼자 풀
어갈 수 없다. 세계적 차원에서 자각하고 국가·민족·종교적 차원
의 이기주의가 사라져도 해결이 쉽지 않다. 하지만 한국에 우선 필

요한 몇 가지 방안을 제시하고자 한다. 다음 원칙들을 적용한다면 수축사회 진입을 완전히 막지는 못하겠지만 진입 속도를 다소 늦출 수는 있을 것이다. 역사에서 배우듯이 아무리 어려운 상황에서도 특정 국가나 사회, 개인은 오히려 위기를 기회로 만든다. 한국 사회가 수축사회 진입을 늦추기 위한 5가지 핵심 관점을 살펴보자.

첫째, 수축사회에 대한 인식 전환이 필요하다. 팽창사회에서 성장하고 성공한 경험 때문에 아직도 많은 인식과 대안을 팽창사회에서 찾는다. 국가 전체적으로 수축사회에 진입하고 있음을 솔직히 인정하고 양보와 타협을 유도해야 한다. 사실 한국에서 연일 벌어지는 갈등은 수축사회에 대한 인식 부족에서 나타나는 경우가 많다. 수축사회를 제대로 이해하고 타협과 양보를 한다면 많은 문제와 사회갈등이 어느 정도 해소될 수 있다. 수축사회에 진입했기 때문에 특정 계층이 부를 독식하면 나머지 계층이 빈곤해져(제로섬 사회), 결국 모두가 빈곤해진다는 인식을 가져야 한다. 그래야만 분배 갈등, 갑질 문화, 고용의 유연성 문제와 같이 법과 제도로 해결할 수 없는 문제의 실마리를 풀어갈 수 있다. 특히 사회의 리더 그룹일수록 팽창사회 신드롬에 빠진 경향이 강하다. 한국의 리더들이 '꼴통' 혹은 '꼰대'로 불리는 이유는 그들이 팽창사회의 리더였기 때문이다. 리더 그룹들의 인식 전환이 무엇보다 시급하다.

둘째, 입체적 혁명革命이 필요하다. 혁명은 사전에서 심각한 위기 국면에서 생기는 대중의 불만 증대, 정부의 적자 재정, 세금에 대한 불만, 특혜 조치, 행정상의 분규와 혼란, 지식인의 이반離反, 지배계급의 자신감 상실, 사회적 대립 격화 등으로 발생한다고 정의된다. 그런데 이 원인은 지금까지 살펴본 수축사회의 모습과 거의 같다. 혁명이 발생하면 기존의 모든 질서와 관습, 사회 시스템이 전환된다. 지배계급도 바뀐다. 영국의 청교도혁명, 미국의 독립혁명, 프랑스혁명, 러시아의 공산주의혁명은 사회 전체를 완전히 새롭게 재편했다. 이 정도 각오 없이 수축사회를 돌파하기란 불가능하다. 또한 혁명은 추진 주체에 따라 '위로부터의 혁명', '아래로부터의 혁명', '옆으로부터의 혁명' 등이 있는데, 한국은 이 모든 것을 아우르는 입체적 혁명이 필요하다. 전부 바꾸려면 전부 혁명 주체가 되어야 한다.

셋째, 사회 전체를 하나의 거대한 틀(생태계)로 여겨 현상을 살피고 대안을 마련해야 한다. 앞서 지속적으로 강조했듯이 상호의존적 연계성에 기반해 원인을 살피고 대안을 만들어야 한다. 또한 특정 이슈는 거의 모든 사회문제와 연결되어 있다는 점을 우선 인식해야 한다. 특정 정책을 시행할 때 관련 부서와 이해당사자 모두 참여해 사회 전체 차원에서 대안을 만들어야 한다. 그런데 우리는 이런 경험이 없다. 과거에는 리더가 앞에서 끌면 뒤에서 따라만 가도 고성장할 수 있었다. 그러나 이제는 모든 사회현상에서 제로섬 경향이 강하기 때문에 타협과 양보 없이는 어떤 정책도 성공하기 어렵다. 사회 각 분야에서 타협과 양보가 활성화되면, 연결된 다른 영역에도 도움을 주기 때문에 사회 전체가 활성화된다. 즉, 사회적 자본이 충만해지는 것이다.

전체 차원에서의 대안은 지방분권같이 분산을 특징으로 하는 기존 사회의 논리에 배치된다. 또한 기업의 자유로운 활동을 제

한할 수도 있다. 그러나 이는 팽창사회나 교통과 통신의 발전이 더
딘 상황에서 통용되던 과거의 시각이다. 이제는 누구나 실시간으
로 모든 변화와 정책을 알 수 있는 시대다. 중앙 부처와 지자체가
중복과잉투자를 하면 효율성이 낮고 효과도 떨어진다. 지난 12년
간 130조 원을 투자했다는 저출산 예산은 지자체 간 중복 지원, 단
기 대책 등으로 아까운 예산만 날렸다. 사회적자본을 확충하기 위
해, 혹은 전체 생태계를 복원하기 위해 이 예산을 사용했다면 좀 더
온화한 사회가 되면서 출산율도 증가했을 것이다.

넷째, 미래에 집중해야 한다. 과거의 성공 스토리에 함몰되어
서는 미래를 볼 수 없고, 대안을 마련하기도 어렵다. 인구 동향, 세
계경제, 국가재정 등 미래의 예측 가능한 변수들을 종합해 투자 우
선순위를 정해야 한다. 미래 변화에 선제적으로 대응하자는 것이
다. 언젠가 투자하고 실행해야 할 영역이 있다면 적극적으로 선제
적 투자에 나서야 한다. 핀란드는 여야 의원 26명이 미래위원회를
구성해 30년 뒤의 국가 미래를 논의한다. 부채나 미래 위험에 연관
된 법안은 반드시 이 위원회의 심의를 거쳐야 하고, 새 총리가 집권
하면 이 위원회에 15년 뒤 미래 비전을 제시해야 한다. 반면 한국은
5년 정부, 4년 국회의원, 1년 장관, 6개월 대책, 하루 언론, 실시간 방
송과 인터넷이라는 말이 있다. 이런 상황에서 어떻게 장기 대책이
가능하냐고 반문할 수도 있다. 그러나 지금 우리는 살아가는 방식
이 전환하는 역사적 변곡점에 있다. 멀리 보고 대응할 때만 미래의
생존을 담보할 수 있다.

다섯째, 사회 전체가 공감할 수 있는 사회적 비전이 필요하다.

일본은 2차 세계대전 패전 후 미국을 따라잡자는 '캐치업catch up'을 내세우면서 성장했다. 1980년대 중반 경제적으로 미국을 따라잡게 되자, 일본은 방향성을 잃고 새로운 비전을 만들지 못했다. 이후에도 사회구조 개혁 없이 경제성장에만 몰입한 결과, 버블이 붕괴하면서 28년째 수렁에서 허덕이고 있다. 지금 한국도 장기적인 방향성 없이, 지난 시절 고성장의 향수에 취해 있다. 지향점이 없는 사회는 자멸했다. 국민소득 10만 달러 등과 같은 경제적 비전도 필요하다. 그러나 '정의가 기초된 나라' 혹은 '원칙이 통용되며 기회가 평등한 사회' 등과 같은 국가와 사회의 정체성을 규정하는 비전이 보다 더 필요하다. 이런 비전이 국민적 공감을 얻을 때 비로소 장기적인 정책이 가능해지고 실행력도 높아진다.

사회적 비전과 함께 경제적 비전도 마련하고 이를 지속적으로 지켜나가면, 사회 모든 분야가 이 비전에 맞춰 스스로 변화할 것이다. 사회의 방향성에 대해 공감하고 사회가 자발적으로 가동되면, 중복과잉투자를 방지하고, 미래 즉 수축사회를 준비할 수 있다. 체계적으로 비전을 만들고 공유하면 효과성 높은 사회를 지향하면서 그 추진 과정에서 효율성도 높아진다.

이러한 5가지 원칙이 사회의 기반이 되었을 때, 한국은 수축사회를 완화하고 조금이나마 회피할 수 있는 기초 여건을 만들 수 있을 듯하다. 정부만이 아니라 다른 공적 영역인 교육계, 시민단체, 종교계와 사적 영역인 기업, 개인들까지 입체적으로 혁명에 나서야 한다.

그렇다고 아주 비관적인 것은 아니다. 고질적 님비현상 중 하나인 추모공원 위치 선정 문제를 사례로 살펴보자. 전북의 서남권 광역 추모공원은 4개(정읍, 김제, 부안, 고창)의 군이 합동으로 운영하면서 타 지역의 부러움을 사고 있다. 이전까지 추모공원 위치 문제로 지역 간에 반목과 갈등이 있었지만, 상급 지자체인 전라북도가 적극적으로 중재해, 공동투자로 광역 추모공원을 만들었다. 이런 노력은 지자체의 재정 부담을 완화하고, 중복투자와 공급과잉으로 인한 예산낭비를 방지해 예산을 효율적으로 쓰게 한다. 연명의료결정법이 시행되면서 생전에 연명치료를 중단하는 존엄사에 환자 3만 명, 정상인 6만여 명이 서명하는 변화도 나타나고 있다. 바로 이런 움직임이 사회적자본의 기초를 형성하는 것이다. 작지만 소소한 이런 식의 변화가 확산될 때 수축사회를 돌파하는 계기가 조금씩 만들어질 것이다.

지금 세계를 실질적으로 지배하는 민족은 유대인이라고 할 수 있다. 이들은 2천 년의 긴 유랑 생활 속에서도 강한 생명력으로 생존해왔다. 그리고 마침내 유대인은 궁극적인 승자가 되었다. 지난 2천 년 역사 내내 유대인에게 있어 세상은 수축사회였기 때문에 이들은 강한 생존력을 가질 수 있었다.

감사의 글

20여 년 전 IMF 외환위기를 겪으면서 나는 세상이 크게 달라지고 있다고 생각했다. 이후 그런 세상의 변화를 미리 알리고 싶은 마음에 책을 쓰기 시작했다. 2004년《디플레이션 속으로》를 시작으로 세상의 미래에 대해 집필하고 있다.《수축사회》는 '디플레이션 프리즘(dp)'이라는 이름으로 내는 일곱 번째 책이다. 14년에 걸친 나의 예상은 불행하게도(?) 큰 그림에서는 거의 맞은 듯하다. 나는 늘 사회과학적 방법론을 통해 경제적 환경 변화와 사람들의 살아가는 모습을 종합적으로 보려고 노력해왔다. 이번에는 디플레이션이라는 경제현상을 넘어 사회 전체의 대전환을 함축하는 수축사회란 개념으로 확장했다. 그러나 애초 의도와 달리 여전히 부족하다는 점을 고백할 수밖에 없다. 다만 이 책을 통해 우리 사회에 좀 더 사회적자본이 충만하기를 간절히 기대한다.

이 책에는 나의 견해도 있지만, 책을 통해 가르침을 준 세계 많은 석학의 견해가 다수 들어 있다. 지면 관계상 일일이 밝히지 못해 죄송할 따름이다. 사실 이 책은 2019년 초에 출간할 예정이었다. 그러나 2018년 여름을 지나면서 세계가 심상치 않게 돌아가기 시작했고 평소 존경하던 유석현 스승님께서 "공부는 엉덩이로 하는 것이다!"라면서 독려해주신 것이 계기가 되어 2018년 8월 중순부터 집필을 시작했다. 특별히 이 책은 다른 서적에 비해 숫자가 상당히 많다. 다양한 최신 숫자를 찾아주고 집필의 영감까지 던져준 여의도 애널리스트 후배들에게도 감사드린다.

공부, 강의와 집필로 가정에 소홀한 나에게 훌륭한 내조를 해준 아내 한인숙과 우상, 우재 두 아들에게 미안한 마음을 전하고 싶다. 또한 촉박한 일정에 맞춰 부족한 원고를 세밀히 살펴주신 메디치미디어의 김현종 사장님, 신원제 과장님, 그리고 편집을 맡아주신 이현미 님의 예리한 조언과 노고에 거듭 감사드린다.

2018.11.

홍성국

수축사회
성장 신화를 버려야 미래가 보인다

초판 1쇄 2019년 12월 06일 발행
초판 19쇄 2024년 6월 28일 발행

지은이 홍성국
펴낸이 김현종
출판본부장 배소라 편집 이현미 신원제 디자인 박대성 곽은선
마케팅 최재희 안형태 신재철 김예리 경영지원 박정아

펴낸곳 (주)메디치미디어
출판등록 2008년 8월 20일 제300-2008-76호
주소 서울특별시 중구 중림로7길 4, 3층
전화 02-735-3308 팩스 02-735-3309
이메일 medici@medicimedia.co.kr 홈페이지 medicimedia.co.kr
페이스북 medicimedia 인스타그램 medicimedia

ISBN 979-11-5706-140-2 (03320)